GOLDMANN

Buch

George Sand (1804–1867), Dichterin, Femme fatale, »Emanze«, hat zu ihren Lebzeiten leidenschaftliche Begeisterung und ebenso leidenschaftliche Abneigung hervorgerufen und ist bis in die Gegenwart eine der provokantesten Gestalten der französischen Literatur geblieben. Die bürgerliche Gesellschaft des 19. Jahrhunderts allerdings fühlte sich bereits durch die Tatsache provoziert, daß sie Hosen trug, Zigarren rauchte und wechselnde Liebhaber hatte.

Das Recht der Frau auf freie Gefühlsentscheidung, das sie von Rousseau beeinflußt in ihren Romanen proklamierte, bestimmte auch ihr eigenes Leben. Nach der Trennung von ihrem Ehemann verband sie eine kurze, aber intensive Freundschaft mit dem Dichter Alfred de Musset. Zu ihren Verehrern zählen Liszt, Berlioz, Delacroix, Balzac, Chopin, mit dem sie zeitweise auf Mallorca lebte, und Flaubert. Enttäuscht von den Folgen der Revolution von 1848 zog sie sich auf Nohant, das Schloß ihrer Familie, zurück, das bald zum Treffpunkt für Schriftsteller und Künstler wurde. Sie fanden in George Sand die faszinierende Synthese aus Geist, Schönheit und Mut.

Autorin

Huguette Bouchardeau engagierte sich schon in jungen Jahren in der Politik und trat vor allem für soziale Belange ein. 1983 wurde sie Staatssekretärin, kurz darauf Ministerin für Umweltfragen. Seit 1986 sitzt sie als Abgeordnete im französischen Parlament. 1988 erschien in Frankreich ihr erster Roman.

HUGUETTE
BOUCHARDEAU

GÖTTERN UND TEUFELN ZUM TROTZ

DAS LEBEN DER GEORGE SAND

Aus dem Französischen von
Sybille A. Rott-Illfeld

GOLDMANN VERLAG

Deutsche Erstveröffentlichung

Die französische Originalausgabe erschien unter dem Titel »George Sand. La lune et les sabots« bei Editions Robert Laffont, Paris.

Der Goldmann Verlag
ist ein Unternehmen der Verlagsgruppe Bertelsmann

Made in Germany · 10/91 · 1. Auflage

Umschlaggestaltung: Design Team München
Umschlagphoto: Nadar. Sammlung T. Ce. Françoise Foliot
Satz: Uhl + Massopust
Druck: Presse-Druck, Augsburg
Verlagsnummer: 41014
Lektorat: Ulrike Kloepfer
Redaktion: Barbara Ziegler
Herstellung: Gisela Rudolph
ISBN 3-442-41014-2

1

Montag, 17. September 1821

Sich dessen zu schämen, was man liebt? Na so was!
Die Zustimmung der anderen benötigen, um sich denen zu schenken,
die man in allem vollkommen und liebenswert weiß! ...
Ich war nicht feige ...

Pastellgemälde von Marie-Aurore von Sachsen.
Musée Carnavalet, Paris. Cl. Françoise Foliot.

Ich, mein Herr, ich bin keines von diesen Salonpüppchen!« Das junge Mädchen verwandelt sich, steckt seine dunklen Locken hoch, setzt einen breitkrempigen Hut auf. Es streicht sich über einen unsichtbaren Schnurrbart, fährt mit dröhnender Stimme fort: »Wollen Sie wohl schweigen, Sie Dummchen, Sie sind doch nur eine Mulattin.« Dann sagt sie, ebenso herausfordernd wie vorher, zu ihrem imaginären Gegenüber: »Mein Herr, ich bin Aurore Amantine Lucile Dupin de Francueil ... von Sachsen!« Sie strafft sich, mimt Habachtstellung, setzt sich nun einen taupefarbenen Filzhut auf und wirft sich einen erdfarbenen Umhang über: »Eine Mulattin, sage ich Ihnen, von der niemand etwas wissen will, gelb wie eine Osterkerze. Eine häßliche Person mit diesen großen traurigen Augen!«

Neue Verwandlung. »Ich bin Aurore«, haucht sie ihrem wieder anmutig gewordenen Spiegelbild zu, »Aurore.« Sie vergißt die schwarze Redingote, den blauen Bauernkittel, die Jungensmütze, die sie am Vortag nach ihrem Ritt über die Felder auf einen der beiden niederen Stühle geworfen hat, die zu beiden Seiten der bemalten Holzkommode stehen. Vergessen sind auch die Reitstiefel, die sie gestern hinter die Tür gestellt hat. Sie nimmt von dem anderen an der Wand stehenden Stuhl das rosa Gingankleid, das die Großmutter ihr bei der Rückkehr aus dem Kloster geschenkt hat, hält es an der Taille vor sich, zieht die Volants auseinander. Ihre gebräunte Haut wirkt neben dem Rosa noch dunkler. »Die Sonne verbrennt mich, wenn ich unterwegs bin«, denkt sie mit einer Spur von Bedauern.

17. September 1821. Aurore Dupin de Franceuil ist siebzehn

Jahre alt. Sie ist noch nicht George Sand. Zwar rechtmäßige Erbin von Maurice und Sophie, aber Sproß einer Mesalliance zwischen dem Abkömmling der Francueils und einer Pariser Modistin. In der vornehmen Familie ihres Vaters hat es keine Generation ohne Bastard, ohne eine Verbindung gegeben, die man am liebsten verschwiegen hätte. Merkwürdig, dieser Stammbaum eines langsam erlöschenden Adelsgeschlechts, dem infolge heimlicher Liebschaften immer wieder Schößlinge aus dem Volk aufgepfropft werden. Der berühmteste Vorfahr, Marschall Moritz von Sachsen, war selbst ein Bastard, illegitimer Sohn des Königs von Polen und der Gräfin Aurora von Königsmarck gewesen. Aus einer kurzen Liebesbeziehung des Marschalls mit der Tochter eines Limonadenhändlers war eine andere Marie Aurore (George Sands Großmutter) hervorgegangen. Dank einer adligen Gönnerschaft war sie bei den Fräulein von Saint-Cyr erzogen worden, außerhalb des Milieus mondäner Prostitution des mütterlichen Zweiges. Sie heiratete einen Generalsteuerpächter, dem neben anderen Domänen Schloß Chenonceaux gehörte. Ihr geliebter einziger Sohn, Maurice Dupin de Franceuil, hatte die Tochter Sophie Delabordes, die er heimlich geheiratet hatte und die von George als »armes Kind des alten Pflasters Paris« bezeichnet wurde, nach ihrer Großmutter Aurore genannt.

Ihr ganzes Leben lang wird Aurore den komplizierten Hintergrund ihrer Abstammung aufzuschlüsseln, darin Botschaften zu entdecken, aus den miteinander verwobenen Schicksalen vielleicht den Grund für ihre eigene Vielschichtigkeit, die Widersprüche in ihrem Charakter herauszufinden versuchen. In einem solchen Maße, daß bei Erscheinen der *Geschichte meines Lebens*, die George Sand ab 1854 zu veröffentlichen beginnt, ein Zeitgenosse schreiben wird, sie hätte ihrer Autobiographie besser den Titel *Geschichte meines Lebens vor meiner Geburt* gegeben.

Denn ihre halb gelähmte Großmutter, die noch im Nebenzimmer schlummert, erzählt ihr, gegen die Kopfkissen ihres mit feinen Säulchen geschmückten Bettes gelehnt, oft von ihren illustren Vorfahren. Die anderen erwähnt sie nicht. Und das ergibt eine recht sonderbare Abstammung. Eine Abstammung wie ein Spitzengewebe: bestimmte Muster in Überfülle, mit großen Leerräumen dazwischen. Gierig nimmt Aurore die Überfülle in sich auf und gerät über den Leerräumen ins Sinnieren. Anhand der Ähnlichkeiten, von denen die Großmutter ihr erzählt, versucht sie zu erkennen, wer sie ist, wer sie sein wird. In diesem Spätsommer 1821 ist sie ein junges Mädchen, das sich mit einer Mischung aus Freude und Bangnis eingehend mit den verschiedenen Schicksalen beschäftigt, um eventuell zu erfahren, welches das ihre sein wird.

Die Kommode bietet einen recht bizarren Anblick. Neben Haarbürsten mit Elfenbeingriff und Schildpattkämmen türmen sich Bücher über Bücher. Auf den Buchrücken stehen in dünnen Goldbuchstaben die Namen schwieriger Autoren wie Leibniz' *Monadologie*. Ein winziger Band *Die Nachfolge Jesu Christi*. Die imposanten Bände *Genius des Christentums* von Chateaubriand. Und viele Rousseaus: das *Glaubensbekenntnis des savoyischen Vikars* als eigene schmale Ausgabe, die *Briefe vom Berg, Emil, Der Gesellschaftsvertrag*, Sammlungen von Aufsätzen. Gegen diese Stapel gelehnt ein menschliches Skelett, wie man es den Medizinstudenten in den Anatomiesälen zeigt: das Gerippe eines Kindes neben den Büchern mit den alten Ledereinbänden. Noch immer in ihrem weiten weißen Hemd, hat Aurore sich der makabren Puppe genähert. Mit zerstreuter Geste zeichnet sie die gedachte Wölbung der Schulter über dem Schlüsselbein nach, rundet sie die Hand um den Oberarmknochen, als wollte sie das weiche Ärmchen packen. Dann nimmt sie den leeren kleinen Schädel zwischen die Hände, und während die lose miteinander verbundenen Knochen klickern, sagt sie zu den schwarzen Löchern der Augenhöhlen: »Siehst du wohl, du Dumme, daß du mich nicht am Schlafen gehindert hast. Ich hatte mit Stéphane darüber gesprochen. Du bist nicht mehr als ein Haufen Knochen. Wir sind mehr wert als ein Gerippe.« Dann weicher: »Deine Seele ist jetzt anderswo. Wie die meines Vaters. Wie die meines kleinen blinden Bruders. Hör zu, kleines Mädchen . . .«

Sie ergreift die *Nachfolge Jesu Christi*: »Lernt zu gehorchen,

Staub, der ihr seid! Erde und Schlamm, lernt, euch unter den Füßen von jedermann zu erniedrigen.« Ärgerlich blättert sie einige Seiten weiter. »Verlasse dich selbst, und du wirst mich finden. Bleibe... ohne jegliches Eigentum, und du wirst eine Menge gewinnen... Ich will dich in allem frei von allem finden.« Sie klappt das Buch wieder zu und wirft es hinter den Stoß. »Wie kommt es, daß mich alles, was mit dem Tod zusammenhängt, so sehr interessiert? Bei Herrn von Chateaubriand ist das immerhin etwas anderes.« Sie schlägt den *Genius des Christentums* auf, schiebt ein grünseidenes Lesezeichen in die Höhe: »Von allen Religionen, die es jemals gegeben hat«, liest sie laut, »ist die christliche die poetischste, menschlichste, der Freiheit, den Künsten und Wissenschaften die gewogenste... Man sollte aufzeigen, daß es nichts Göttlicheres gibt als ihre Moral; nichts Liebenswerteres, nichts Eindrucksvolleres als ihre Dogmen, ihre Doktrin und ihren Kult. Man sollte auch sagen, daß sie den Genius begünstigt, den Geschmack veredelt, die tugendhaften Leidenschaften entwickelt, dem Denken Kraft verleiht...« Sie bricht ab, fährt ein Stück weiter unten fort: »Fürchtet unsere Religion das Licht?« Dann beugt sie sich über das zusammengesunkene Gerippe, als wollte sie vertraulich etwas zu ihm sagen: »Über all das werde ich mit Stéphane reden, mit Stéphane... Stéphane«, wiederholt sie mehrere Male.

Im Nebenzimmer bewegt sich jemand. Im langen Gang des ersten Stockwerks ertönt das dünne Bimmeln der Klingel, die das Zimmermädchen betätigen muß, damit man Madame Dupin das Frühstück bringt. Aurore stößt weit die Fensterläden auf. Die Gerüche des Gartens dringen ins Zimmer. Einen Schal über das Hemd geworfen, beugt sie sich aus dem Fenster, atmet tief die Morgenluft ein. »Aurore, ich bin Aurore, Lucile, Amantine... Es wird ein schöner Tag werden heute.«

Großmama spricht laut hinter der Wand. Mit einer Stimme, die seit dem Schlaganfall im Februar unausgeglichen ist, bald schrill, bald kaum hörbar. Aurore lauscht beunruhigt. Durch die Krankheit der alten Dame hat sich das Leben des jungen Mädchens von Grund auf verändert. Aurore war erst vor sieben Monaten aus dem Kloster der Englischen Fräulein gekommen, als die Großmutter den Schlaganfall erlitt. Kaum daß Aurore Zeit gehabt hatte, sich an dem Ort, wo sie aufgewachsen war, wieder einzugewöhnen. Kaum Zeit, die Annehmlichkeiten des Lebens bei dieser freizügigen Großmutter zu genießen, die erkannt hat, wie hochintelligent ihre Enkelin ist, und ihr Anregungen gibt, wie sie diese Intelligenz weiterentwickeln kann.

Natürlich ist Aurore nach dreijährigem Aufenthalt im Internat der Englischen Augustinerinnen in der Lage, ihre Rede mit fremdsprachigen Ausdrücken zu schmücken. Ihren ehemaligen Internatsgefährtinnen schreibt sie lange, mit englischen Zitaten und italienischen Wendungen durchsetzte Briefe. Wenn sie wehmütig gestimmt ist, schreibt sie am Fensterbrett »*at the setting of the sun*«: »*Go, fading sun! ... Evening descends to bring melancholy on the landscape ... Sky absence, radiant orb, may not increase the sorrows of my heart; they cannot be softened by thy return.*« (»bei Sonnenuntergang«: »Geh, schwindende Sonne! ... Die Nacht bricht an und breitet ihre Schwermut über die Landschaft ... Deine Abwesenheit, strahlender Orbis, kann nicht mehren meines Herzens Kümmernisse; erst deine Wiederkehr vermag sie zu mildern.«) Einer ihrer Briefpartnerinnen schreibt sie, wie leid es ihr tut, daß sie keine Zeit hat, sich mit »*questa dolce lingua*« zu beschäftigen. Sie zitiert die Verse eines italienischen Dichters: »*Le fronde agli alberi tornano ... Sola non ritorna a me, la pace del mio cor*« (»Die Blätter kehren auf die Bäume zurück ... Allein mein Seelenfrieden kehrt nicht wieder«). »Fräulein Notizbuch«, wie sie von ihren Mitschülerinnen genannt wurde, hatte viel gelernt, viel notiert. Sie hatte sogar Latein studiert, was bei einem Mädchen des 19. Jahrhunderts selten war. Doch in den Augen der Großmutter war diese Erziehung nicht genügend fundiert. Sie hatte Aurore zugeredet, sich in der Bibliothek die Werke der großen Autoren herauszusuchen, die das junge Mädchen ohne jedes System verschlang.

Im übrigen mußte Aurore ja seit dem Frühling die langen Stunden, die sie am Bett der Großmutter verbrachte, irgendwie ausfüllen. Die Leidenschaft für das Rauchen, die George ebenso viele Glücksmomente wie schwere Vorwürfe eintrug, entstand zweifellos während dieser Monate, in denen sie die halb gelähmte alte Dame pflegte. Sie bediente sich aus deren Tabatiere, um wach zu bleiben und »nicht von der lauen und dunklen Stimmung ihres Schlafzimmers« übermannt zu werden. Ungezuckerter schwarzer Kaffee, ja sogar Schnaps halfen ihr, wie sie selbst zugibt, ihre Wachen zu verlängern. Da die Kranke immer weniger zwischen Tag und Nacht unterscheiden konnte, begann die Siebzehnjährige ein Nachtleben zu führen. Deshalb war sie mehr als ein halbes Jahrhundert lang fähig, die Nächte durchzuarbeiten und auf Kosten des Schlafs in Tausenden von Stunden zigtausend Briefe und etwa hundert Bücher zu schreiben.

An diesem Montag im September hat sie den üblichen Rhythmus durchbrochen. Nachdem sie im Morgengrauen aufgestanden ist, hat sie sich nicht wie gewöhnlich auf die Stute Colette gesetzt, um über die Felder zu reiten. Um den Sonntag fröhlich zu beenden, war sie in Begleitung von Freunden aus der Nachbarschaft abends durch La Châtre getrabt, so daß die steilen Straßen vom Hufgeklapper widerhallten. Mehr als einer der Bürger hatte die Fensterläden zugeknallt und gegen die lärmende Gesellschaft gewettert. Im Berry nur zu bekannt, als Adlige geachtet, aber als Außenseiterin suspekt, wußte Aurore genau, daß man über sie redete, wenn auch nur hinter vorgehaltener Hand. An diesem Morgen will sie, während das Zimmermädchen und die Mägde die Großmutter versorgen, sich etwas Zeit lassen und Émilie de Wismes' Brief beantworten, der geöffnet auf ihrem Schreibtischzeug liegt.

Émilie ist die Tochter des Präfekten von Maine-et-Loire. Die Präfektur von Angers ist in einem ehemaligen Kloster untergebracht: Kreuzgang, Säle mit schönen Gewölben, Chorgestühl, ein romantischer Rahmen, der die Phantasie der beiden jungen Mädchen anregt. »Beim Ausreiten habe ich manchmal die größte Lust, Colette zur Straße nach Angers zu lenken, und ich weiß nicht, woran es liegt, daß ich nicht als Bradmante (Heldin aus Ariosts

Rasendem Roland) dort anlange und Dir wie ein Widergänger unter einer alten Eibe in den Klosterruinen erscheine.« Doch dann wendet sie sich von diesem Thema ab und gibt Émilie einige praktische Ratschläge, wie sie die Zuneigung ihres Pferds gewinnen kann. »Damit es Dich mehr liebt, mußt Du ihm die Reste von Melonenscheiben geben.« Unversehens kommt die Märchenerzählerin zum Vorschein: »Ich habe ein junges Pferd, Pepe, das ein rechter Kobold ist und jeden beißt. Ich könnte schon eine kleine Ausstellung von all den Fingern usw. machen, die es beinahe gefressen hätte ... Ich habe auch einen ganz kleinen schwarzen gelockten Stier ... Er stößt mich mit der Schnauze, wenn ich ihm nicht schnell genug gebe, was er möchte.« Rasch einen Haken schlagen, die Späße, die man in den Wirtschaftsgebäuden von Nohant im großen Hof hinter der Küche hört, sind nicht sehr passend für eine Präfektentochter, die in einer gotischen Ruine aufgewachsen ist: »Es ist recht töricht von mir, Dir solchen Nonsens zu erzählen.« Dann entschuldigt sie sich, daß sie nicht wie Émilie »nette Geschichten« zu berichten hat. »Ich lebe«, sagt sie, »ganz zurückgezogen in meiner Höhle. Ich beschäftige mich mit allem möglichen, wenn ich Zeit habe, und philosophiere vor mich hin.« Aurore gibt offen zu, daß ihr diese Lebensweise gefällt. Macht sie aus der Not eine Tugend? Gleichwie. Der Schluß ihres Briefs läßt die Neigungen der künftigen George Sand ahnen.

Sie beschwört die bukolischen Verse des *L'Homme des champs* von Jacques Delille herauf: »Die Wälder, die Felder, die Wiesen, weiß von den Herden ... Die Tiefe des bläulichen Horizonts«, und läßt diesen Gedichten eine peremptorische Erklärung folgen, wie man sie nur mit siebzehn von sich geben kann: »Ich könnte nicht mehr in der Stadt leben. Ich würde mich zu Tode langweilen. Ich liebe meine Einsamkeit leidenschaftlich ...« Sie wehrt sich jedoch dagegen, eine »Wilde« zu sein. Mit guten Autoren möchte sie diese ländliche Einsamkeit teilen: »Welches Gespräch ist so viel wert wie das mit meinen Büchern?«

Als sie noch ein Kind war, erzählt sie, fiel ihrer Großmutter eines Tages auf, daß sie »lediglich dann erkrankte, wenn sie nicht genug Bewegung an der frischen Luft« hatte. Deshalb beschloß die alte Dame, sie »laufen zu lassen«. Die junge Gutsherrin hinterließ »in den Gräben, auf den Bäumen, in den Bächen ihre unübersehbaren Spuren«: »Wir hüteten die Herden, das heißt, wir hüteten sie gar nicht.« Es machte Aurore Spaß, Obst zu stiebitzen oder einen improvisierten Imbiß zu veranstalten, was von Rose streng geahndet wurde. »Ich liebte die Einsamkeit leidenschaftlich, die Gesellschaft der anderen Kinder nie mit der gleichen Leidenschaft; überall hatte ich Spielkameraden. Ich wußte, auf welchem Feld, welcher Wiese, welchem Weg ich Fanchon, Pierrot, Liline, Rosette oder Sylvain finden würde.«

Die Gefährtin der Bauernkinder hatte sich eine heimliche Religion ausgedacht, eine Gottheit, die sie »Corambus« nannte. »Er war rein und barmherzig wie Jesus, schön und strahlend wie Gabriel. Aber er empfing auch etwas von der Grazie der Nymphen und der Poesie des Orpheus.« Aurore hüllte ihn in Frauengewänder »denn, was ich bis dahin am meisten geliebt, am besten verstanden hatte, war eine Frau, war meine Mutter«. Als Liset – der davon träumte, eines Tages ihr Jockey zu werden und einen betreßten Hut zu haben – in einem Dickicht Corambus' Altar entdeckte, rief er: »Oh, Fräulein, was für ein schöner kleiner Fronleichnamsaltar!« »Der Zauber war dahin«, wird George Sand schreiben. Schon die kleine Aurore träumte von einer idealen Religion, deren wunderbare Erhabenheit keinen Vergleich mit einer anderen duldete.

In dem Klosterinternat, das sie zwischen ihrem vierzehnten und sechzehnten Lebensjahr besuchte, ließ sie von heute auf morgen von ihren teuflischen Streichen ab und wandte sich voller Inbrunst dem Glauben zu. Sie hat ihre Erlebnisse aus der Internatszeit später niedergeschrieben. Auf die »Teufeleien« ging sie nur am Rande ein, denn sie erschienen ihr nicht sonderlich originell. Spaß am Schabernack hatte sie ihr ganzes Leben lang. Die Albernheiten ihrer Kindheit behandelt sie daher nur kurz: »Unsere Leckereien zusammenzulegen und heimlich zu verzehren, zu Zeiten, da man nicht essen sollte, war ein Fest, eine feine Sache, und wir konnten uns halb totlachen über solchen Quatsch wie die Rinde eines Marmeladebrotes an die Zimmerdecke zu katapultieren, wo sie anmutig klebenblieb, ganz hinten im Klavier Hühnerknochen zu verstecken oder Obstschalen auf einer dunklen Treppe auszulegen, um gewichtige Persönlichkeiten zu Fall zu bringen. Das alles erschien uns furchtbar witzig, und wir konnten gar nicht aufhören zu lachen . . .« Eine Aussage zu Beginn dieser vertraulichen Mitteilungen sollte uns jedoch aufhorchen lassen. George bemerkt, wie unbeschwert sie in jener Zeit lebte. »Ohne an dieses und das andere Leben einen Gedanken zu verschwenden oder mich darum zu sorgen, war ich nur darauf aus, mich zu amüsieren. Oder, besser gesagt, nicht einmal daran dachte ich, ich dachte an gar nichts. Zwei Drittel meines Lebens habe ich so verbracht, sozusagen im latenten Stadium. Ich glaube fast, ich werde sterben, ohne daß ich wirklich daran gedacht habe zu leben.«

Mehr Raum widmet sie dem, was ihre Zeit als »Teufel« beendete. Es handelte sich um eine mystische Krise, in die sie in dem Sommer geriet, als sie fünfzehn wurde. Ein Besuch in der Klosterkapelle ganz allein. Sie ging in die Kirche, um sich über eine fromme Mitschülerin lustig zu machen. »Als ich das erste Mal aus eigenem Antrieb eine Kirche betrat, tat ich dies, um eine Ungebührlichkeit zu begehen.« Sie ist jedoch beeindruckt von der Schlichtheit des Raums, dem schönen Zierat, dem Spiel des gedämpften Lichts auf dem glatten Marmor. Durch ein offen stehendes Fenster dringt der Duft von Geißblatt herein. Ein Stern ist durch das Fensterwerk gleichsam eingerahmt. »Die Vögel sangen, es herrschte eine Stille, eine Anmut, eine Andacht und ein Geheimnis, wovon ich niemals eine Ahnung gehabt hatte.« Eine Nonne tritt ein, wirft sich unter ihrem Schleier auf den Boden. Darauf beschreibt George eine »Erregung«, ein »Schwindelgefühl«, »wie einen weißen Schein«, in den sie sich »eingehüllt« fühlt. Und sie glaubt, im Halbdunkel das »*tolle, lege*« (»Nimm und lies«, Inschrift auf einem Gemälde in der Kapelle der Augustinerinnen, auf dem der hl. Augustinus vom Himmel den Auftrag entgegennimmt, die Heilige Schrift zu lesen) zu vernehmen. Aurore ist sich darüber im klaren, daß sie einer Sinnestäuschung erlegen ist. »Der Glaube bemächtigte sich meiner über das Herz, so wie ich es mir gewünscht hatte.« Überzeugung, Vision des Idealen, Tränen . . .

George wird die Krise beschreiben, ihre Form erkennen: »Meine Frömmigkeit besaß ganz das Wesen einer Leidenschaft.« Aber sie weiß, daß nur die Leidenschaft schön ist, die mitreißt, und folgert gleichzeitig, daß sich gegen sie zu wehren, feiger Flucht gleichkäme. »Sich dessen zu schämen, was man liebt, na so was!«

Vom übermütigen Backfisch zum tief gläubigen jungen Mädchen? Die inbrünstige Frömmigkeit, die sie nach diesem Zwischenfall durchdrang, verlor sich im Lauf der Zeit mehr oder weniger. Die kleinlichen Seiten der Religionsausübung ernüchterten Aurore: die Indiskretion der Beichte, die Engherzigkeit bestimmter Priester, das Gewöhnliche an den »Offizien« auf dem Lande. Zwischen den »scheußlich geplärrten Einsätzen der unerfahrenen Vorsänger schliefen die Frauen über ihrem Rosenkranz ein und schnarchten ganz laut«, »der alte Pfarrer, der mitten in der Sonntagspredigt fluchte«, das junge Mädchen sucht vergeblich die Gefühlsbewegung, die es in der Kapelle der Klosterschule empfunden hatte. Wenn sie sich in die Kirche von La Châtre begab, waren da nur »die provinziellen Kleider der Damen, ihr Getuschel, ihre Verleumdungen und ihr Klatsch . . ., die häßlichen Götzenbilder und das fürchterliche Gekreische der Oberschüler, die man die Messe singen ließ«. . . .und »all das Getue mit dem geweihten Brot und der großen Münze«. Die Religion ohne Schönheit, ohne Größe, ohne Reinheit interessiert Aurore nicht mehr. Zum erstenmal setzt die spätere George Sand den Kult der Spiritualität, das Praktizieren dem Glauben gegenüber.

In diesem Sommer 1821 wurde die religiöse Leidenschaft abgelöst von der intellektuellen. Der Brief, den sie gerade an Émilie de Wismes geschrieben hat, belegt es: die Freuden des Landlebens, das Pferd, der kleine gelockte Stier . . . Doch vor allem die Frage: »Welches Gespräch kommt dem mit meinen Büchern gleich?« Aurore hatte gezögert, ehe sie die Schlußformel schrieb: Sollte sie

Émilie von Stéphane erzählen? In diesen letzten Wochen hat Stéphane immer mehr Raum in ihrem Leben beansprucht. Die Bauernkinder aus der Kindheit sind weit weg: ihre Stellung – Diener, Schafhirt – hält sie von dem jungen Mädchen fern, selbst wenn sie in ihren Diensten bleiben. Die Freundinnen aus dem Klosterinternat sind in alle Winde zerstreut. Der »Mentor«, der betagte, zänkisch gewordene Deschartres, Hauslehrer von Aurores Vater, unterrichtet nun auch sie. Für das heranwachsende Mädchen spielt er vor allem die Rolle der Mauer, gegen die es die Bälle ihrer Dialektik schmettert. Diskussionen um der Diskussion willen. Abstrakte Themen. Aber für richtige Gespräche hat sie ja Stéphane Ajasson de Grandsagne. Er ist zwei Jahre älter als sie, genau diese zwei Jahre, die vor dem zwanzigsten so wichtig sind für das Prestige.

Wissenschaftliche Studien, bei denen sie vieles gemeinsam entdecken. Gemeinsame Ausritte, gemeinsame Bekannte. Er war es, Stéphane, der ihr das Kindergerippe gebracht hat, Leihgabe eines Arztes in La Châtre. Deschartres hatte sich darüber gefreut, so könnte er Aurore die Knochenbrüche und Verschiebungen der Gelenkbänder erklären, die er mit ihr bei den Armen in den Nachbardörfern behandeln wollte. Sie hat den jungen Mann in ihr Zimmer eintreten lassen, wo er einige medizinische Bücher neben die von ihrer Großmutter geliehenen philosophischen Texte gelegt hat. Stéphane ist schön. Zu schmächtig vielleicht. Mit brennenden Augen im abgezehrten Gesicht. Aurores Umgebung hält ihn für lungenkrank. Das rührt das Herz des jungen Mädchens nur noch mehr: schön, klug, leidenschaftlich und . . . krank! Er ist sichtlich in sie verliebt. Provokant besucht er Aurore immer häufiger, tut so, als wisse er nicht, daß er ein junges Mädchen kompromittiert, wenn er seine Räume betritt . . . selbst wenn nur über Philosophie und Knochenlehre gesprochen wird.

Stéphane de Grandsagne sei zu arm, aus einer zu kinderreichen Familie, um nach ihrer Hand zu schielen, hat man zu ihr gesagt. Vor ihrem Schlaganfall hatte die Großmutter mit Aurore über deren Heirat gesprochen. Sie hatte an die Mitgift ihrer Enkelin gedacht: Es würde kein Vermögen sein. Und die greise Madame Dupin de Francueil vertraute nicht darauf, daß ihre Schwiegertochter sich über Aurores Zukunft ernsthafte Sorgen machte. Sie hatte auf der Suche nach Bewerbern die in der damaligen guten Gesellschaft üblichen Schritte unternommen. Schockiert darüber, daß sie dies überhaupt aussprechen mußte, hatte das junge Mädchen das Angebot eines Generals aus der Zeit des Kaiserreichs, der sehr reich, aber in den Fünfzigern war und das Gesicht voller Narben hatte, zurückgewiesen. Danach war die Ehevermittlerin zu krank gewesen, um sich der Angelegenheit weiter anzunehmen. Ein Glück für Aurore, die von leidenschaftlicher Liebe und nicht von Ehe träumte.

Außerdem: konnte die Liebe zu einem Menschen das Streben nach dem Absoluten, das ihrer Einsamkeit innewohnte, überhaupt kompensieren? Nach ihrer mystischen Krise hatte sie einen Entschluß gefaßt, der von einer Laienschwester unterstützt worden war: Sie wollte ins Kloster gehen. Die wenig mystischen englischen Ordensfrauen hatten eher versucht, ihre Begeisterung zu dämpfen. Offenbarte sie Stéphane ihren Plan, als Nonne zu leben, oder interpretierte dieser den Überschwang gewisser Erklärungen so? Jedenfalls tat der junge Mann, der nach Paris gereist war, Aurore in einem Brief seine Befürchtung kund, daß sie eher den Himmel wählen würde als ihn.

Man kann sich jedoch gut vorstellen, wie verwirrt Aurore im Hinblick auf den Studenten war. Unter den Männern, die George lieben wird, sind nur wenige, die nicht folgende Charakteristika gemein haben: Sie sind angesehen, in intellektueller, künstlerischer und politischer Hinsicht – persönlich angesehen, ungeachtet ihres gesellschaftlichen Prestiges –, und sie sind auf irgendeine Weise schutzbedürftig. Aurore bewundert gern, hilft gern. Da ihre Freunde in der Provinz ihr bildungsmäßig unterlegen waren und die Klosterschülerinnen sich mit einem literarischen Lack zufriedengaben, sehnte Aurore sich in erster Linie danach, Intelligenz zu begegnen. Daß diese Intelligenz die Züge eines unglücklichen, weil armen und von Krankheit gezeichneten jungen Mannes hatte, reichte aus, um ein heranwachsendes junges Mädchen, das nur vom Idealen träumt, sich einer stabilen Gesundheit erfreut und keine materiellen Sorgen kennt, völlig durcheinanderzubringen.

Die Einsamkeit ist ein guter Nährboden für Leidenschaften. Und die Einsamkeit mißt sich nicht nach der Anzahl der Menschen, mit denen man zu tun hat, sondern nach der Qualität der Beziehungen zu ihnen. Im Kloster lebte Aurore unter liebevollen Gefährtinnen und aufmerksamen Lehrerinnen: »Ich sage es noch einmal, nun, da ich diesen Traum vom Klosterleben in meinen fernen, aber mir noch immer lieben Erinnerungen begrabe: das Zusammenleben mit liebenswürdigen und zärtlich geliebten Menschen ist das Ideal des Glücks.« In das große Gutshaus zurückgekehrt, das die Dorfbewohner »das Schloß« nennen, ist Aurore trotz der Anwesenheit der Domestiken und der Besuche von Bekannten einsam. Weil sie der kostbaren Bande beraubt ist, die ihr bis dahin als Bezug gedient, ihrem Leben einen Rahmen gegeben hatten.

Ihren Vater hat sie kaum gekannt. Er starb, als Aurore gerade vier Jahre alt war, durch einen Reitunfall. Ihre Mutter Sophie war sich bald darüber im klaren, daß sie mit der Großmutter, der das Erbgut Nohant gehörte, als Erzieherin des kleinen Mädchens nicht konkurrieren konnte. Daher übertrug sie Aurores Vormundschaft auf Madame de Francueil, die aufgrund ihrer Krankheit nun zur fast vollständigen Untätigkeit verurteilt ist.

George wird später sagen, wie hin und her gerissen sie zwischen den beiden Frauen war: der schönen, kapriziösen Mutter im fernen Paris, von der die Bediensteten mit kaum verhohlener Verachtung sprachen: Sophie Delaborde, Gattin von Maurice Dupin, war nur die Tochter eines Vogelhändlers, und sie hatte mit den Händen gearbeitet – als Modistin –, und man sagte ihr einen schlechten Ruf nach, weil der Erbe von Nohant sie einige Wochen vor Aurores Geburt heimlich geheiratet hatte. Und der Großmutter, einer kultivierten, distinguierten, vornehmen Dame... auch wenn einige ihrer Ursprünge zweifelhaft waren. Marie-Aurore von

Sachsen und Sophie Dupin liebten beide Aurore. Jede auf ihre Weise. Die Großmutter warf der Mutter vor, für ihre Enkelin nur eine animalische Liebe zu hegen: »Deine Mutter... ist so ungebildet, daß sie ihre Kleinen liebt wie die Vögel, voller Fürsorge und Zuneigung, wenn sie noch ganz klein sind, aber wenn sie Flügel haben, wenn es darum geht, zu überlegen und die instinktive Zärtlichkeit zu nutzen, fliegt sie auf einen anderen Baum und jagt sie mit Schnabelhieben davon.« Sie warf ihr vor allem ihre Lebensbedingungen vor und hielt damit auch vor Aurore nicht hinter dem Berg: »Darin war sie ohne Erbarmen und ohne Verständnis, wage ich zu sagen«, wird George schreiben, »denn es gibt im Leben der Armen Verkettungen von Umständen, Unglücke und Verhängnisse, die Reiche niemals verstehen.« Sophie pfiff auf die adlige Familie und die »alten Gräfinnen« im Umkreis der Großmutter. Vor allem stritten die beiden um die Zuneigung und die Erziehung des Kindes. »Meine zwei rivalisierenden Mütter«, wird die Schriftstellerin dereinst zusammenfassen.

Seit Aurores fünftem Lebensjahr hat jedoch ihre Mutter das Feld geräumt. Und Großmama hat sich des kleinen, dann des heranwachsenden Mädchens angenommen. Aurore kam noch vor ihrem vierzehnten Geburtstag in eine Klosterschule, wo man versuchen würde, ihr Disziplin beizubringen und dem Naturkind, das sie geworden war, einen Anstrich von aristokratischer Erziehung zu geben. Im Kloster der Englischen Fräulein wählten die Schülerinnen eine »Mutter«, die der kleinen Gruppe, die sie erwählt hatte, besondere Aufmerksamkeit widmete. Eine von diesen »Müttern«, eine sehr sanfte, von den Schülerinnen »Poulette« (Mäuschen) genannte und, wie ein Historiker dieses Klosters geschrieben hat, überaus »kinderfreundliche« Frau, sollte einige Schülerinnen, die ihre Töchter werden wollten, zurückweisen, weil ihre Gruppe schon zu groß war. Daraufhin entschied sich Aurore für Madame Alicia, oder wurde von dieser »adoptiert«, der »besten, der intelligentesten und liebenswürdigsten ...« Eine rein geistige Mutterschaft, an der George vor allem, nachdem sie unterstrichen hatte, welche körperliche Anziehungskraft diese Ordensfrau besaß, die moralischen Qualitäten beschreiben wird: Sie hatte, »diese bezaubernde Person, etwas Ideales an sich, sie besaß die britische Würde ohne ... die dazugehörige Steifheit, religiöse Strenge ohne Härte«. Doch der Aufenthalt an diesem »geliebten Ort«, der das Kloster war, sollte nicht von langer Dauer sein; da Madame de Francueil befürchtete, daß sich die Heranwachsende vom Mystizismus anstecken lassen würde, holte sie sie wieder zu sich nach Hause.

Marie-Aurore von Sachsen, die hoheitsvolle Großmutter, herrschte über Aurores Leben ... Die aristokratische Madame de Francueil. Aristokratisch in ihren Neigungen: Sie brillierte auf jedem Gebiet, kommentierte Voltaires Texte, empfing Rousseau in Tränen aufgelöst, sang Mozart und Pergolesi; in ihrer Lebensweise, beschäftigt mit den Künsten zum angenehmen Zeitvertreib, mit hochstehender Lektüre, mit Einladungen; in einer ganz bestimmten, für das ausgehende 18. Jahrhundert sehr charakteristischen Art, alles zu genießen, Unangenehmes zu übergehen, sich nicht um Geld zu kümmern und für die Zukunft zu sorgen. Als sie einmal von ihrem Leben mit einem mehr als dreißig Jahre älteren Gatten sprach, hatte sie ihrer Enkelin anvertraut: »Ihr Großvater, mein Kind, war schön, elegant, gepflegt, voller Anmut, parfümiert, heiter, freundlich, liebevoll und gut gelaunt bis zu seinem Tod.« Und sie fügte hinzu: »Übrigens war es die Revolution, die das Alter in die Welt brachte.« Und weiter: »Wie sehr verstand man es doch in jener Zeit, zu leben und zu sterben ..., man hatte keine lästigen Gebrechen.« Ihr Überlegenheitsgefühl aufgrund ihrer sozialen Stellung: »Man hatte nicht diese geschäftlichen Sorgen, die das Innere verderben und den Geist eindicken ...« Heute ist sie nur mehr eine gebrochene alte Dame in ihrem Lehnsessel, den Dienstboten ausgeliefert. Aurore ist allein, und der Schlaganfall, der die Großmama gezeichnet hat, bringt ihre Enkelin um ein unschätzbares Gut, nämlich um einen Menschen, der einen liebt und bei dem sich Intelligenz und Herz die Waage halten.

Aurore hat den Umschlag des Schreibens an Émilie versiegelt. Ein wenig verloren geht sie in ihrem Zimmer umher. Die Gitarre, die Harfe, das Klavier, die man für sie hier aufgestellt hat, sind seit Tagen stumm. Sie wagt nicht, ohne sich zu vergewissern, daß sie die Kranke nicht stören wird, sich der Musik hinzugeben, die sie so sehr liebt. Bei schönem Wetter wird Großmutters Lehnsessel nachmittags in den Garten unter die Salonfenster getragen. Dort bleibt sie lange Stunden, umsummt von Insekten, versunken in den Anblick der Kletterrosen, der flammenden Dahlien, jener seltsamen Blumen, die Aurore von Néraud , dem »Madegassen«, erhalten hat. Während dieser Zeit kann Aurore irgendeine neue Etude vom Blatt spielen, unermüdlich die »Nina« von Paisiello proben, »Nina oder die Liebestolle«.

Wohin sollte sie sich wenden? Ihre Großmutter hatte sie von ihrer Absicht unterrichtet, falls ihr etwas zustieße, sie in die Obhut des Vetters René de Villeneuve, Erbe von Schloß Chenonceaux, zu geben, wo sie selbst einst gelebt hatte. Der Gedanke daran mißfällt Aurore nicht. René hat sie einmal in Nohant besucht. Es gefiel ihm, daß diese kleine Base vom Lande ebenso wie er Gefallen an schöner Schrift fand, daß sie einige Dichter kannte, daß sie es nicht unter ihrer Würde fand, sich neben den Büchern mit ihm im Pistolenschießen, ihm Grabenüberspringen zu Pferd zu messen. Später wird George Sand wieder Verbindung zu ihren Vettern und Basen Villeneuve aufnehmen; die Briefe, die sie ihnen schreibt, werden immer in einem besonderen Ton gehalten sein: Sie verwendet darin eine noch gewähltere Sprache, äußert sich zu noch anspruchsvolleren Themen als mit ihren übrigen Briefpartnern; als stellten die Bewohner von Chenonceaux für sie ihr ganzes Leben lang das Band zu ihren aristokratischen Wurzeln her. Doch heute ist René de Villeneuve weit weg, und wenn er die Güte hätte, sich für die Seiten zu interessieren, die Aurore gern geschrieben hätte, wagt sie nicht zu hoffen, wirklich die Aufmerksamkeit dieses eleganten Vierzigers zu erregen.

Die aristokratischen Beziehungen: René de Villeneuve, Pauline de Pontcarré... Nach der Rückkehr aus dem Kloster hatte Madame de Francueil vorgeschlagen, diese Internatsfreundin Aurores nach Nohant einzuladen. Pauline kam mit ihrer Mutter. Aurore begeisterte sich schnell. Sie bewunderte Pauline: »Sie ist reizend, ebenso reizend sind ihr Gesicht, ihre Figur, ihre Hände, ihr honigfarbenes Haar, ihre Lilien- und Rosenwangen.« Das Porträt ist jedoch zu geschmeichelt, als daß man dahinter nicht die Verärgerung über diese Vollkommenheit spürte; und gleich darauf die Kritik: »Diese schöne Gleichgültige ... ließ sich lieben, ohne Gleiches mit Gleichem zu vergelten.« Gibt es einen schlimmeren Fehler für die spätere George Sand als mangelnde Sensibilität? »Nie zeigte sie Herz.« Aurore spielte mit Madame de Pontcarré und Pauline Klavier. Die Mutter spielte mit den beiden halbwüchsigen Mädchen Gluck-Opern vom Blatt, »sie begleitete uns voller Hingabe und unterstützte unsere Stimmen mit der sympathischen Kraft der ihren«. Sie probten zusammen Theaterstücke und gaben für die alte Dame eine Vorführung eines Sprichworts. Aber ach! Die so überaus hübsche Pauline stellte nach Meinung der Großmutter ihre Mitschülerin in den Schatten. Und die Damen de Pontcarré verließen Nohant. Diese kurze Freundschaft hatte Aurore zumindest darin bestärkt, daß sie nie eine jener Frauen sein würde, die sich auf ihre ebenmäßigen Gesichtszüge, ihr gefälliges Äußeres verlassen, um Huldigungen einzuheimsen. Sie würde stets die gewöhnlichen Formen der weiblichen Verführung und Koketterie verachten. Aurore will als häßlich gelten, denn zweifellos zieht sie es vor, das Lob nicht auf einem Gebiet zu suchen, auf dem sie sich nicht ganz hervorragend weiß. Sie will lieber als dumm gelten, als sich in Gesellschaft der Mittelmäßigkeit zeihen zu lassen. Den Sommer, in dem sie siebzehn wird, verlebt sie voller Bitternis in stolzer Einsamkeit.

Sie hat jedoch auch gute Freundschaften erlebt. Im letzten Jahr, genau um diese Zeit, denkt Aurore, trat Hippolyte den dreimonatigen Urlaub bei den beiden Frauen an. Er war im September von der Königlichen Kavallerieschule in Saumur eingetroffen, wo er die Offiziersanwärter die Grundbegriffe der Reitkunst lehrte, und hatte eine fröhliche Unordnung in das akkurate Haus gebracht.

Hippolyte Chatiron war Aurores Halbbruder, der Sohn Maurice Dupins. Als Kind hatte sie Jahre mit ihm verbracht, ohne zu wissen, daß er ihr Bruder war. Ein Knabe, den weder sein Vater noch seine Großmutter mütterlicherseits im Krankenhaus hatten im Stich lassen wollen und der »mit derselben Sorgfalt aufgezogen wurde, als wäre er ein legitimer Sohn«. Die Mutter, Catherine Chatiron, laut Geburtsurkunde ein einundzwanzigjähriges »Mädchen«, war nicht Opfer einer Verführung gewesen, wie George später schreiben wird, »sondern hatte ebenso wie mein Vater dem Trieb ihres Alters nachgegeben«. Sie hatte diesen Sohn eigenartigerweise unter dem Namen Pierre Laverdure angemeldet, mit einem wie es scheint in der damaligen Zeit häufigen Zusatz: »Natürlicher Sohn des Vaterlandes«. In Nohant geriet dieser Name rasch in Vergessenheit, und es war Hippolyte, der Aurore begrüßt hatte, als sein Kriegsdienst tuender Vater sie von Spanien mitbrachte. Er war es auch, der viel mit dem kleinen Mädchen spielte. Eine besondere Vorliebe hatte er für die Rolle des Henkers und vollzog an Aurores Puppen gräßliche Strafen, indem er sie mit dem Kopf nach unten an einen Ast hängte oder sie im Garten begrub.

Im letzten Jahr, als er zu diesem Urlaub nach Hause kam, »war er zu einem schönen Unteroffizier der Husaren geworden«, wegen der fünf Jahre, die er älter war als Aurore, sich sehr überlegen fühlend, genügend selbstbewußt, um sich ungezwungen mit Deschartres zu unterhalten, und stolz auf seine Reitkunst. Er hatte es sich angelegen sein lassen, seiner Halbschwester einen Begriff von dieser Reitkunst zu vermitteln und sie gelehrt, vor allem die Angst abzulegen: »Alles beschränkt sich zunächst auf zwei Dinge: herunterfallen oder nicht herunterfallen.« Aurore war eine gelehrige Schülerin. Sie gab den Damensitz auf und entdeckte die Freuden langer Ausritte. Aber Hippolyte war zu Beginn des Winters wieder abgereist. Seit damals wachte sie allein bei der Kranken.

Einsamkeit ... schwierige Lektüren ... übermäßiger Gebrauch von Aufputschmitteln, um nicht einzuschlafen ... Aurore hatte in diesem Jahr 1821 zum ersten Mal Todesgedanken. In ihren Erinnerungen geht sie ausführlich darauf ein. Sie hat versucht, die Ursachen herauszuarbeiten, die sie eines Tages nach einem Krankenbesuch mit Deschartres bewogen, sich mit ihrem Pferd in ein Loch im Indre zu stürzen. Für den Wunsch zu sterben, der sie zu diesem Schritt veranlaßt hatte, den Drang, ihr Leben zu beenden, fand sie tausend Gründe: die Müdigkeit zweifellos, der fehlende Schlaf; im gleichen Maße jedoch die Lektüre romantischer Werke, die das Gefühl der Verzweiflung noch verstärkten: Shakespeares *Hamlet*, Chateaubriands *René*, Byrons Gedichte ... Ohnmächtig und wütend mußte Deschartres mit ansehen, wie Aurore beinahe ertrank und nur dank des Instinkts der Stute Colette mit dem Leben davonkam. Diesem Zwischenfall folgten, laut George, lange Diskussionen über das moralische Recht zum Selbstmord. Die Schriftstellerin schildert die meisten Beschäftigungen, denen sie sich in jenem Spätsommer widmete, vor allem als Mittel, um gegen die Faszination des Todes, gegen das heftige Verlangen, im Wasser zu sterben, anzukämpfen.

Der Tod ... Vom Tod ins Leben ... Von der Nacht zum Tag ... Aurore sann oft über den Vornamen nach, den sie bei der Taufe erhalten hatte: wie einen Auftrag, den Tag grauen zu lassen. Um die Dreißig wird sie sich darüber lustig machen, wenn sie am Ende der langen Nächte, in denen sie geschrieben hat, feststellt, daß dank ihr die Morgenröte stets gegenwärtig ist, da sie erst schlafen geht, wenn die Sonne zu scheinen beginnt. Heute wiederholt sie diesen das Leben symbolisierenden Vornamen, wenn der Tod allzu gegenwärtig ist.

Der kleine Erdhaufen da drüben unter dem Birnbaum im Garten, der vor dreizehn Jahren errichtet wurde, »ein grasbewachsener Hügel mit einem schmalen gewundenen Pfad« ist verschwunden; während Aurore im Kloster war, hat man hier Feigenbäume gepflanzt. Das junge Mädchen weiß bereits – aber seine Mutter wird ihm sehr viel später die eigenartige Zeremonie beschreiben, auf die dieses Grab zurückging –, daß dieser Hügel einen Bezug zu ihrem toten kleinen Bruder hat. Eine sorgfältig geheimgehaltene Erinnerung: Aurore war erst vier Jahre alt gewesen, als das sechs Monate alte, blind geborene (oder, wie Sophie anklagend behaupten wird, durch die Schuld eines spanischen Arztes erblindete) Baby starb. Für einen älteren Bruder und vor allem für eine ältere Schwester hinterläßt der Tod eines jüngeren Geschwisters stets eine Lücke und vielleicht insgeheim das nicht gestillte Verlangen zu beschützen, zu bemuttern. Der Tod dieses Kindes ist, mehr als jeder andere, nicht wiedergutzumachen, denn der Vater sollte ihm wenige Tage später folgen. 16. September 1808 ... Gestern hat Aurore den ganzen Tag darauf geachtet, daß nichts Großmutter an diesen traurigen Jahrestag erinnern möge. Denn Madame de Francueil hat den Verlust von Maurice, Aurores Vater, nie verwinden können.

George hat später die Eindrücke ihres vierten Lebensjahres, das sie nachhaltig prägen sollte, eingehend untersucht: »Obgleich sie mich nicht über die sehr begrenzten Fähigkeiten eines Kindes hinaus, Schmerz zu empfinden, berührten, schienen sie mir in den Erinnerungen und Gedanken meiner Familie stets so gegenwärtig, daß sie mein ganzes Leben lang in mir nachwirkten. Das Ende des Jahres 1808 war in Nohant zweifellos eine düstere Zeit. Maurice Dupin hatte in Napoleons Armee am Spanienkrieg teilgenommen. Er war heil nach Hause zurückgekehrt. Madame de Francueil hatte geglaubt, nun zur Ruhe kommen zu können. Es geschah auf einer Fahrt nach La Châtre. Ein zu feuriges Pferd. Ein schlecht beleuchteter Haufen Steine und Bauschutt in einer Straßenkehre. Ein schwerer Sturz. Er war sofort tot. Tage mit Tränen und Schreien: Trauer. Ein kleines Mädchen, das die immer länger dauernde Abwesenheit des Vaters nach dem Fortbleiben des Brüderchens kaum begreift, die ganz unglaublichen Geschichten der Dienstmägde, die behaupten, den Geist des Verstorbenen gesehen zu haben ...

Eine schwere Bürde, der Ersatz für einen Toten zu sein: »Meine Großmutter faßte täglich mehr Zuneigung zu mir, zweifellos nicht so sehr wegen meines schwierigen Charakters, ich war damals noch recht kapriziös, sondern wegen meiner frappierenden

Ähnlichkeit mit meinem Vater. Meine Stimme, meine Gesichtszüge, mein Benehmen, meine Neigungen, alles an mir erinnerte sie an ihren Sohn, als er noch ein Kind war, so sehr, daß sie mitunter, wenn sie mich beim Spielen beobachtete, eine Art Sinnestäuschung erlebte. Dann nannte sie mich Maurice und sagte ›mein Sohn‹ zu mir, wenn sie mit mir sprach.« Über Aurores Zuneigung machten Großmutter und Mutter einander die Liebe des Verblichenen streitig. Zwischen diesen beiden Frauen hin und her gerissen, spürte das kleine Mädchen, die Heranwachsende sehr genau, daß dieses Übermaß an Liebe im Grunde genommen gar nicht ihr galt.

Heute wird sich Madame de Francueil verabschieden . . . Aurore weiß, daß das Ende nicht mehr fern ist. Die Sommerhitze scheint der alten Dame einen Aufschub gewährt zu haben: Sie war aus ihrer Lethargie aufgetaucht und hatte ihrer Enkelin Briefe an Bekannte und Freunde diktiert. An einigen Nachmittagen konnte sie sich so gut unterhalten, daß die Besucher nicht begriffen, warum man sie als so krank hinstellte. Doch sobald der Abend dämmert, kehrt die Verwirrung zurück, und Aurore lebt ständig mit diesem bevorstehenden Tod vor Augen. Monsignore Leblanc aus Beaulieu – »Mein Bastard-Onkel«, wird George Sand so nett schreiben, . . . »Frucht der sehr leidenschaftlichen und weithin bekannten Liebesbeziehung zwischen meinen Großvater Francueil und der berühmten Madame d'Épinay« – hat fast zwei Monate in Nohant verbracht. Es ist ihm gelungen, der immer noch sehr klaren und gegenüber der Erfüllung religiöser Pflichten sehr kritischen Madame de Francueil das Sterbesakrament zu spenden. In dem Augenblick, da Aurore ihre Großmutter zu begreifen anfängt, verläßt diese sie.

Lange Zeit hat das kleine Mädchen auf der Seite ihrer Mutter gestanden, die von der autoritären Ahne auf Abstand gehalten worden war. Insgeheim sehnte sie sich nach der ärmlichen Pariser Wohnung, billigte sie Sophies Kritik an der aristokratischen Lebensweise in Nohant. Sie teilte die Ironie hinsichtlich der »alten Gräfinnen«, verachtete die Nutzlosigkeit ihrer Handarbeiten, ihrer gesellschaftlichen Rituale. Sie ärgerte sich über die Ungerechtigkeit der Großmama in bezug auf die Halbprostitution, zu der die Armut Sophie gezwungen hatte, ehe sie Maurice Dupin begegnet war. Heute – da das Ende bevorsteht – erkennt sie besser die merkwürdigen Gegensätze bei Madame de Francueil, jene Gegensätze, in denen sie vielleicht die Widersprüche ahnt, die ihr eigenes Leben prägen werden. »Es gelang mir«, wird George schreiben, »hinter das Geheimnis ihrer angenehmen mütterlichen Schwächen zu kommen . . . Eine kraftvolle Frau . . . die andere nur leiden ließ, wenn sie selbst darunter litt, daß sie liebte, eine überragende Frau . . . aufgrund ihrer Bildung, ihrer Urteilskraft, ihrer Redlichkeit, ihrer Beherztheit in den großen Dingen.«

Hat George nicht sich selbst vor Augen, als sie über die siebzehnjährige Aurore schreibt, die zu ihrer Großmutter zurückgekehrt ist: »Es kam der Tag, da wir die Rollen tauschten und ich zu ihr eine herzliche Zuneigung faßte, die der fürsorglichen Liebe einer Mutter glich« . . . Und die Ahne, jene Frau, die als ihre Lebensspenderin und Erzieherin zu akzeptieren sie sich entschließt, versucht sie folgendermaßen zu definieren: »Ich brachte endlich Licht in das Rätsel, daß ein vernünftiges Hirn mit einem unvernünftigen Herzen rang.«

2

Dienstag, 22. Januar 1828

Unsere Nachtigallen denken nur an
ihr Nest,
und die häuslichen Tätigkeiten haben
der Liebe und den Liedern
ein Ende gemacht.

Selbstbildnis.
Musée La Châtre. Cl. Françoise Foliot.

Madame Casimir Dudevant hat den Tag abwechselnd in der Küche und ihrem Zimmer verbracht. Ein paar Mal klopft eine junge Hausmagd an ihre Tür, um eine Weisung zu erbitten. Zwischendurch stürzt Aurore durch die Halle, wo wegen des schneidenden Nordwinds eine Eiseskälte herrscht, in die Küche.

Duft nach mariniertem Braten, nach Fleischbrühe und Kräutern. Tranchierbretter und eine Batterie Hackmesser, glänzende Terrinen, deren Inhalt mit dünnen Speckscheiben abgedeckt ist, zerkleinerte Trüffel auf weißen Tellern. Das ganze beherrschend, die Schalen mit fad riechendem zerschnittenem Wild. Auf dem riesigen schwarzen Herd simmert der Kochtopf: Aspik wird darin zubereitet. Aurore hat Marie gebeten, ihr ein wenig den Backofen zu öffnen: Die Köchin erwartet eine Stellungnahme, dann zeigt sie ihrer Herrin am Ende der Anrichte einen Apfelkuchen und eine kleine Apfeltasche »für Monsieur Maurice«. Auf den Stufen der Holztreppe an der Wand stehen bereits fünf Pasteten zum Auskühlen. Vorsichtig prüft Aurore mit dem Finger die Temperatur. »Tun Sie nur in die großen Terrinen Aspik«, meint sie. »Die Pasteten, die verschickt werden, sind zu empfindlich. Fassen Sie nicht den Deckel an. Sorgen Sie dafür, daß die Sachen um sechs Uhr verpackt sind, damit wir sie der Postkutsche nach Paris mitgeben können.« Sie geht hinaus, kehrt noch einmal zurück, ihren Schal um die Schultern zusammengezogen. »Bevor ihr die Kiste verschließt, laßt mich noch einen Blick darauf werfen, ich möchte, daß man auf der Oberseite einen kleinen Umschlag für meine Mutter befestigt . . . zwei oder drei Zeichnungen«, erklärt sie fast entschuldigend.

»Zu Beginn meiner Ehe«, schrieb George später, »wollte ich meinem Gatten gefallen und eine Hausfrau sein, wie er sie sich wünschte. Die häuslichen Pflichten haben mir nie etwas ausgemacht, und ich gehöre nicht zu jenen erhabenen Geistern, die sich weigern, aus ihren Höhen herabzusteigen. Gewiß, ich bin häufig mit meinen Gedanken woanders, und das ist ein weiterer Grund, warum ich oft das Bedürfnis verspüre, mit beiden Füßen auf dem Boden zu stehen.«

Zu Beginn des Jahres 1828 jedoch kommt Aurore mit ihrem Leben als junge Familienmutter nicht mehr zurecht. Über Maurice, ihren viereinhalbjährigen Sohn, schreibt sie an ihre Mutter, er sei »der Trost in der Abgeschiedenheit«, in der sie lebe. Sie fügt hinzu: »Ich brauche ihn so sehr, daß ich ohne ihn keine Stunde verbringe, ohne mich zu langweilen.«

Früher waren die Tage immer zu kurz gewesen. Sie hatte nächtelang am Krankenbett ihrer Großmutter gewacht, und damals pflegte sie zu lesen, zu schreiben, während eines Teils der Nacht zu arbeiten. Seit sie verheiratet ist, dämmert sie in Lethargie vor sich hin. Von einer Einladung schreibt sie: »Ich sterbe immer vor Angst ... spät zu Bett zu gehen. Sie wissen, daß es mein größtes Glück ist, viel zu essen und viel zu schlafen.« Madame Dudevant ist wie erstarrt.

Ist Casimir daran schuld? Sofort war ihm ihr Herz zugeflogen. Sie entsinnt sich ihrer ersten Begegnung im Kreis der Familie du Plessis, bei der sie eine Zeitlang gelebt hatte. Nach einem Theaterbesuch aßen sie Eis auf der Terrasse des Tortoni am Boulevard des Italiens. Casimir erscheint. »Ein junger Mann, schlank, elegant, mit fröhlichem Gesicht und militärischer Haltung.« Aus der »Verzauberung«, der guten Stimmung, der »ruhigen Kameradschaft« der ersten Kontakte hatte sich eine Beziehung entwickelt, die der junge Mann, »dem jähe Leidenschaft fremd« zu sein schien oder der vielleicht auch unfähig war, »sie auf gefällige Weise zu äußern«, als »häusliches Glück« beschrieb. Durch diese in aller Ruhe getroffene Wahl war Aurore zur Ruhe gekommen. Nach den stürmischen Leidenschaften ihrer Jungmädchenzeit, den hitzigen

Auseinandersetzungen zwischen ihren beiden Müttern strebte auch sie nach einer friedlichen Existenz, für die ihr die Familie du Plessis ein schönes Beispiel war. An dem Tag, da sie sich mit ihm verlobte, notierte sie in ihrem Notizbuch, das sie stets bei sich trug: »7 oder 8 Uhr abends ... unerhörtes Glück.« An diesen Mann, der neun Jahre älter ist als sie, schreibt sie in den ersten Jahren ihrer Verbindung, sobald sie voneinander getrennt sind, zärtliche Briefe. Häufig taucht darin das Adjektiv »klein« auf: »Mein kleiner Engel«, »mein lieber kleiner Mimi«, »mein kleiner Liebling« usw. Man lächelt, wenn man an die zukünftige George Sand denkt.

Schon sind die Unterschiede zwischen den beiden Gatten offensichtlich. Sie hat das Klavier aufgegeben, das Casimir in die Flucht jagte. Er schlief über ihren geliebten Büchern ein. Er mißtraute den übersteigerten Gefühlen, die Aurore bei der Lektüre ihrer Lieblingsautoren empfand, oder spottete darüber. Aber daran sollte es nicht liegen. Die junge Frau war entschlossen, eine gute Ehefrau zu sein. »Ich faßte den Vorsatz, deine Neigungen zu übernehmen.« Sie vergaß, was ihr bis dahin wichtig gewesen war, beschränkte sich darauf, eine tüchtige Hausfrau und gute Hausherrin zu sein, bis sie schießlich dieses Leben haßte. Kein Tobsuchtsanfall, kein Eklat. Nach und nach versank sie, wie viele Frauen in den Jahren ihrer Mutterschaft, in einem dichten Nebel.

Nebeljahre. Bei dem Versuch, in der »Geschichte meines Lebens« diese sieben oder acht Jahre zu rekonstruieren, die ihrer Heirat folgten, würde George schreiben: »Ich mußte diese Tage der Zurückgezogenheit und scheinbaren Untätigkeit rasch skizzieren ... Mein Willen hatte sich so tief in meinem Innern verkrochen und meine Persönlichkeit war so blaß geworden, daß ich nur die Geschichte der anderen rund um mich hätte erzählen können.« Madame Dudevant oder wie eine Frau ihre Persönlichkeit verlor ...

Dienstag, der 22. Januar 1828, wird ein ausgefüllter Tag sein: mit dem kleinen Maurice spielen, das Wild, das der Feldhüter gebracht hat, und selbstgezogenes Geflügel einmachen, ein Brief an ihre Mutter: »Ich übergebe heute, meine liebe Mama, der Postkutsche eine Kiste, die eine Rebhuhn- und Hasenpastete enthält...«; Besuch von Stéphane, der das Paket befördern sollte und es nicht tun wird – seine Reise über Tours und Vendôme dauert zu lange; an den Zeichnungen weiterarbeiten, das Porträt ihres kleinen »Räubers« rahmen, da sie diese Stücke mit nach Paris senden will. Das Ritual der Mahlzeiten... Die durch das Kinderhüten zerrissenen Stunden... Dieser 22. Januar ist ein leerer Tag.

Eigentlich wäre er ein Tag wie jeder andere gewesen, hätte Aurore nicht eine so merkwürdige Unruhe verspürt. Sie gibt Anweisungen für die Küche, lächelt dem kleinen Maurice zu, antwortet ihrem Gemahl, ihren Besuchern in lakonischer Kürze, aber ihre Gedanken sind anderswo. Als besänne Aurore sich auf sich selbst.

Die junge Frau ist fortwährend krank. Oder fühlt sich krank. Trotz der beschwerlichen Reise hat sie im letzten Monat drei Wochen in Paris verbracht, um Ärzte aufzusuchen. Es sollte nur ein kurzer Aufenthalt sein, aber »ein Minister«, vermerkt sie, »ist leichter zu sprechen« als ein Arzt. Sie konsultiert jedoch einige Kapazitäten, darunter den berühmten Broussais. Sie wundert sich, daß man bei ihr weder »am Herzen noch an der Lunge Störungen« feststellt. Alles in allem ist sie nach Meinung der Ärzte recht gesund. Aber in diesen achtzehn Tagen gelingt es ihr nicht, ihre Verwandten, ihre Freunde zu sehen, nicht einmal den alten Deschartres, den Hauslehrer aus ihrer Jugend, dessen Adresse sie leider verloren hat. Während dieses Aufenthalts schreibt sie an Casimir einige gehetzte Briefe, in denen sie von ihren Schwierigkeiten berichtet, Termine zu bekommen, und daß es ihr unmöglich sei, auch noch andere Leute zu besuchen. Sie erwähnt jedoch mehrere Male den Besuch der Brüder Jules und Stéphane Ajasson de Grandsagne. Da sie das Datum ihrer Rückkehr mit dem der beiden jungen Männer abstimmen muß, verschiebt sich ihre Rückkehr nach Nohant mehrere Male.

Wie liebevoll sie sich entschuldigt! 12. Dezember: »Jeden Augenblick wandern meine Gedanken nach Nohant, und mein Herz ist so schwer, daß nichts (sie unterstreicht dieses Wort) mich zu trösten oder abzulenken vermöchte.« 13. Dezember: »Ich bin höchst ungeduldig, zu Dir zurückzukehren. Alles hier langweilt und ermüdet mich. Nichts kann mir Maurice ersetzen, dessen ständige Gesellschaft ich so sehr brauche. Meine Besuche bereiten mir kein Vergnügen, sondern sind Verpflichtungen.« 14. Dezember: »Da meine kleine Familie nicht bei mir ist, wird mir die Zeit lang und ich bin voller Sorge.« Da sie sehr häufig an Angina erkrankt, empfehlen ihr die Ärzte, die Mandeln entfernen zu lassen. Ihre Freunde reden ihr zu, sich operieren zu lassen. Doch danach würde sie noch acht Tage in Paris bleiben müssen. Sie schreibt an Casimir, daß sie die Operation nicht vornehmen läßt, um schneller nach Hause zu kommen. Neue Unannehmlichkeit: die Postkutsche ist für vier oder fünf Tage ausgebucht. Die Abreise wird also noch einmal verzögert. Um ihre Abwesenheit wiedergutzumachen, verspricht Madame Dudevant, Maurice Geschenke mitzubringen: »Ein schönes Puppenhaus, einen Lanzenreiter, eine Arche Noah und ein hübsches Täubchen« . . . dazu »ein Gewehr, einen Säbel und eine Violine.«

Nach Nohant zurückgekehrt, langweilt sich Aurore von neuem. Sie hat wohl versucht – mit Casimir, dem es nicht an gutem Willen gebricht –, Zerstreuung zu suchen. Sie mieteten ein Haus in La Châtre, um die Gesellschaft der Umgebung besser empfangen zu können, die im Winter eine Fahrt auf den schlechten Straßen scheute. Aurore veranstaltet Bälle. Sie lädt oft ein, nach Meinung einer neidischen Provinz zweifellos zu oft. Um zu provozieren, mischt sie die verschiedenen Schichten einer Gesellschaft, in der man vor allem Titel, die Hierarchie und die heimlichen Einverständnisse respektiert, auf denen die Schichten und Kasten beruhen. Im nächsten Jahr sollte ein Ball in der Unterpräfektur, weil Aurore es so wollte, Anlaß für einen »sehr komischen Skandal« sein. In La Châtre gab es damals nebeneinander zwei oder drei Gesellschaften, die seit Menschengedenken nicht miteinander getanzt hatten. »Die Unterschiede zwischen der ersten, der zweiten und der dritten waren sehr beliebig, und die Abgrenzung kaum wahrnehmbar für jemanden, der die Materie nicht von Grund auf kannte.« Aus Spaß am Ulk übermittelte Aurore dem jüngst ernannten Unterpräfekten von La Châtre von ihr durcheinandergebrachte Listen dieser verschiedenen »Gesellschaften«. Adelige, Bürger und schlichte Musiklehrer stünden in den offiziellen Salons einander gegenüber ... »wie Eier in ein und demselben Korb«. Aurore amüsierte sich so sehr darüber, daß sie mit ihrem Helfershelfer, dem Advokaten Duteil, nach der Melodie der *Bürger von Chartres* ein Lied komponierte.

Man ist nicht immer fröhlich, wenn man sich große Späße erlaubt. Aurore ist nicht fröhlich. Sie hat an ihrem Sekretär einen Brief an Zoé Leroy zu schreiben begonnen. Denn seit einer gewissen Reise in die Pyrenäen im Sommer 1825, seit der Begegnung mit einem gewissen Aurélien, vertraut sie sich in allem Zoé an. Aurore hat ihr erlaubt, ihr Tagebuch zu lesen: »Ich habe nie eine Mutter gehabt, auch keine Schwester, die meine Tränen getrocknet hätten. Die teilnahmsvolle Freundschaft, die Sie mir bewiesen haben, tat mir so wohl! Wie reizvoll muß es für zwei Frauen sein, miteinander zu seufzen.« An Zoé schrieb sie ihre Zweifel hinsichtlich der Erziehung von Mädchen: »Ich habe mir lange gesagt, daß eine hervorragende Erziehung für unser Geschlecht nutzlos ist, daß wir die Tugend suchen sollten und nicht das Wissen in den Büchern.«

Eigenartige Bemerkungen auch über die Nachtigallen in ihrem Garten: »Ich kenne keine Sorge, welche die von Nohant nicht einzulullen verstünden, keine Ungeduld, die sie nicht beruhigten.« Doch sie fügte hinzu – und die Anspielung war nur allzu deutlich: »Unglücklicherweise denken unsere Nachtigallen nur an ihr Nest, und die häuslichen Tätigkeiten haben der Liebe und den Liedern ein Ende gemacht.« Später klagte sie noch: »Ich kann weder schlafen, noch habe ich Appetit. Vor allem ekelt mir, und nur klares Wasser schmeckt mir ... Nachts habe ich unerträgliche Beklemmungen.« Sie beschrieb ihrer Freundin ihre Einsamkeit, die Enge ihres Daseins: »Ich bezweifle, daß dies alles Sie sehr interessiert, denn es ist abends, morgens, gestern, heute, jeden Tag, jedes Jahr das gleiche, stets derselbe Lebensstil, dieselben Arbeiten, dieselben Beschäftigungen ... Ich habe die Lust an den hehren Dingen verloren ... Zur Zeit werkle ich vor mich hin, meist mit einem runden Strohhut auf dem Kopf, und man hält mich eher für die Frau irgendeines Müllers als für die muntere Dame von früher.«

Als der Brief an Zoé fertig ist, liest man darin folgendes: »Ich verdiene niemandes Freundschaft mehr. Wie der verwundete Admiral, der in einem Winkel stirbt. Ich könnte unter meinesgleichen keine Linderung und keine Hilfe suchen.« Madame Dudevant hat eine Grenze überschritten. Das langweilige Zählen der Tage in diesen letzten Jahren hat sich in Schicksal verwandelt. Die Frauen gehen den Kalender mit Freude oder Grausen durch. Der Januar 1828 ist nicht der Monat der Bälle. Er ist auch nicht mehr der Monat der häuslichen Arbeiten. Maurice, der süße Maurice, »dünn wie ein Fädchen, aber aufrecht und entschlossen wie ein Mann«, steht nicht mehr so sehr im Mittelpunkt wie bisher. Tag für Tag wird dies deutlicher. Aurore erwartet wieder ein Kind. Und dieses Kind ist nicht von Casimir. Madame Dudevant ist noch nicht die freie, entschiedene George, die sich über die Meinung ihrer Mitmenschen hinwegsetzt. Sie weiß, daß ihr Mann es erfahren wird. Sie weiß, daß der Herzensfreund Aurélien es erfahren wird. Sie weiß, daß Zoé es erfahren wird. Und sie erlebt diese beginnende Schwangerschaft auf die banalste Art, die es gibt: voller Scham, mit Schuldgefühlen, im Bestreben, eine unannehmbare Tatsache um jeden Preis zu verbergen.

Wenn da zumindest nur Casimir wäre. Er hat gute – oder sehr schlechte – Gründe, seiner Frau eine Verfehlung zu verzeihen. Die Männer haben zahlreiche Möglichkeiten, dem Gefängnis der Ehe zu entrinnen. Aurore wird erst später von den Eskapaden ihres Gatten erfahren – hatte er damit nicht schon vor Solanges Geburt begonnen? Vermutlich fand sie jedoch bereits im Winter 1827/28, daß ihr Gatte nicht viel anders war als die Bürger von La Châtre mit ihrer Doppelmoral. Ernüchtert schrieb sie darüber: »Die Männer können sich nicht wie wir in der Einsamkeit begraben, sie brauchen Bewegung, Beschäftigung – und sie zu unseren friedlichen Liebhabereien zu nötigen oder die ihren zu teilen, würde bedeuten, ihr Geschlecht oder das unsere verändern zu wollen.« Wenn er sich für die Politik interessierte, ließ sie ihn nachsichtig sich damit großtun, daß er »den Staat umkrempelte«. »Ich muß mich seit einer Woche mit Leuten langweilen«, schreibt sie im November 1827, »die mit Politik und Wahlen befaßt sind und die ich kaum verstehe, aber ich muß so tun, als verstünde ich sie, um nicht als unhöflich zu gelten; vor ihnen muß man sich für den Erfolg von Dingen interessieren, von denen man bis dahin nie etwas gehört hat. Casimir gab sich die ganze Zeit wie ein Parteiführer, und dank ihrer Bemühungen wurden absolut liberale Abgeordnete in allen umliegenden Wahlkreisen nominiert.« Vor allem trinkt Casimir immer mehr. Und Aurore hat keine Achtung vor einem Mann, der die maskuline Einfalt kultiviert und sich geschäftlich hereinlegen läßt, wenn er getrunken hat.

Aber Casimir ist nicht der einzige, der sie verurteilen kann. Aurore denkt an Aurélien. Wenn das Gutshaus Nohant von den Krächen zwischen dem Ehemann und dem Bruder, Hippolyte Chatiron, widerhallt, wenn sie sich »einer Fröhlichkeit ohne Mitteilung, eines Zuhauses ohne Geborgenheit, einer Einsamkeit, die der Lärm und die Trunkenheit noch absoluter machen«, überdrüssig fühlt, flüchtet sie in ihr »Kämmerchen«. Sie teilt es mit einem Gesprächspartner, »einem Traum, der die Bedeutung einer Leidenschaft angenommen hat, nicht in meinem Leben, da ich ja mein Leben der Pflicht geopfert hatte, sondern in meinen Gedanken.« »Ein fernes Wesen«, mit dem sie sich fortwährend unterhält. Aurélien de Sèze. Aurore und Aurélien haben sich während einer Reise nach Canterets im Sommer 1825 kennengelernt. Der junge Stellvertreter des Staatsanwalts am Gericht von Bordeaux war sechsundzwanzig, Aurore einundzwanzig. Er war der Sohn des früheren Rektors der Akademie von Bordeaux, der Neffe des Verteidigers Ludwigs XVI. Er war kultiviert, bezaubernd... zweifellos auch ein Verführer. Aurore war zunächst geschmeichelt, als er ihr den Hof machte. Dann kam die Verwirrung. Und all die winzigen Ereignisse einer Liebesbegegnung.

Diese Reise in die Pyrenäen war nach den Fahrten zwischen

Nohant und Paris in ihrer Jugend die erste große Reise der jungen Frau. Es war auch ihre erste Reise als verheiratete Frau. Maurice war zwei Jahre alt. Über die einzelnen Stationen und den Aufenthalt machte sie Aufzeichnungen, die sie später in ihren Erinnerungen wieder aufgreifen würde.

Wehmütige Abreise. Aurore fühlt sich krank: hartnäckiger Husten, Herzklopfen. Wie alle ihre Zeitgenossen denkt sie an die schreckliche Schwindsucht. Bevor sie Nohant verläßt, schreibt sie: »Lebwohl, Nohant, vielleicht sehe ich dich nie wieder!« Im Limousin angelangt (nach einer Tagesreise – gerade dreißig Kilometer hinter Limoges, vom Berry nach Châlus), bricht sie mit ihren Domestiken in Tränen aus. Sie liest einige Seiten von Ossian. Es fällt schwer, sich das Pathos vorzustellen, das in der Romantik eine Vergnügungsreise umgab. Doch Aurore hat immerhin noch genügend Kraft, um unumstößliche Beschlüsse zu fassen: »Mir nicht beim geringsten Schrei von Maurice Sorgen zu machen, nicht ungeduldig werden, weil mir die Fahrt zu lange ist, mich nicht über die Schlechtlaunigkeit meines Freundes zu ärgern.« Aber ach! In Périgueux angekommen, weint sie schon wieder: »Ich bin todtraurig. Ich habe beim Gehen sehr geweint.« Je mehr man sich den Pyrenäen nähert, desto mißgelaunter wird Casimir: »Er langweilt sich unterwegs, er möchte schon angekommen sein.« Sie wird deswegen zornig: Schließlich hatte man den Südwesten vor allem wegen Monsieur Dudevant, der aus der Gascogne stammte, gewählt! Aurore ihrerseits gewinnt ihre Heiterkeit zurück. Das Pittoreske siegt über die Melancholie. Ab Tarbes beschreibt sie die Häuser aus Rundsteinen und »jenes Amphitheater von weißen Bergen, das näher kommt und Farbe annimmt.« Als gute Touristin des 19. Jahrhunderts erfaßt sie das obligate »Grausen« beim Anblick der Wildbäche, Bergspitzen und Abgründe. Und sie vermerkt dazu etwas, das besser als jede lange Ausführung die Erwartung einer Gefühlsregung ausdrückt: »All das erschien mir entsetzlich und köstlich zugleich. Ich hatte Angst, eine unglaubliche und unbegründete Angst, einen Angstrausch, der nicht ohne Reiz war.«

Der erhoffte Rausch. Aurore wird ihn in den wunderschönen Pyrenäen erleben. Wegen der Berggipfel und wegen Aurélien. Man wird jedoch diesen letztgenannten in dem langen Reisebericht, der in der »Geschichte meines Lebens« enthalten ist, vergeblich suchen. Im Gebirge erlebt die junge Frau abermals jenen mystischen Sog, den sie bei den englischen Nonnen gespürt hatte. »So in der Einsamkeit der erhabenen Berge zu leben, in der schönsten Jahreszeit, moralisch und physisch über der Region der Stürme: allein sein oder mit einigen gleich veranlagten Freunden im Angesicht Gottes; bis zu einem gewissen Grad um sein Leben kämpfen, mit den Wölfen und Bären, mit den Gefahren des Alleinseins und dem Wüten des Unwetters, um sich selbst als Tier findig, behende, mutig und stark zu fühlen; die langen Stunden der Sammlung, die Betrachtung des gestirnten Himmels für sich allein haben; die magischen Geräusche der Ödnis, kurzum das, was am schönsten ist auf der Welt im Verein mit einem In-sich-selbst-Ruhen, ja das war das Ideal, das in meinem jungen Kopf auf das des Klosterlebens folgte und ihn lange Jahre erfüllte.« Auf der anderen Seite verachtet sie die gesellschaftlichen Zerstreuungen des Thermalbads: die Soireen, auf denen man sie zu singen bittet; das Kur-Ritual: »Wenn ich mich nach einer gewaltigen Dusche sah, eingehüllt in Laken wie eine Mumie, verpackt in einen Tragstuhl und in mein Zimmer zurückbefördert, mit dem ausdrücklichen Befehl, den Rest des Vormittags liegenzubleiben, glaubte ich, verrückt zu werden und lehnte mich offen dagegen auf.« Sie ist gleichgültig gegenüber der Eitelkeit der Schwestern Bazoin, ihrer ehemaligen Internatsgefährtinnen, mit denen sie sich getroffen hat.

Aurore hat ihr Tagebuch. Neben den erwähnten Gedankenflügen entwickelt sie ihre Sprache für Beschreibungen, die in den späteren Romanen so viele Seiten füllen werden. »Die kräftigen Hirten, von der Sonne gebräunt und Arabern ähnlicher denn Franzosen ... die großen Pyrenäenhunde ... deren Kopf, Halslänge und Schultern wie bei reinrassigen Stieren in keinem Verhältnis zum Hinterteil stehen, das für das Laufen wie ausgehöhlt scheint.« Dazwischen, bitter und lakonisch, einige Bemerkungen über einen Gatten, der seine Vergnügungen nicht mit seiner Frau zu teilen gewillt ist: »Monsieur jagt leidenschaftlich gern. Er erlegt Gemsen und Adler. Er steht um zwei Uhr morgens auf und kommt nachts nach Hause. Seine Frau beschwert sich darüber. Er scheint sich nicht vorstellen zu können, daß sie sich vielleicht eines Tages darüber freuen wird.«

Von Aurélien – nichts. Und dennoch! Einige Monate später, im November, wird Aurore angesichts der Spannungen in ihrer Ehe eine achtzehn Seiten lange »Beichte« schreiben, wo die Reise in die Pyrenäen und die Begegnung mit Aurélien de Sèze miteinander verwoben sind. Die »Beichte« war angezeigt, selbst wenn sie damit nur erreichen wollte, lauthals ihre Unschuld zu beteuern. Casimir hatte nämlich Szenen beobachtet und Briefe gelesen, die keinen Zweifel offen ließen, daß Aurore und Aurélien sich liebten. Der lange Text, den Madame Dudevant an ihren Gatten auf dessen Familiensitz Guillery in der Gascogne schrieb, ist in mehrfacher Weise bemerkenswert.

Bemerkenswert wegen der Geschicklichkeit, mit der sie den Spieß umzudrehen versteht: »Du warst, was mich angeht, auch ein wenig schuldig – schuldig ist nicht das richtige Wort ... Du warst, wenn ich so sagen darf, die unschuldige Ursache für meine Verfehlung.« Diese Ursache ist einleuchtend: Casimir versteht es nicht, Liebe zu erwecken. Er war gleichgültig: »Es kommt ein Alter, in dem man Ausschließlichkeit in der Liebe möchte. Alles, was man tut, muß sich auf den Gegenstand der Liebe beziehen. Man möchte Liebreiz und Talente allein für ihn haben. Du hast die meinen nicht wahrgenommen.« Er interessierte sich weder für Bücher, noch für Musik oder eine andere von Aurores Leidenschaften. »Auf der Reise in die Pyrenäen«, schreibt sie, »geriet mein Geist in Erregung, öffnete sich mein Herz den starken Eindrücken. Ich hatte das Bedürfnis, intensiv zu lieben, zu bewundern, zusammen mit jemandem, den die gleiche Begeisterung erfüllte wie mich ... Du langweiltest Dich an diesem Ort, den ich so zauberhaft fand.« Sie anerkennt wohl Casimirs Güte, doch ist diese Gutmütigkeit mit ihren eigenen Gefühlen nicht vereinbar:

»Ich verspürte in mir ein unerklärliches Verlangen, geliebt zu werden, so wie ich mich fähig fühlte, selbst zu lieben.«

Da betritt Aurélien die Bühne: »Monsieur de Sèze fiel mir vom ersten Moment an auf.« Nicht wegen seines Äußeren, nimmt Aurore sich zurück. »Ich bin nicht oberflächlich genug, um bei solchen Nebensächlichkeiten zu verweilen.« Aber bei seinem Geist, bei seiner Konversation – das ja. Denn Aurélien ist »empfindsam, redlich, zartfühlend«. Und er macht einem anderen jungen Mädchen den Hof. Madame Dudevant ist so wenig kokett, daß sie es einrichtet, sie Aurélien näherzubringen. Aber er »beklagte sich schließlich bitterlich, daß ich ihn verdächtigen könnte, eine so kalte, so mittelmäßige Frau wie Laure zu lieben«. Alles in allem, meint Aurore, passen Aurélien und Laure genauso schlecht zusammen wie ein gewisses Ehepaar.

Bemerkenswert wegen der Liebeserpressung: Aurore beschreibt ihre Erregung, ihre Qualen, die ihres Verehrers. Sie wird, das weiß sie, nicht vergeblich an die Großmut ihres Gatten appellieren. »Er litt ... ich litt ... Casimir, mein Freund, mein nachsichtiger Richter, sei hier nicht mehr mein Ehegespons, mein Herr, sei mein Vater ... Vergessen wir diese fruchtlosen Vorurteile, diese falschen Ehrauffassungen, die oft einen Ehemann zum verabscheuten Tyrannen machen. Sei großzügig bis ins letzte, meine Aufrichtigkeit möge Dir Beweis sein für mein Bedauern.« Wie könnte man solche Selbstbezichtigung nicht verzeihen?

Bemerkenswert aber auch wegen ihrer Unschuld: Der spätere Brief läßt bereits die künftige Romanschriftstellerin ahnen. Zeigt sie nicht eine gewisse Gerissenheit? Ja, bei aller Offenherzigkeit. Natürlich entschuldigt sie sich. Aber da sie sich äußern muß, wird sie bis zum Ende gehen. Sie wird die »unwiderstehliche Regung«, die sie für Aurélien empfunden hat, nicht verschweigen; sie wird bis in die kleinsten Einzelheiten beschreiben, welche Mühe sie sich gab, ihn wiederzufinden, als er sich auf ihre Bitte hin von ihr fernhielt. Und der Stolz in all dem: »Ich will seine Liebe nicht, sagte ich mir, aber ich möchte auch nicht, daß er mich wie eine gewöhnliche Frau behandelt. Ich will seine Hochachtung, seine

Wertschätzung. Das ist mir wichtig. Weil auch er kein gewöhnlicher Mann ist.« Es folgen die Einzelheiten: »Aurélien war allein mit mir. Eine köstliche Zeit, ein düsteres Refugium . . . ich weinte, während ich mit ihm sprach. Er war nicht mehr Herr seiner selbst, er nahm mich in die Arme und drückte mich leidenschaftlich an sich.« Aurore beteuert noch die Reinheit dieser Umarmungen. Der ersehnte Kuß wird »auf die Wange« gegeben!

Bemerkenswert schließlich wegen der Grausamkeit: Aurélien schrieb ihr Billette, »die mich mehr und mehr berauschten«. »Sein Stil war so ausgezeichnet«, notiert sie, setzt jedoch gnadenlos hinzu: »Ich dachte voller Bitternis daran, daß Du den Deinen nicht pflegst . . . niemals . . . hattest Du mir ein Billett geschrieben, das mir Trost gegeben und mir Gesellschaft geleistet hätte.« Aurélien liest jeden Tag ihr Tagebuch: »Wie glücklich wäre ich gewesen, hätte ich jeden Abend meinen Tageslauf aufzeichnen, ihn Dich lesen lassen können . . .« Und das Fallbeil: »Wenn ein anderer einen verführt, einem gefällt, einen mehr berauscht, ist man dennoch eher bereit, ihn zu opfern, als das Glück des anderen zu gefährden. Den einen liebt man mehr, dem andern steht man näher«, betont sie. Casimir würde sich damit begnügen müssen, der Näherstehende zu sein.

Es folgen die Entschlüsse: Aurélien hat sich verpflichtet, Aurore wie eine Schwester zu lieben. »Eines Tages werde ich Sie so keusch lieben«, soll er zu Aurore geäußert haben, »daß Sie zu Ihrem Gatten sagen können: Ich liebe Aurélien, und auch Aurélien liebt mich.« Monsieur Dudevant muß also Verständnis für beide Partner zeigen; denn die junge Frau ist schon dabei, dem Himmel zu danken: »Mein Gatte, über die falschen Verpflichtungen erhaben, die eine törichte und absurde Ehrauffassung den Männern aufzwingt, fürchtet nicht, als betrogener Ehemann zu gelten, mein Wort genügt ihm.« Und natürlich versteht man ihre Entscheidungen: daß sie Aurélien in diesem Winter nicht wiedersehen würde, daß sie mit ihrem Gatten Sprachunterricht nehmen will, daß sie ihm nahelegt, »viele nützliche Werke« zu lesen . . . Du wirst mir darüber berichten. Anschließend werden wir uns darüber unterhalten.« Kurzum, »wir werden glücklich sein, friedfertig, wir werden den Kummer verbannen, die bitteren Gedanken. Wir werden uns um die Wette bemühen, vollkommen zu sein.«

Casimir kümmerte sich so gut wie nicht um die Beschlüsse, die seine Frau munter für ihn gefaßt hatte. Er wurde nicht gebildeter, nicht aufmerksamer, nicht enthaltsamer, zweifellos auch nicht treuer. Blieb Aurélien, den Aurore während mehrerer Jahre heimlich liebte ... »den Abwesenden«.

Auréliens Entscheidung verfolgt Aurore in diesem Januar 1828, in dem sie feststellen muß, daß sie ein Kind erwartet. Sie hat den Mann, dem sie in Canterets begegnet ist, auf ein Piedestal gestellt. »Da ich nicht wußte, wofür ich meine Seelenkraft aufwenden sollte, legte ich sie einem von mir selbst erschaffenen Idol zu Füßen«, wird sie in *Lélia* schreiben. Sie wünschte sich eine vergeistigte, ideale Liebe, in der sich nur der Geist vereinte, eine Liebe, die ausschließlich ihm zu gelten hatte. Casimir betrogen? Bah! Sie findet Ausreden. Aber Aurélien betrogen? Wie seinen Blick ertragen?

In acht Monaten wird Solange zur Welt kommen. Die Historiker haben sich über die Vaterschaft des kleinen Mädchens gestritten. Mit jener Leidenschaft in der Verurteilung oder der Billigung, die George Sand stets zu entfachen wußte. Derjenige, der sie am besten kannte, George Lubin, scheint nicht mehr daran zu zweifeln, daß Stéphane Ajasson de Grandsagne dafür verantwortlich war. Gleichwohl. Wen interessiert noch diese Art Prozeß? Aurore Dudevant ist in dieser Zeit vom Leben so angeekelt, daß sie versucht ist, Selbstmord zu begehen. Sie ist voller Angst. Voller Scham. Dennoch wendet sie alle gebräuchlichen Listen an, um zu verbergen, was sie nicht eingestehen kann: Als Aurélien sie, da er sich um sie Sorgen macht, im Sommer 1828 besucht, spricht sie von einer Frühgeburt. Sie schwindelt mit den Daten, so wie sie auch für ihre Paris-Reise im Dezember 1827 nicht den wahren Zweck angegeben hatte. Zwei Gründe, um sich schuldig zu fühlen: Sie hat sich verführen lassen, und jetzt muß sie lügen.

Aurore hat während des Sommers 1827 Stéphane sehr häufig

gesehen. Ballett einer Dreierbeziehung: Casimir geht im Oktober nach Paris. Stéphane, der, seit er an verschiedenen wissenschaftlichen Projekten arbeitet, dort lebt, ist nun wieder im Berry. Er kommt oft zu Besuch nach Nohant. Casimir kehrt im November zurück. Nun will Aurore ihrerseits verreisen. Sie sei krank, klagt sie. Wie sollte man in der Provinz die entsprechenden Spezialisten finden? Da eine Frau nicht allein reist, wird sie auf der Fahrt in die Hauptstadt Jules Ajasson de Grandsagne, ein Bruder Stéphanes, begleiten. Sie wollte nur einige Tage fortbleiben, aber sie kommt nicht zurück. Wie wir bereits gehört haben, ist dieser Paris-Aufenthalt eine Kette vergeblicher Versuche, Arzttermine und danach einen Platz in der Postkutsche zu bekommen. In keinem Brief an Casimir läßt sie Stéphane unerwähnt. Einige Biographen werden schreiben, daß sie damit Denunzierungen gegenüber Casimir vorgriff. Mag sein. Aber das gilt für den Ehemann, nicht für den platonischen Freund von Bordeaux. Übrigens weist dieser nicht ohne eine gewisse Ironie Aurore darauf hin, daß sie sich hinsichtlich dieses Stéphane ein wenig wiederholt: »Ihre Geschichte von diesem Stény ist sehr interessant ... doch kannte ich sie; ich könnte sie Ihnen fast wörtlich erzählen, bis auf einige Einzelheiten ... und diese Geschichte, wissen Sie, wer sie mir erzählt hat? Sie selbst.« Voller Nachsicht wird er später auf den ein wenig dämonischen Charakter hinweisen, den Aurore ihrem Freund wohl unterstellt hatte: »Ihr Stény ist ein wahrhaft Verrückter, aber ich weiß nicht, warum ich ihn so sehr mag. Es gibt viele Verrückte auf der Welt, von denen ich nicht dasselbe behaupten kann.« Als Aurélien vorschlägt, Aurore im Sommer 1828 zu besuchen, offenbar ohne zu ahnen, daß die Niederkunft so nahe bevorsteht, schreibt er weiter: »Stény ist der liebenswürdigste Mensch der Welt, und wenn sein Portrait stimmt, wenn Sie es nicht mit Ihren Federn geschmückt haben, so wird er der erste sein, dem ich von Ihnen vorgestellt werden möchte ...«

Man kann das wohl kaum als Gerissenheit ansehen. Stéphane kommt einfach deshalb so oft in ihrer Korrespondenz vor, weil die junge Frau in ihn verliebt ist. Und wie jede Verliebte, kann sie nicht umhin, bei jeder Gelegenheit seinen Namen zu nennen. Mit einem kleinen Unterschied indes, was das gemeinsame Los angeht: sie gewahrt ihre Schwäche in dem Augenblick, da sie sich ihr überläßt, sie übertreibt sie, um sie zu rechtfertigen, und sie verzeiht sich keine Regungen, deren Ursache sie nur allzu genau kennt. Aurore ist noch immer idealistisch, hat noch immer einen starken Hang zum Mystischen; ihr Ziel ist eine von den fleischlichen Banalitäten freie Liebe wie diejenige, die sie mit Aurélien aufrechtzuhalten sich bemüht ... durch Briefe. Mit Stéphane bricht sie zum erstenmal in ihrem Leben als junge Ehefrau aus, sie versteckt sich, und sie lügt.

Denn Madame Dudevant hat sich in dieser ganzen Geschichte genauso verhalten wie so manche andere Ehefrau des gehobenen Provinzbürgertums, die zu gebildet, zu wach ist, um ganz in ihren Hausfrauenpflichten aufzugehen. Zu anspruchsvoll, um sich mit den nichtigen gesellschaftlichen Betätigungen zu begnügen. Die jedoch den Schritt zur Unabhängigkeit, zur Kreativität nicht zu tun wagt. Blieben natürlich die Kinder. Aber das Vermögen und das Hauspersonal entbanden die Frau davon, sich ständig um sie zu kümmern, und die wirkliche Erziehung, die Vermittlung von Wissen wurde sehr bald dem Hauslehrer, der Gouvernante oder dem Internat anvertraut. Die Männer lebten ihr eigenes Leben: Die einen gingen zur Jagd und reisten, andere widmeten sich der Wissenschaft, hatten eine Geliebte oder stellten den Mägden nach. George Sand wird später sagen, wie ungerecht sie diese Teilung findet, wie ungerecht die Abhängigkeit und Nutzlosigkeit der weiblichen Existenz. Aber so weit ist Aurore noch nicht. Sie empfindet keinen Widerwillen gegen die Arbeiten, die man gewöhnlich ihrem Geschlecht zuweist. Vor Maurice' Geburt hat sie nähen gelernt: »Ich hatte nie zuvor in meinem Leben genäht ... als dies zum Ziel hatte, das kleine Wesen zu kleiden, das ich vor meinem geistigen Auge sah, machte ich mich mit größtem Eifer daran. Ich staunte, als ich sah, wie leicht es war; doch zugleich begriff ich, daß dabei wie bei allem, der künstlerische Einfall und die Meisterschaft des Zuschneidens ausschlaggebend waren. Seither habe ich stets gern mit der Nadel gearbeitet, es ist für mich ein Zeitvertreib, der mich manchmal so fesselt, daß ich alles darüber vergesse.« Und sie übt Kritik an den Blaustrümpfen, die in solchen Beschäftigungen das Zeichen von Sklaventum sehen. »Sie wirken nur auf jene (Frauen) stumpfsinnig, die sie geringschätzen und nicht das versuchen, was man auf jedem Gebiet tun kann: etwas gut machen.« Häufig schenkt sie ihren Freunden eine Kostprobe ihrer selbstgemachten Konfitüren oder Pasteten, und heute wird sie eine Sendung für ihre Mutter auf den Weg bringen.

Jedenfalls fühlt sich die vom Mystizismus und der Lektüre philosophischer Schriften und Poesie durchdrungene junge Frau in ihrem Leben als Gattin, Mutter zweier Kinder und Herrin über eine Anzahl Dienstboten eingeengt. Einige ihrer berühmtesten Biographen wollten die Suche nach Abenteuern in den folgenden Jahren als Zeichen der physischen Unzufriedenheit werten, die sie bei Casimir empfand, ja sogar als ein Zeichen dafür, daß sie gar nicht befriedigt werden konnte. Demnach hätte also eine frigide Aurore die männerverschleißende George Sand hervorgebracht.

Weder das verliebte Gurren mit dem frisch angetrauten Ehemann noch die Versuchungen in Auréliens Armen oder die Liaison mit Stéphane erscheinen eisig. Wenn eine Frau – im 19. Jahrhundert – einfach nur leben wollte, welche Möglichkeiten hatte sie da? Den beruflichen Erfolg? Gewiß nicht, denn im ältesten Sinn des unvermeidlichen Opfers arbeiteten nur diejenigen, die sonst im Elend umgekommen wären. Die Wissenschaft? Die Politik? Künstlerisches Schaffen? Vielleicht ein paar privilegierte Frauen in den großen Metropolen. Den anderen blieb nur der Bereich, in dem die Männer ihre Überlegenheit anerkannten: Liebe, Sexualität oder Zärtlichkeit. Man muß schon ein Mann sein, um in Madame Dudevants ersten Verstößen gegen die eheliche Moral die trivialen Bemühungen einer bürgerlichen Ehefrau zu sehen, die zu leben versucht. George wird später tatsächlich unabhängig sein, nämlich durch ihre schriftstellerische Tätigkeit.

Im Januar 1828 hat Aurore ihre Freiheit noch nicht erlangt. Je mehr Zeit verstreicht, desto genauer weiß sie, daß die Liaison mit

Stephane keine Zukunft hat; daß sie wird einstehen müssen für diese Zuneigung zu einem Menschen, den sie geliebt hat, weil er ein wenig verrückt war, ein wenig außenseiterisch, weil sein Gesicht gezeichnet war und er ihr leid getan hatte. Er lebt in den Büchern. Er entdeckt, erfindet. Sie hat einige Tage mit ihm verbracht, sie befindet sich nun wieder in ihrem friedlichen Nohant, wo der Duft der Terrinen durch das Treppenhaus zieht, wo sie keine Briefe mehr zu schreiben wagt, wo der Freund, der sie so hoch emporhob und nichts verstehen wird, so fern ist.

Wenn man jemanden liebt, muß man ihn ganz und gar lieben. Die Frauen werden auch jene Madame Dudevant lieben, die aus Angst log, bevor sie ihre Zeitgenossen durch ihre Aufrichtigkeit vor den Kopf stieß. Sie werden ihr dankbar sein dafür, daß sie vor den durchschriebenen Nächten, vor den stürmisch-leidenschaftlichen Begegnungen und den zahlreichen Büchern diese von Leere gezeichnete Existenz gekannt hat, in der das Herz allzu laut schlägt, weil es vergeblich liebt.

Nebeljahre, ein in enge Denkschemata eingeschnürtes Leben, Fluchtversuche durch glanzvolle Feste, durch wohlfeilen Betrug. Aurore Lucile Amantine Dupin, Madame Dudevant, hatte Mühe, diese Jahre hinter sich zu bringen. Entschwunden die Jugend und das Ideal des Klosters, weit weg Aurélien und das Ideal der Liebe . . . Den Geschmack des Selbstmords auf den Lippen, durchlebte Aurore jene verteufelten Tage, in denen sich der Geist der Frauen im Bauch verliert. Zu ihrem und zum Glück ihrer Nachwelt legte sie alle Einengungen ab.

3

Mittwoch, 15. April 1835

Was tun mit unserer Kraft, wohin damit? . . .
Lieben, das ist von allem, was wir kennen, noch das Größte und Edelste . . .
Und dennoch: Es lebe die Liebe!

Alles, was man mir als Pflicht auferlegt, wird mir widerwärtig . . .
Nicht Menschen, Lärm, Theater oder Schmuck brauche ich, sondern Freiheit

Zeichnung von Musset.
Sammlung Lovenjoul, Chantilly. Cl. Françoise Foliot.

»Wenn Du nicht in jeder Hinsicht so anders wärest als ich, würde ich Dich dann ebensosehr lieben?«

George schreibt... Eine Frühlingsnacht über dem Garten von Nohant. Gestern, vorgestern wandte sie sich mit leidenschaftlichen Worten an die Natur: »Frühlingslüftchen, was erzählst du dem Jasmin an meinem Fenster?« Sie wagt heute, den Namen auszusprechen, der ihr Gemüt bewegt, sie beginnt einen fiktiven Dialog mit dem Mann, den sie zu lieben beginnt: »Éverard... Éverard...« Wenn Éverard sie fragte: »Spiele ich in Ihren Abhandlungen eine Rolle?«, würde sie umgehend antworten: »Es ist fast nur von dir die Rede. Die Gliedmaßen können nicht das Herz vergessen, in das ihr ganzes Blut zurückströmt. Ehe ich dich sah, wurde ich so ungeduldig, daß ich dich zu finden beschloß.«

Wird sie diesem Michel von Bourges, den sie Éverard nennt, die Person George erklären, die Aurore vor bereits drei Jahren erfunden hat? »Ich habe keinerlei Ehrgeiz, und obwohl ich als Künstlerin kaum beachtet werde, bin ich nicht neidisch auf diejenigen, die es verdienen, daß man ihnen Aufmerksamkeit schenkt.« Ihr Gesprächspartner würde sie nach ihren Vorstellungen fragen? Nach ihren Entscheidungen? Soll er sie mit ihren Personen gleichsetzen? »Einige Leute, die meine Bücher lesen, begehen den Fehler zu glauben, daß mein Verhalten ein Glaubensbekenntnis ist und die Themen meiner Histörchen eine Art Plädoyer gegen gewisse Gesetze... mein Leben ist voller Verfehlungen...« »Leidenschaften und Launen haben mich zu bestimmten Zeiten höchst unglücklich gemacht. Von meinen Launen bin ich inzwischen geheilt, weil ich es wollte, von meinen Leidenschaften werde ich es bald aufgrund des Alters und des Nachdenkens sein.«

Aurore-George ist noch nicht einunddreißig. Sie setzt sich mit den Masken ihrer Figuren auseinander, mit den vielen Gesichtern, die sie sich geschaffen hat. Schon taucht die neue Leidenschaft zwischen den Zeilen dieses Briefes an Éverard auf. Aber seine Verfasserin befindet sich, wie so oft in ihrem Leben, gerade zwischen zwei Lieben, zwischen zwei Büchern, zwischen zwei vollgeschriebenen Seiten, eine Nacht zwischen zwei Tagen.

Seit ihrem fünfundzwanzigsten Lebensjahr ist George die Zeit sehr schnell vergangen. Trennungen. Abreisen. Die Geburt einer Schriftstellerin. Ein aufregendes Liebesleben. Viele ihrer Biographen haben nur die Männer aufgezählt, die flüchtig Georges Herz gestreift haben. Viele Kritiker haben versucht, ihr Werk zu kommentieren. Hier hingegen soll jener Apriltag des Jahres 1835 nacherzählt werden, der anscheinend einen entscheidenden Wendepunkt in ihrem Leben bildete.

George hat mit Musset am 6. März gebrochen. Zum letzten Mal, nach einer immer wieder auflodernden Leidenschaft, die zwei Jahre gedauert hatte. Sie war es, die ging. Sie hat geschworen, nicht mehr zurückzukehren. Einen Monat später lernte sie Louis-Chrysostome Michel kennen, einen für seine anti-monarchistischen Ideen berühmten Rechtsanwalt, bekannt unter dem Namen Michel von Bourges. Diese vier Frühlingstage, zwischen dem 7. – dem Tag der Begegnung – und dem 11. April – Tag des »Briefes an Éverard« – verraten viel über das hektische Leben der neuen George.

Ein neues Wort wurde 1835 in die Lexika aufgenommen: das Verb *épater* – verblüffen. George oder ihre Freunde haben es wohl verwendet, um die unerwartete Wirkung des Juristen und der Romanschriftstellerin aufeinander zu beschreiben. Dieses Wort drückt auch sehr gut die gemischten Gefühle aus, die diese Frau von dreißig noch heute auslöst! In diesen Jahren ist sie beeindrukkend. Alles ist bei ihr übertrieben. Die Schnelligkeit. Die Menge. Die Heftigkeit. Die Widersprüche. Logik und Leidenschaft. Arbeiten und Warten. Kraft und Schwäche. In fünf Jahren hat sie mehr als zehn Bücher geschrieben: Nach der Zusammenarbeit mit Jules Sandeau an *Rose et Blanche* sind erschienen: *Indiana, Valentine, La Marquise, Lavinia, Lélia, Aldo le Rimeur, Le Secrétaire intime, Métella, Garnier, Léone Léoni, André, Jacques,* die fünf ersten *Briefe eines Reisenden,* das *Poème de Myrza*... Einige davon sind kurze Erzählungen, andere wie *Indiana, Lélia, Jacques*... größere und teilweise umfangreiche Arbeiten. Die Liebesbeziehungen mit Sandeau, Musset, Dr. Pagello, den sie aus Italien mitbrachte, die eher provokante als herzbewegende Episode mir Mérimée standen im Mittelpunkt des Pariser Gesellschaftsklatsches. Ohne einen Pfennig Geld ist es ihr gelungen, mit Glanz und Gloria nach Venedig zu reisen, zu einer Zeit, da der geringste Ortswechsel ein Vermögen kostete und mit größten Strapazen verbunden war. Während des Aufenthalts in Venedig, wo sie den im Fieber phantasierenden Musset pflegte und mit dem herbeigerufenen Arzt eine Liebelei begann, sendet sie ihrem Verleger täglich etwas über dreißig Manuskriptseiten. Und wenn sie sich in Paris aufhält, hat sie, da sie ja nicht nur frei, sondern auch eine gute Mutter sein möchte, stets die kleine Solange bei sich und wacht aus der Ferne über die Erziehung ihres Sohnes, dessen Hauslehrer und Lektüre sie auswählt. Da man selber reich sein muß, damit einem jemand Geld leiht, macht die Fama jeden jüngeren oder älteren Mann, mit dem sie befreundet ist oder der ihr Ratschläge für ihre literarische Arbeit gibt, zu ihrem Liebhaber. Von unwiderstehlichem Reiz, mit einem Ruf wie Donnerhall – bei George ist alles übertrieben!

In diesen Jahren ist Madame George Sand schwer zu fassen. Im Zusammenhang mit Noémie, der Heldin von *Indiana,* hat sie selbst »die Frau« beschrieben: »Meine Noémie ist die schwache und die starke Frau, müde vom Gewicht der Luft und fähig, den Himmel zu tragen, schüchtern im Alltag, kühn an Tagen der Schlacht, raffiniert, geschickt und scharfsinnig, wenn es darum geht, die aufgegangenen Fäden des Gemeinschaftslebens zu fassen, albern und dumm, wenn sie erkennen soll, was wirklich ihrem Glück dient, sie pfeift auf jedermann und läßt sich von einem einzelnen Mann an der Nase herumführen, sie hat keine Selbstachtung, dafür um so mehr Wertschätzung für den Gegenstand ihrer Wahl, sie ist gleichgültig gegenüber den Eitelkeiten des Jahrhunderts für sich selbst und läßt sich von dem Mann verführen, der alle in sich vereint.«

George und Michel »verblüffen«. Er ist bekannt für sein Rednertalent, spart aber gewöhnlich seine Fähigkeiten für den Gerichtssaal auf. An dem Abend, als Fleury und Planet, zwei Freunde von Madame Dudevant, diese mit dem Rechtsanwalt bekannt machen, verausgabt er sich, setzt seine ganze Überzeugungskraft ein, als sei für ihn im Augenblick das Wichtigste auf der Welt, sie zu verführen. Ihr fiel sofort, erzählt sie in der *Geschichte meines Lebens*, seine außergewöhnliche Kopfform auf. George begeisterte sich seit kurzem – infolge der Lektüre von Lavater – für die Phrenologie, jene Lehre, die aus der Form des Schädels die Persönlichkeit ableiten zu können behauptet. »Er schien zwei aneinander geschweißte Schädel zu besitzen, wobei die Zeichen für seine hohen seelischen Fähigkeiten am Bug dieses mächtigen Schiffes ebenso vorspringend waren wie die seiner edlen Gesinnung am Heck.« Sie schloß daraus – und bei der Diagnose muß die Liebe gleichermaßen den Ausschlag gegeben haben wie die Physiognomie: »Intelligenz, Verehrung, Begeisterung, Geistesschärfe wurden ausgeglichen durch die Liebe zur Familie, die Freundschaft, die Sanftheit, den körperlichen Mut ... Éverard war ein wunderbares Wesen.« Denn George hat Michel den Namen Éverard gegeben, der drei Tage später der Name der Person sein wird, an die sie den sechsten *Brief eines Reisenden* sendet. Sie sieht an dieser herrlichen Erscheinung nur einen Makel: die Gesundheit. Und sie beschreibt ihn als vorzeitig verbraucht »trotz eines maßvollen und kargen Lebens«. Von sich selbst sagt sie, sie sei völlig durcheinander, erschüttert, wie sie es nur durch die Verbindung von Bewunderung und Mitleid sein konnte. Muß nicht die Zärtlichkeit auf diese Weise angesichts des in der Wertschätzung so hoch plazierten Gegenstands Gründe finden, um etwas Macht auszuüben? »Es war ebendieses Fehlen von körperlicher Lebendigkeit, die mich tief berührte... diese schöne Seele im Kampf mit den Ursachen einer unausweichlichen Zerstörung?«

Wie am ersten Tag, als sie sich Hals über Kopf in Aurélien verliebt hatte, wehrt sich George auch jetzt dagegen, sich nur körperlich angezogen zu fühlen. Éverard war »erst« siebenunddreißig, notiert sie, »doch auf den ersten Blick wirkte er wie ein Greis.« Sie bemerkte jedoch »sein schönes blasses Antlitz, seine herrlichen Zähne und seine kurzsichtigen Augen von einer bewundernswürdigen Sanftheit und Treuherzigkeit hinter der häßlichen Brille«. Michel von Bourges und die Romanschriftstellerin werden sich in eine Art intellektueller Parade stürzen, in der das Verbum, der Witz, die unerbittliche Logik, die Überzeugungskraft den Federschmuck ersetzen werden. »Verblüfft« auch die Bekannten Michels von Bourges, die ihren nüchternen, allein durch George strahlend gewordenen Freund kaum wiedererkennen. Wie Oberschüler verbringen die beiden die ganze Nacht ihrer Begegnung damit, sich gegenseitig nach Hause zu begleiten, von einer Haustür zur anderen... dabei reden und reden sie... Kaum haben sie sich getrennt, schreiben sie einander... Nicht genug damit, daß George ihre Briefe direkt an den Adressaten sendet – an Michel von Bourges hat George wohl ihre schönsten Liebesbriefe geschrieben –, verfaßt sie für ihn in den Aprilnächten jenen *Brief eines Reisenden,* der mit folgenden Worten endet: »Du, Meister, lebe wohl! Sei gesegnet dafür, daß Du mich gezwungen hast, ohne zu lachen, das Antlitz eines sehr Begeisterten anzusehen und beim Fortgehen vor ihm das Knie zu beugen.«

George nennt einen Mann »Meister«... und »beugt das Knie«! Widerspruch: Am selben oder fast am selben Tag hat sie an Adolphe Guéroult geschrieben, der sie für seine saint-simonschen Überzeugungen gewinnen möchte: »Ich bin nach wie vor sicher, daß es unter dem Himmel keinen Mann gibt, der es verdient, daß man das Knie vor ihm beugt. Stellen Sie sich in den Dienst einer Idee, statt sich in die Gewalt eines kindlichen Wesens zu begeben.«

Vor allem ist seit ihrer Flucht von Paris – am 6. März 1835 – erst ein Monat vergangen, in dem sie Gelegenheit hatte, mit den letzten Monaten ihrer Leidenschaft für Musset fertigzuwerden. »All das, siehst Du, ist ein Spiel, das wir spielen. Aber der Einsatz sind unser Herz und unser Leben, und das ist nicht ganz so spaßig, wie es den Anschein hat«, sagte sie Ende Januar 1835 zu dem Dichter. Nachdem sie versucht hatte, die Beziehung wieder aufzunehmen und weiterzuführen, war sie es, die ging, ohne den Mut zu einer letzten Aussprache gehabt zu haben, so schwach fühlte sie sich. Und sie schwor sich, nicht mehr der Liebe zu erliegen. Zwei Tage vor diesem Abschied vertraute sie ernüchtert Sainte-Beuve an: »Nein, nein, weder der, noch der andere. Weder die zärtliche, andauernde Liebe, noch die blinde und heftige Liebe. Glauben Sie, daß ich die erstgenannte erwecken kann und daß ich versucht wäre, die zweite zu empfinden? Beide sind schön und kostbar, aber ich bin zu alt für beide ... ich habe ... weder Glauben, noch Hoffnung, noch Verlangen mehr.«

Nach Nohant zurückgekehrt, widmete sie sich Solange; sie schrieb an Maurice, der in Paris im Internat geblieben war: »Nohant wird sehr hübsch, überall sind Blumen, und ich habe mein kleines Zimmer damit gefüllt. Ich mache auf meinem Tisch Gärten. Ich werde den Deinen in Ordnung bringen und Herbstblumen darin pflanzen lassen, damit Du ihn schön vorfindest in den Ferien.« Aber sie gesteht, auch diesmal wieder Sainte-Beuve, die anmutigen Freuden dieser Leere nicht ertragen zu können: »Was tun mit unserer Kraft, wohin damit? ... Lieben, das ist von allem, was wir kennen, noch das Größte und Edelste ... und dennoch: Es lebe die Liebe!«

Nun ist es ausgesprochen: »Was tun mit unserer Kraft?«

Seit 1830 verausgabt sich George. Auf die Selbstmordabsichten von 1828 waren 1829 sinnlose und verrückte Beschäftigungen gefolgt, von denen sie ganz besessen schien. Solanges junge Mutter machte so viel Unsinn wie noch nie zuvor, provozierte, trieb Possen. Von einer unheimlichen Fröhlichkeit erfüllt, eilte sie von Ball zu Ball, wobei sie sich über die bürgerlichen Gastgeber mokierte und mit ihren Freunden aus dem Berry gereimte Liedchen verfaßte. Nach dem larmoyanten Ton ihrer Briefe wechselte sie nun zu einem spöttischen Stil. Sie spickte ihre schriftlichen Mitteilungen mit Dialektausdrücken, berichtete von ihren Eskapaden: »Ausritte, Besuche, Soireen, Diners, jeder Tag war ausgefüllt, und wir hielten uns viel weniger in Nohant auf als in La Châtre und auf den Landstraßen.« Sie machte sich heimlich davon, um nach Bordeaux zu fahren, wo sie sich mit Aurélien traf. Voller Humor hält sie fest: »Mein Hirn ist leerer als ein Kürbis, von dem man vierzehn Tage lang Suppe gekocht hat«, und vermerkt: »Wir führen ein so nichtsnutziges Leben, daß es wohl auf dem gesamten Erdenrund keinen jungen oder alten Menschen, keinen Mann und keine Frau gibt, die so beschäftigt sind wie ich. Ich hatte ein gewaltiges Nachholbedürfnis, allgemeiner, allumfassender Art, von den Marmeladen bis zu den hehren Wissenschaften, denen ich mich widme, den Künsten, die ich pflege ... Das Ganze ausgestreckt auf einem Kanapee, ein Buch oder eine Feder in der Hand, schlafend oder schnarchend, je nach dem Grad des Eifers und der Eingebung, die mir der Himmel inmitten dieser Arbeiten schickt.« Die Frau, die noch nicht mehr als Aurore Dupin, Baronin Dudevant, war, gähnte vor Langeweile und sprühte vor Humor. »Was tun mit unserer Kraft?«

Das Jahr 1830 brachte ihr die Antwort. Diese aktive Frau nimmt einen jungen Liebhaber zum Anlaß, um ein für allemal mit dem Leben zu brechen, das ihr vorgezeichnet zu sein schien. Um mit dem Geliebten zu leben, wird sie sich ihr Geld selbst verdienen müssen. Um sich ihr Geld selbst zu verdienen, wird sie zu schreiben versuchen. Der Geliebte ist auf und davon? Macht nichts. Dafür war die Schriftstellerin geboren. Was hat diese Umwandlung Aurores in George bewirkt? Die Liebe? Die Notwendigkeit, Geld zu verdienen? Die »künstlerische Neigung«? Vermutlich alles drei, denn am 30. Juli 1830 begegnete sie Jules Sandeau, und im Mai 1832 erschien *Indiana*, der erste große Roman, der allein unter ihrem Namen herauskam. Ein Roman, dem die Kritik Achtung zollte. Selbst der derbe Henri de Latouche, der schwierige Ratgeber der Anfangszeit, ist überwältigt: »Ihr Buch ist ein Meisterwerk. Ich habe die Nacht verbracht, es zu lesen ... Balzac und Mérimée sind glanzlos neben *Indiana*. Ach, mein Kind, wie glücklich ich bin!«

Von jetzt an weiß sie, wohin mit ihrer Kraft. Sie hatte als erste Frau den Mut, aus einer Ehe auszubrechen, die durch die täglichen Reibereien, beidseitigen Abenteuer und Lügen nur noch auf dem Papier bestand. Seit langem gab es keine Liebe mehr zwischen Casimir und Aurore. Ist die Ursache für den Riß, wie sie es später beim Trennungsprozeß erzählen wird, in einer Ohrfeige zu suchen, die ihr Mann ihr öffentlich versetzte, nachdem Aurore ihm in einer kindischen Anwandlung Sand in den Kaffee geschüttet hatte? Oder muß man, wie viele Biographen vermuten, einfach die These akzeptieren, daß sie sich körperlich nicht mehr verstanden? Wenn es »beiderseitiges Verschulden« gegeben hat, also Untreue von ihrer wie von seiner Seite, hätte die Ehe bestimmt sehr viel länger bestehen können, denn man übte sich ja schon seit Monaten in gegenseitiger Toleranz – im unfrommsten und jämmerlichsten Sinne des Wortes. Aurore beschloß, dem ein Ende zu bereiten, und löste den Kontrakt mit einem Schnitt, obwohl er ihr auch Freiheiten gewährte. Sie löste ihn, mehr um unabhängig zu sein, denn um sich offiziell zu einer Liebesbeziehung zu bekennen. Man muß den Brief lesen, den sie im Mai 1831 an ihre Mutter schrieb: »Für mich ist die Handlungs- und Gedankenfreiheit das höchste Gut. Wenn sich damit die Fürsorge für die Familie vereinbaren läßt, dann ist das unendlich angenehm, aber wo ist das schon so? Immer wird das eine dem anderen schaden, die Unabhängigkeit mit der Familie in Konflikt geraten und umgekehrt ... Ich ertrage nicht den geringsten Zwang, das ist mein Hauptfehler. Alles, was man mir als Pflicht auferlegt, wird mir widerwärtig ... Nicht Menschen, Lärm, Theater und den modischen Putz brauche ich ... ich brauche Freiheit. Allein durch die Straßen zu schlendern und sich sagen zu können: Um vier Uhr werde ich zum Essen gehen oder um sieben, je nachdem, wie ich aufgelegt bin; auf dem Weg zu den Tuilerien gehe ich durch den Jardin du Luxembourg und nicht über die Champs-Élysées, wenn ich Lust dazu habe – das gefällt mir viel besser als die schalen Komplimente der Männer und der steife Umgangston in den Salons.«

Der Artikel eins dieser Freiheit ist die Möglichkeit, Nohant und seine täglichen Zwänge hinter sich zu lassen. Aurore-George Sand wird immer davon träumen »wegzugehen«. Im Februar 1830 schrieb sie an Gondouin Saint-Agnan: »Ich habe viele Reisepläne im Kopf. Gott allein weiß, welcher verwirklicht werden wird. Diese Pläne liefern sich in meinem Hirn einen erbitterten Krieg.« Im Mai will sie von Paris aus nach Bordeaux reisen und erklärt dies ihrem Mann wie folgt: »Es ist eine Anwandlung von Ärger und Kummer, die mir das Verlangen und das Bedürfnis einflößen, den Ort zu wechseln.« Weggehen ... träumen ... träumen vom Weggehen. »Es ist so bequem zu träumen, daß man den Mond mit den Zähnen packt«, vertraut sie Charles Meure an, bevor sie ihm alle Reisen beschreibt, die sie vorhat, das Mögliche mit dem Unmöglichen vermischend.

Sie wird nicht lange wegbleiben. Zweifellos hat sie Casimir so etwas wie ein Ultimatum gestellt: »Ich will eine Rente, dann werde ich für immer nach Paris gehen, meine Kinder werden in Nohant bleiben.« Sie stellt sich schnell auf die neue Situation ein, denkt nicht daran, daß sie damit ihre Wurzeln abschneidet, ihr geliebtes Berry verläßt, sich nicht mehr um Maurice und Solange kümmern kann. Dafür hat sie das Recht, das Pariser Leben kennenzulernen; sie wird zwischen Nohant und Paris hin und her pendeln – und das wird fünfzig Jahre hindurch so bleiben. Sie selbst legt den Rhythmus fest: drei Monate hier, drei Monate dort.

Während der Aufenthalte in Paris muß sie von irgend etwas leben. Casimir setzt Aurore eine Rente aus. Sie reicht nicht aus. Madame Dudevant hat es nie verstanden, ihr Geld zusammenzuhalten. Sie hat es in ihrer ganzen Ehe, von Anfang an, nicht verstanden, bei der Haushaltsführung die Ausgaben auf die Einnahmen abzustimmen. Um sie zu zerstreuen, gab ihr Gatte viel Geld aus, bereiste mit ihr die Umgebung von Paris, wenn er und Aurore sich im Berry zu sehr langweilten. Doch für die erheblichen Kosten eines getrennten Lebens reichen die Mittel des Ehepaars nicht aus.

Aurore akzeptiert gelassen die Notwendigkeit, sich ihren Lebensunterhalt selbst zu verdienen, ja diese Aussicht bereitete ihr wohl sogar Freude. Denn zu Beginn dieser Jahre der Unabhängigkeit weist sie immer wieder darauf hin, daß sie für den Broterwerb schreibt. »Ich glaube nicht, mein liebes Kind«, sagt sie zu Boucoiran, »daß mir all der Kummer widerfahren wird, den man mir für die literarische Laufbahn voraussagt, die ich zu ergreifen versuche. Man muß die Gründe, die mich dazu treiben, sehen und beurteilen, und welches Ziel ich damit verfolge. Mein Gatte hat meinen privaten Aufwand auf 3000 Franken festgelegt ... Es geht mir also allein darum, mein Wohlbefinden durch einige Einkünfte zu erhöhen, und da ich keinerlei Ehrgeiz habe, bekannt zu werden, werde ich es auch nicht werden.« Aurore-George wird sich stets gegen den Vorwurf der schriftstellerischen Eitelkeit wehren. »Sie irren sich sehr, wenn Sie meinen, daß ich von Ruhmsucht besessen bin. Eine derartige Behauptung wäre höchst lächerlich.« Beim Erscheinen von *Indiana* legt sie Charles Duvernet dar: »Der Beruf des Schriftstellers, das sind 3000 Pfund Rente, um außer dem Nötigen Pralinen für Solange und guten Tabak für meine verd ... Nase zu kaufen.« In der *Geschichte meines Lebens* wird George diese These wiederholen, wenn sie schildert, wie sie zum Schreiben kam, und es ablehnen, daß sie dafür eine besondere Begabung besaß oder sich dafür berufen fühlte. »Nennen Sie mich also niemals Schriftstellerin, oder ich lasse Sie meine fünf Bände verschlucken, und davon werden Sie sich nie wieder erholen ... Seit ich die Ehre habe, gedruckt zu werden ... bin ich um keinen Zentimeter gewachsen. Ich esse und trinke wie jeder andere Mensch, ich wische meinen Kindern den Hintern ab und wasche mir die Hände wie jedermann. Schließlich arbeite ich jeden Tag daran, daß man auf mein Grab, dem ich mich nähere, zu recht schreibt, ich hätte alle Tugenden besessen, daß ich eine gute Mutter, eine gute Tochter, eine gute Ehefrau, eine gute Schwester, eine gute Base, eine gute Tante war und man, gebe Gott, hinzufügen kann, eine gute Großmutter.«

Nehmen wir zur Kenntnis: Aurore schreibt für ihren Lebensunterhalt, wie sie uns versichert! Alfred de Musset wird dieses Bild, das sie von sich selbst zeichnet, zu Beginn ihrer Freundschaft aufgreifen: »... Ihre geliebte Verachtung für Ihre Bücher, die Sie als so etwas wie Gegenschriften von Bäckerlebenserinnerungen ansehen.« George zeigt keine Literatenpose; darin scheint sie sehr viel moderner als die »Schreiber«, mit denen sie zu verkehren beginnt. Der Wunsch zu siegen ist vielleicht zu diesem Zeitpunkt noch stärker als die Liebe zum Schreiben: »Auf je mehr Hindernisse man trifft, je mehr Schwierigkeiten man sieht, desto mehr hat man den Ehrgeiz, sie zu überwinden.« Nur einen Monat später notiert sie: »Mein Leben ist nun ausgefüllt. Ich habe ein Ziel, eine Aufgabe, sprechen wir es aus, eine Leidenschaft. Der Beruf des Schreibens ist eine sehr heftige und fast unzerstörbare, wenn sie sich eines armseligen Kopfes bemächtigt hat, ist sie nicht aufzuhalten.«

Ihr ganzes Leben lang wird George Sand zu wenig Geld haben. Ihr ganzes Leben lang wird sie mit ihren Verlegern »zäh« die Verträge aushandeln. Abgehetzt wird sie Tag für Tag, Blatt für Blatt, die Teillieferungen ihrer Romane, Artikel und Theaterstücke absenden. Für Geld? Na und ob... »Ich glühe in einer Art poetischem Fieber, genieße diese Wonnen«, schreibt sie 1835 an Helmina de Chézy. Und sie wiederholt, daß sie diese Arbeit tut, weil sie sich den Verlegern gegenüber verpflichtet hat und weil sie das Geld braucht. Doch sie setzt hinzu: »Der Berg wird mit einer Maus niederkommen, wie gewöhnlich, aber das Kreißen wird dem Berg dennoch Vergnügen bereiten.«

Aurore weiß nun, wohin mit ihrer Kraft. Zunächst Artikelschreiben für den *Figaro* und eine Zusammenarbeit mit ihrem Liebhaber Jules Sandeau, die in einen ersten Roman mündet: *Rose et Blanche.* Die journalistische Tätigkeit ist ermüdend; reine Auftragsarbeiten für Geld, die Aurore nicht mit ihrem Namen zeichnet. »Handwerkerin, Journalistin, Hilfsredakteurin, etwas anderes bin ich im Augenblick nicht«, sagt sie im März 1831. Aber mit viel Schwung schildert sie ihre Freude, sich gedruckt zu sehen und von »den guten Leuten des Café Conti« kommentiert zu werden: »Dabei bin ich es, die das verbrochen hat! Ich kann es nicht fassen und muß so sehr darüber lachen, daß ich mir die Kiefer ausrenke.« Zu dem Spaß, die Leute zu provozieren, kommt noch die Freude darüber, daß ihre Texte von Hand zu Hand gehen. Wenn sie wüßten, daß es eine Frau ist, eine junge Frau, die das schreibt. Wie schön wäre es für ihr Geschlecht, verbotene Stile auszuprobieren: »Es wäre ein unerhörtes Ding, eine Frau mitten in einem Brief fluchen zu sehen. Aus eben diesem Grund habe ich Lust, es zu versuchen, nur um zu sehen, welche Wirkung es hat. Ach, ich sage es ja, es ist ein ›verflixter Beruf‹. Meiner Treu, das macht sich gar nicht übel, und ich verzichte nicht darauf, einige kräftige Epitheta in meinen Texten unterzubringen wie diese da: es wird ein Unfall sein, ein verdorrter Baum, ein schwarzer Fels in der Landschaft, ein *lapsus calami*, wie Sie so elegant sagen.«

Von dem Roman *Rose et Blanche* hat sie selbst keine sehr hohe Meinung; es ist »die abscheulichste und langweiligste Geschichte, die ich kenne«, vertraut sie ihrem Freund Duvernet im November 1831 an. Aber dieses erste Buch gibt Gelegenheit, mit Jules Sandeau, dem Mitschuldigen an dem Werk, den gemeinsamen Autorennamen Jules Sand zu erfinden. Als Aurore sich von ihm löst, behält sie den Nachnamen Sand bei. Madame Dudevants Mutter hatte sich bei der Vorstellung, daß ihr Name auf einem Bucheinband stehen könnte, entrüstet: »Eine Familie, deren Namen ich gut genug für mich befunden habe«, wird George spötteln, »hat den Namen Dudevant zu illuster und zu gefällig gefunden, um ihn in der Republik der Künste aufs Spiel zu setzen.« »Was ist ein Name?« fragt sie. »Eine Nummer für diejenigen, die nichts tun, ein Aushängeschild oder eine Devise für diejenigen, die arbeiten oder kämpfen. Denjenigen, den man mir gegeben hat, habe ich selbst gemacht, ich allein nachträglich durch meine Arbeit.« Was den Vornamen angeht, »nahm ich rasch und ohne zu suchen den Namen Georges, der mir gleichbedeutend mit Berrichon erschien«. Wollte sie damit, in Anspielung auf die *Georgica*, ihre Verbundenheit mit dem Bäuerlichen anklingen lassen? Georges mit s, nach der gebräuchlichen Schreibweise dieses Männernamens, oder ohne s, wie sie es sich mit der Zeit angewöhnte. Denn die Unschlüssigkeit zwischen männlich und weiblich steht in dieser Zeit, da George Sands Persönlichkeit deutlich erkennbar wird, im Vordergrund.

Mit dem Entschluß, sich ihren Lebensunterhalt selbst zu verdienen, Journalistin und Romanschriftstellerin zu sein, hatte Aurore sich entschieden, wie ein Mann zu leben. In ihrem Freundeskreis in Paris keine Frau, nur die Studenten ihres heimatlichen Berry, einige Berufskollegen. In einem von Hippolyte Chatiron zur Verfügung gestellten Quartier in der Rue de Seine trifft sich die Gruppe. Aurore wohnt bei ihren nächsten Aufenthalten am Quai Saint-Michel, dann am Quai Malaquais, stets in der Nähe des Universitäts- und Literatenviertels von Paris. Ihre Freunde und sie nehmen für sich in Anspruch, von wenig, aber so zu leben, wie es ihnen gefällt: »Seien wir Künstler, wenn uns die Lust überkommt, ins Museum oder in die Oper zu gehen. Seien wir Bürger, wenn wir unsere Bohnen essen und an unserem Kaminfeuer miteinander plaudern.«

Gerührt beschreibt George Sand in der *Geschichte meines Lebens* ihr Quartier am Quai Saint-Michel: »Ich hatte da drei kleine, sehr saubere Zimmer mit einem Balkon davor, von dem aus ich ein großes Stück der Seine überblickte und gegenüber die mächtigen Bauwerke Notre-Dame, Saint-Jacques-la-Boucherie, die Sainte-Chapelle usw. sah, ich hatte Himmel, Wasser, Luft, Schwalben, Grün auf den Dächern; ich fühlte mich nicht zu sehr im Paris der Zivilisation, was nicht meinen Neigungen und finanziellen Möglichkeiten entsprochen hätte, sondern im malerischen oder poetischen Paris Victor Hugos, in der Stadt der Vergangenheit.« Bei ihrem zweiten Aufenthalt bringt sie Solange mit nach

Paris, und Sandeau paßt ebenfalls auf das Kind auf. In ihren Erinnerungen weist die Schriftstellerin zwar immer wieder auf ihre Armut in jener Zeit hin, vergißt jedoch die ungute Seite: die flehenden Briefe an den Ehemann, um das Geld der Rente zu erbitten oder ein wenig mehr, die Klagen in ihren Briefen an Maurice, damit er sie seinem Vater mitteile ... Sie erinnert sich vor allem an die ausgelassene Freude, die sie an dieser großen Wende in ihrem Leben erfaßt hatte. Die feministische Schriftstellerin nimmt allmählich Gestalt an.

Anfang der dreißiger Jahre ist George Sand ein komisches kleines Mannsbild. Vor unserem geistigen Auge steht die Frau um die Fünfzig mit den üppigen Formen, die Nadar photographiert hat. Aurore-George ist klein und zart, mit kleinen Händen und Füßen. Da Schlanksein damals noch nicht Mode war, karikiert sie sich in einer umgekehrten Koketterie als »mageres, dunkles Individuum, das gewöhnlich Madame Dudevant genannt wird« oder spricht von der »übermäßigen Kleinheit meiner Person« ... Als es einmal darum geht, ein Kleid auszusuchen, ruft sie aus: »Vor allem kein Rosa, darin sehe ich aus wie eine kleine Krabbe ...« Sie scherzt mit ihrer Tante über die Wahrscheinlichkeit, einen Verehrer zu finden. »Es stimmt, ich bin ja so hübsch mit der blauen Brille! Wenn Sie einen gut aussehenden jungen Mann kennen, der safrangelbe Gesichter mit Brillen und einer großen Nase voller Tabak mag ...«

Das war Aurore, gesehen von Aurore. Zwanzig Jahre später, in der *Geschichte meines Lebens*, glaubt sie, erklären zu müssen, warum sie während ihrer ersten Paris-Aufenthalte Männerkleider trug: weil sie bequemer und billiger waren. Frauenkleider sind kostspielig, schmutzen schnell und engen einen ein. »Ich hatte diese guten kleinen Berry-Füße, die gelernt haben, auf schlechten Wegen zu gehen, fest in den derben Holzschuhen zu stehen. Aber auf dem Pariser Pflaster war ich wie ein Schiff auf einer Eisfläche. Die feinen Schuhe waren in zwei Tagen kaputt, die Überschuhe brachten mich zu Fall, ich verstand es nicht, den Rock zu heben, ich war voller Kot, müde, erkältet ...« Die Männer trugen zu jener Zeit breite Redingoten *à la propriétaire*, die bis zu den Fersen reichten und so wenig vom Körperwuchs ahnen ließen, daß Hippolyte lachend sagte, der Schneider nehme sich das Schilderhaus zum Modell, um ein ganzes Regiment auszustatten. Aurore ließ sich eine graue Redingote, eine Hose und eine Weste anfertigen, trug einen ebenfalls grauen Hut, eine Wollkrawatte und Stiefel, in denen sie sich so wohl fühlte, daß sie sie »gern auch zum Schlafen anbehalten hätte«. Sie freut sich darüber, so bequeme Kleidungsstücke zu haben: »Ich war ganz und gar der kleine Student im ersten Semester ...« Freude über die wiedererlangte Bewegungsfreiheit: »Ich flog von einem Ende von Paris zum anderen«, und zusätzliches Vergnügen: alle Verwechslungen ausnutzen, zu denen es aufgrund dieser Verkleidung kommt ... Mann und Frau zugleich sein. Nach etwa zehn Jahren Unterbrechung führt Aurore-George durch diese Kostümierung den Gegner an der Nase herum und provoziert die Bürger.

Alle, die sie damals kannten, fanden sie äußerst charmant. Jules Janin hat sie in seiner *Biographie der zeitgenössischen französischen Schriftstellerinnen* so beschrieben: »Ein kleinwüchsiger junger Mann mit wachem, selbstsicherem Blick, braunem Haar, intelligentem Gang ... vergnügt, neugierig und schlank.«

Anmutig oder nicht, sie ist frei! »Ich war keine Dame mehr, ich war aber auch kein Herr ...! Ich war ein Atom, verloren in dieser riesigen Menschenmenge. Niemand sagte wie in La Châtre: ›Ach, da geht Madame Aurore. Sie trägt immer dasselbe Kleid und denselben Hut‹, oder in Nohant: ›Schaut euch unsere Madame an, reitet da auf ihrem großen Gaul. Muß schon plemplem sein, um so zu reiten.‹ In Paris dachte man nichts von mir, man sah mich nicht ... ich konnte einen ganzen Roman entwickeln von einer Schranke zur anderen ... Das war besser als eine Zelle.«

»Von einer Schranke zur anderen«, in Paris oder in der Schreibzelle, die sie in Nohant rekonstruiert, um sich im »Kämmerchen« vor allen zu schützen, benutzt George Sand die neue Freiheit, um viel zu arbeiten. Wenige Winkel in dem großen Berrichonner Haus sind so heimelig wie ihr »Schrank-Sekretär« im ehemaligen

Boudoir ihrer Großmutter. Man zeigt ihn den Besuchern von der geöffneten Tür aus nur durch eine Glasscheibe, damit die indiskreten Schritte nicht den schönen eingelegten Fußboden beeinträchtigen. An dem auf diese Weise entstandenen Schreibplatz sitzt man mit dem Rücken zum Fenster und zum Garten. Man betritt das Kabinett von einem anderen Zimmer aus, das Aurores Zimmer war, bevor es ihre Kinder bewohnten, als sie noch klein waren. George Sand hat erzählt, wie sie hier an Aurélien gerichtete Texte schrieb, Romanentwürfe, die erst nach ihrem Tod veröffentlicht wurden, wie *La Marraine*, oder die Geschichte von der Grille »Cri-cri«, die ihr in den mit geistiger Arbeit ausgefüllten Nachtstunden Gesellschaft leistete... Hier entstand vor allem *Indiana*, das Buch, mit dem sie Eingang in die Literatur fand.

Dieser Roman feierte die freie Frau. Manche sahen darin den Keim einer Theorie, die die Knechtschaft der Frau ablehnt. Die Heldin des Romans, die Kreolin Indiana, konnte nur eine Umsetzung der Autorin selbst sein. George Sand bestritt dies vehement und äußerte sich bei dieser Gelegenheit zugleich über ihre Art zu schreiben und über ihre Person.

Nach ihrer Aussage eine wenig intellektuelle Art des Schreibens, diktiert von der im Lauf ihres Lebens »langsam angestauten« Erregung: eine »Art Kampf hielt mich während sechs Wochen in einem für mich ganz neuen Willenszustand«. Arbeit also, und zwar schwere. Aber »alles in einem Zug, ohne Plan, ohne zu wissen, wohin ich gelangen würde, sogar ohne mir Rechenschaft von dem sozialen Problem abzulegen, das ich anschnitt«.

Was ihre Persönlichkeit angeht, reicht ihr, um sie darzustellen, ein Roman nicht aus. Sie ist zu gespalten, hin und her gerissen von Gegensätzen: »Ich war ein zu bunt gemustertes Gewebe...« Ihre ernste Seite ist so, daß sie, nach der spannenden Geschichte Indianas, ein Leben ähnlich dem des »Mönchs Alexis« hätte erzählen können. Ihre unberechenbar-eigensinnige Seite würde den Leser aus der Fassung bringen: »Hätte ich die andere Seite meines Lebens genommen, mein Bedürfnis nach Schabernack und Fröhlichsein, nach absolutem Unsinn, hätte ich eine Person geschaffen, die nicht lebensecht gewirkt hätte.« Aurore... Mönch und Clown... Indiana, freie Frau, großherzige Leidenschaft. Die Statue nimmt Gestalt an, Schatten und Licht, Traum und Wirklichkeit, Wolken und Holzschuhe.

Im April 1835, mit knapp dreißig Jahren, hat George Selbstbewußtsein entwickelt. Ihr Name wird mit ihrem langsam entstehenden Werk in Verbindung gebracht und durch Gerüchte und Skandale weiterverbreitet. Auch wenn nur die Künstlerkreise und die Gesellschaft in den Salons über sie Bescheid wissen, ist der Name George Sand nun mit anderen verbunden. Vergessen ihr Schreibpartner Jules Sandeau. Als sie sechsundzwanzig war, war sie diesem neunzehnjährigen Jüngling zugetan gewesen, diesem blondgelockten jungen Mann, »dem kleinen Jules«, sagte sie zu ihren Studentenfreunden aus dem Berry. Sie hatte mit ihm die ersten Pariser Wohnungen geteilt und das Bohème-Leben, jene Unterkunft mit den zwei Eingängen, die es ihr ermöglichten, das Weite zu suchen, wenn ihr Gatte sie unangemeldet besuchte. Sandeau, der in Nohant nachts zum Fenster hineinkletterte, morgens wieder verschwand, »glücklich, besiegt, umarmt, gebissen« ... Sie nannte sich »verrückt« nach diesem jungen Geliebten, machte sich Vorwürfe, daß sie ihn auslaugte! ... aber schrieb an Émile Regnault: »Inmitten dieser Liebesraserei, diesen Sehnsuchtsqualen, bebend vor Liebe, geht meine Arbeit weiter. Ich habe gestern abend für einen beträchtlichen Teil meines zweiten Buches die Korrekturen gelesen...« Die beiden Schriftsteller hatten zusammen eine Novelle geschrieben: *La Prima Donna*, veröffentlicht in *La Revue de Paris*, die den beiden Autoren die Glückwünsche Balzacs eintrug; das nächste gemeinsame Werk war dann *Rose et Blanche ou La Comédienne et la Religieuse* gewesen. Ein Werk, das Beachtung fand, dem man aber zu gewagte Passagen vorwarf. George verteidigte sich, als hätte sie es allein verfaßt. Jules Sandeau trödelte gern. Es heißt auch, daß er in der Liebe die Abwechslung suchte. Die Leidenschaft für den blonden Jüngling verflog, während Aurore sich ihrer Kräfte bewußt wurde. Daraufhin schreibt sie selbständig *Indiana*, danach *Valentine*, bevor 1833 der philosophische Roman *Lélia* entsteht.

Mit *Lélia* erregt die junge Romanschriftstellerin in den intellektuellen und mondänen Kreisen der Pariser Gesellschaft großes Aufsehen. Der Freund Gustave Planche löst einen berühmten Disput mit Alexandre Dumas Vater aus, der strenge Kritik an George übt, und geht sogar so weit, sich mit einer Persönlichkeit, die gegen das Buch eingestellt ist, zu duellieren. Die Hauptstadt wechselt noch nicht nach Nohant über... Am 19. treffen sich jedoch am Quai Malaquais, wo George inzwischen Wohnung genommen hat, die damaligen Berühmtheiten: Balzac – sie berichtet von ihren Gesprächen über den Roman in der *Geschichte meines Lebens* –, Liszt und Marie d'Agoult, Sainte-Beuve, mit dem sie einen angeregten Briefwechsel führt, Lamennais, Geoffroy Saint-Hilaire, Heinrich Heine... Berühmte Besucher, Briefpartner, Freunde... Man trifft bei ihr auch noch andere, ebenso berühmte Persönlichkeiten, über deren Liebesbeziehungen zu der jungen Frau man spricht. Zärtliche – wie zärtliche? – Freundschaft mit der Schauspielerin Marie Dorval: Maries Geliebter, Alfred de Vigny, ist auf George rasend eifersüchtig. Eine flüchtige Liebschaft mit Mérimée: der Verfasser von *Colomba*, damals Kabinettschef im Innenministerium, richtet schwülstige Briefe an George, mit denen er sie für sich zu gewinnen versucht. Sie fühlt sich linkisch, noch ganz in ihren Provinzansichten gefangen. Sie beneidet Marie Dorval um ihre Unbefangenheit, ihre strahlende Fröhlichkeit. Sie möchte ihre Hemmungen abstreifen, hält sich für kalt. Sie erhofft sich viel von der Begegnung mit dem notorischen Schürzenjäger. Sie gibt nach. Ein Fiasko. Provokant bis ins letzte, schreibt sie über »die unglaublichste Torheit ihres Lebens«, wobei sie dem größten Klatschmaul von Paris, Sainte-Beuve, den Namen des Partners verrät.

Dann kommt Musset. Der Dandy geht ihr auf die Nerven, aber seine Gedichte ergreifen sie. Der Wüstling flößt ihr Widerwillen ein, aber er weckt ihre Neugier. Der junge Blondschopf erscheint ihr zwar ein wenig farblos, aber er liebt sie »wie ein Kind«... Aus drei Gründen liebt George Sand Alfred de Musset: sie bewundert ihn, er interessiert sie, und sie hat Mitleid mit ihm. Dazu kommt – was der Sache nicht schadet –, daß er in sie verliebt ist, daß er es ihr schreibt, daß er sie anfleht, ihn zu erhören. Natürlich gibt er zu, daß er sich in hübsche Frauen verliebt, »so wie man einen Schnupfen bekommt« ... Aber seine Briefe sind ergreifend. Anfangs hatte er ihr versichert, eine rein literarische Freundschaft zu wollen, nur die Schriftstellerin in ihr zu sehen: »Es gibt in *Lélia* etwa zwanzig Seiten, die zu Herzen gehen ... Jetzt sind Sie George Sand: anderenfalls wären Sie Madame Sowieso gewesen, die Bücher schreibt.« Dann ein komisches Kompliment: »Sie kennen mich jetzt genügend, um sicher zu sein, daß die lächerliche Frage: Wollen Sie oder wollen Sie nicht? niemals über meine Lippen kommen wird. In dieser Hinsicht liegt die Ostsee zwischen uns – Sie vermögen nur rein geistige Liebe zu geben – und ich kann sie niemandem geben.« Dennoch schlug er vor, sie zu besuchen, aber diese Besuche würden »meinem lieben Monsieur George Sand, der von nun an für mich ein Genie ist« gelten. Doch noch im selben Monat, im Juli 1833, schreibt Musset das hinreißende Billett: »Mein lieber George, ich muß Ihnen etwas Törichtes und Lächerliches sagen ... Ich bin in Sie verliebt«, und einige Tage oder einige Stunden später: »Ich liebe Sie wie ein Kind.« Musset bewundert. Musset fleht. George wird also gebeten zu lieben, von einem Mann, der von ihr Schutz und Zärtlichkeit fordert, ohne einen Augenblick die begabte Schriftstellerin zu vergessen, für die er sie hält. Sie wird ihn ebenfalls lieben. Schade, daß sie einander zu verschiedenen Zeiten lieben.

Die Geschichte des berühmten Paars ist so bekannt, daß wir darauf verzichten, sie hier wiederzugeben. Sie wurde von den Liebenden selbst Zug um Zug aufgezeichnet: von Musset in *Die Beichte eines Kindes seiner Zeit* und von George Sand in *Sie und Er*; die Antwort war das Buch *Er und Sie* von Paul de Musset, Alfreds Bruder, und *Er* von Louise Colet, einer anderen Geliebten Mussets. Diese Romanze reizte so manchen Autor, darunter auch Françoise Sagan, die als Vorwort zu der Publikation *Correspon-*

dance entre Sand et Musset einen einfühlsamen Text verfaßte. Begnügen wir uns mit einigen Stichworten. Die Reise nach Venedig. Georges Krankheit. Und der Ekel, den Musset vor dieser Krankheit empfand. Dessen nächtliche Eskapaden. Dann seine Krankheit. Sein Delirium. Georges Begegnung im Hotel Danieli mit Dr. Pagello, der zu dem Kranken gerufen wird. Die neue Romanze. George pflegt indes Musset weiter. Mehr noch: Obwohl besorgte Krankenschwester des Dichters und mit den »Anfängen« ihrer Liebschaft mit dem venezianischen Arzt beschäftigt, findet sie Zeit, täglich die vertraglich vereinbarten zweiunddreißig Seiten für den Verleger Buloz zu schreiben. Musset reist nach Paris zurück. Sie bleibt bei Pagello in Venedig. »Ich wohnte in einem kleinen niedrigen Haus an einem schmalen Kanal mit grünem, jedoch sauberen Wasser gleich neben der kleinen Barcaroli-Brücke«, schreibt sie in der Notiz, die als Vorwort für *André* diente. »Wenn meine Kinder groß genug gewesen wären, mir nach Venedig zu folgen, hätte ich mich, glaube ich, dort endgültig niedergelassen, denn noch nirgends habe ich so ruhig, so arbeitsam, so vollkommen unbeachtet gelebt.« Natürlich kehrt sie nach Paris zurück. Mit Pagello, den sie der Gemeinschaft ihrer Freunde vorstellen möchte. Da flammt Mussets Liebe zu ihr wieder auf. Das Trio zerstreitet sich. Abgang des schönen Italieners. George, nun ihrerseits maßlos verliebt, weint dem Dichter nach. Sie finden wieder zusammen und zerfleischen sich aufs neue. Im März 1835 beschließt sie, sich endgültig von Musset zu trennen.

George hat mit *Indiana* und *Lélia* Eingang in die Literatur gefunden. Sie ist mit ihrer stürmischen Liebesbeziehung als »Person« darin eingegangen. Im Lauf der Zeit ist sie für die regelmäßigen Gäste von Nohant, die sie alle drei Monate im Berry auftauchen sehen, fast so etwas wie ein Mythos geworden. Dieser Frau begegnete an einem Aprilabend Michel von Bourges. Ihr Ruf ging ihr voraus. Michel wollte glänzen. Sie, erschöpft von zwei Jahren Kampf zwischen Pagello und Musset, nach dieser beendeten großen Liebe eine Leere in sich, war bereit, sich verführen zu lassen. Sie hörte zu, antwortete. Eine geistige Liebe, eine Brieffreundschaft, die sich, wenn wir den brieflichen Aussagen glauben dürfen, zu einer der leidenschaftlichsten Liebesbeziehungen entwikkelte, die George erleben sollte.

Die Schriftstellerin kehrte jedoch nach Nohant zurück. Um dort zur Ruhe zu kommen. Der Abwechslung halber. Um die widersprüchlichen Bemerkungen in ihren Briefen richtig einzuordnen, sei gesagt, daß sie in Paris von Nohant schwärmte und umgekehrt. In Nohant suchte sie die Ruhe, den vertrauten Freundeskreis, den Kontakt mit der Natur: »Man merkt in der Stadt nicht, wenn der Frühling kommt . . . Mir scheint, daß sich meine Lungen weiten in der Luft von Nohant und daß ich überall anders in einem Schwitzkasten gewesen bin.« Dieselbe, die in Paris schrieb: »Ich lebe so schnell, gehe, wie die anderen laufen«, freut sich, den Wechsel der Jahreszeiten und der Witterungen zu beobachten. Dennoch verflucht sie das Leben in der Provinz. Von Paris aus läßt sie Charles Duvernet wissen: »Seien Sie sicher, mein Freund, daß *Lélia* keinerlei Bedeutung hat und daß ich immer noch Aurore von Nohant-Vic, Saint-Chartier, Montgyvray, l'Ourouer, le Chassain, la Chicoterie, Verneuil, Lys-Saint-Georges, Mers, Montipouret, Barbotte, Ripoton und anderen Orten im Umkreis bin. Ich hatte beinahe Heimweh dieses Jahr.« Im Berry ist sie sorgfältig darauf bedacht, sich zu Hause ganz anders zu geben als in der kleinen Stadt, wo sie Anstoß erregt. »Nohant ist noch immer ruhig, La Châtre nach wie vor blöde«, resümiert sie. »Ich bin überzeugt, daß es unmöglich ist, in La Châtre glücklich zu leben, wenn man weder alt noch Familienvater, kurzum vernünftig ist . . . Wenn die Leute nicht böse wären, würde ich meinen, sie wären dumm. Aber zu unserem Unglück sind sie das eine und das andere, und darum ist die Provinz widerwärtig; allenthalben ist ein Gift verborgen.« Mehr als ein Jahrhundert, bevor Zweitwohnsitze in Mode kommen, liebt George das Landleben und haßt die Provinz, hat ein Faible für die Region und verabscheut ihre Kleinstädte. »Hier lebt man im großen Haufen friedlich und streitet nur daheim. Da man keinen Aufruhr anzetteln kann, verbreitet man Gerüchte . . . Das Scheußliche an den Kleinstädten ist der Klatsch, und die Männer befassen sich damit mindestens genauso wie die Frauen, wenn es um politische Interessen geht. In Paris lacht man über alles; hier nimmt man alles ernst, und es ist sterbenslangweilig.«

In Nohant kann sie jedoch so etwas wie einen Freundeskreis aufbauen ... In Venedig träumte sie – nachzulesen in einem Brief an ihren Bruder – von »unserem alten Nest Nohant« ... »Du erscheinst mir ein wenig der Region überdrüssig, aber es gibt eine Möglichkeit, ihre Unannehmlichkeiten nicht allzusehr zu merken. Man bleibt auf seiner Terrasse, raucht, unterhält sich über dies und jenes und schläft zusammengerollt auf dem großen Kanapee im Salon. Venedig ... läßt mich nicht eines der Dinge vergessen, die mir teuer sind ...« Und folgendes: »Versuche, eine Republik zu gründen, in der wir nur zu fünft oder sechst sind, frei, miteinander zu leben, die einen für die anderen, schaffe uns eine Oase in der bestehenden Ordnung.« Noch lange wird George dem Traum von einer Gemeinschaft mit engen Freunden in einem gemeinsamen Haus nachhängen; abwechselnd mit dem Traum vom »Rückzug«, vom »einsamen Haus«.

Diesen Apriltag des Jahres 1835 verbringt George in ihrer Oase. Mit den Freunden der Sippe. Vor allem mit ihren Kindern, die sie trotz des Paris-Abenteuers nicht im Stich gelassen hat. Maurice ist zwölf Jahre alt, Solange sieben.

Beim ersten Aufenthalt in Paris war der kleine Junge erst acht. Sie hatte ihn Jules Boucoiran anvertraut, damit er ihm beibringe, schnell und sehr gründlich zu lesen. Sie hatte dem Hauslehrer geraten: »Sagen Sie Maurice, er soll mir schreiben. Aber lassen Sie ihm, was Schrift, Orthographie und Stil angeht, jede Freiheit. Ich liebe seine Unbefangenheit und sein Geschmiere, und ich möchte nicht, daß er die Stunde, in der er mir schreibt, als eine Stunde Arbeit empfindet.« Zurück in Nohant, staunt die angehende Schriftstellerin nur so über die Fortschritte ihres Sohns. »Ich habe Maurice ungemein verändert, gewachsen vorgefunden ... Es ist wie eine neue Auflage.« Beim zweiten Aufenthalt beschreibt sie ihm aus der Ferne die Pariser Wohnung, in der sie residiert: »Ich habe mich endlich häuslich niedergelassen, mein kleiner Liebling. Ich habe drei kleine Zimmer, die auf den Fluß gehen, mit einem herrlichen Blick und einem Balkon. Wenn Du mich besuchen kommst, wirst Du Deinen Spaß daran haben, die Truppen vorübermarschieren zu sehen und die Feuerwehrmänner in voller Ausrüstung zu betrachten . . . Du wirst auch die Türme von Notre-Dame sehen, die ganz mit Schwalben überzogen sind. Da gibt es steinerne Teufelsfratzen an den Mauern, und die Vögel verstecken sich in ihren Mäulern, um darin Nester zu bauen.« Mit Worten, die er verstehen kann, beschreibt sie ihm die Museen der Hauptstadt, berühmte Gemälde, die Gärten von Étampes: »Boucoiran wird Dir sagen, was man einen Englischen Garten nennt. Frage ihn nach den Dingen in meinen Briefen, die Du nicht verstehst.« Briefe, die so wunderschön sind in ihrer schlichten und klugen Art, zu einem Kind zu sprechen, daß man sie zu Lehrbeispielen machen möchte. Briefe, in denen sie schilt, in denen sie Geschenke verspricht, in denen sie schmeichelt. Immer wenn sie nach Nohant kommt, findet sie nur im Vokabular der Leidenschaft Worte, die ihre Zärtlichkeit auszudrücken vermögen: »Wir sind beide noch in der ersten Verzückung, wie zwei Liebende, die sich wiedersehen, wir können keinen Schritt ohne einander tun. Wir schlafen zusammen, und wenn wir nebeneinander erwachen, ist es wie ein Traum.« Aber sie möchte ihn jedesmal noch vernünftiger sehen. Er ist zehneinhalb, als sie ihm rät: »Du mußt anfangen zu verstehen, daß man liebenswert sein muß, wenn man lange geliebt werden möchte. Jeder liebt kleine Kinder. Man läßt ihnen alles durchgehen, weil sie schwach sind, weil sie jedermann brauchen und nicht begreifen, ob sie Recht oder Unrecht tun. Doch je größer sie werden und imstande sind nachzudenken, liebt man sie nicht mehr, wenn sie nicht aus sich selbst heraus liebenswert sind.« Der kleine Junge macht das Spiel mit und schickt ihr folgende Nachricht: »Du fragst mich, ob ich meine alte Mutter vergesse, nein. Ich denke jeden Tag an Dich. Du sagst mir, ich soll Dir schreiben, hoffst, daß ich Dir schreiben werde. Du fragst mich, ob ich meine Kinderlaunen abgelegt habe, ja.« Solange ist damals noch zu klein, um von ihrer Mutter solche Briefe zu erhalten. Es gibt jedoch einen sehr liebevollen vom Juni 1834. Solange lebt ja die meiste Zeit bei George. Obwohl ihre Wohnung noch sehr behelfsmäßig ist, hatte die Schriftstellerin darauf bestanden, das kleine Mädchen mitzunehmen. Sandeau paßte auf die Kleine auf, wenn George in die Zeitungsredaktionen und Verlage ging. Um seinen vertrauten Umgang mit der Romanautorin zu demonstrieren, nahm er eines Abends nach dem Theater das Kind auf den Arm und zeigte sich mit ihm »auf der großen Treppe der Oper« vor der »eleganten Pariser Gesellschaft«, sagt ein Zeitgenosse, »trug so an seine Schulter gelehnt die kleine Solange, die im letzten Akt von *Robert der Teufel* eingeschlafen war.«

Manche haben George Sand vorgeworfen, daß sie ihr Töchterchen in ihr Bohème-Leben verwickelte. Jedenfalls verhält sie sich in diesen schwierigen Jahren, in denen sie allein zu leben, zu arbeiten und zu schreiben versucht, Solange und Maurice gegenüber genauso zärtlich wie bisher und läßt es ihnen an nichts fehlen.

Die dreißigjährige George Sand will auf allen Gebieten erfolgreich sein: als Autorin, als Mutter, als Frau. Ihr Liebesleben ist chaotisch. Sie will ihre Gefühle voll ausleben und sich selbst dabei treu bleiben. »Wie süß ist es zu leben!« schreibt sie an Sainte-Beuve. »Wie gut! Trotz Kummers, trotz der Ehemänner, der Widerwärtigkeiten, der Schulden, der Verwandten, des Klatsches, trotz der quälenden Schmerzen und lästigen Scherereien. Zu leben ist berauschend! Lieben, geliebt zu werden! Das ist das Glück! Das ist der Himmel! Ja, es lebe das Künstlerleben! Unser Wahlspruch ist Freiheit!«

Die Maßlose findet in Michel von Bourges einen Mann, der ihr gewachsen, vielleicht sogar überlegen sein könnte. Sie weiß noch nicht, daß für den empfindsamen Michel der Funkenflug politischen Ehrgeizes befriedigender ist als das Feuer der Liebe. Macht nichts. Nach Musset, vor Chopin wird er eine ihrer Sternschnuppen sein. Dieser Mann, der ihre philosophischen und poetischen Phantasien beflügelt, inspiriert sie auch zu ihren schönsten Liebesbriefen – zwei Jahre lang. Von jenem Apriltag 1835 an, als sie die ersten Worte ihres sechsten *Briefs eines Reisenden* niederschreibt, bis zum 1. Mai 1837, da sie an ihn schreibt: »Es ist sieben Uhr morgens. Ich bin noch nicht zu Bett gegangen. Ich verbringe die Nächte mit Arbeiten, um die Tage mit Dir zu verbringen. Morgen abend werde ich Dich sehen! Und als ob der mit der Erde im Krieg liegende Himmel nur für unsere Liebe menschlicher würde, ist heute herrliches Wetter, zum erstenmal nach endlosen Gewittern. Mit der Sonne kehrt die Farbe wieder; das in Dunst gehüllte Grün erstrahlt an diesem Morgen, als sei es heute nacht entstanden. Die Nachtigallen singen aus voller Kehle. Noch nie waren ihrer so viele in meinem Garten wie dieses Jahr. Der Himmel ist klar, die Luft ist mild, die Düfte steigen auf. Ich werde Dich sehen! Voller Traurigkeit und Liebe gehe ich auf Dich zu, des Heute gewiß und nicht des Morgen, aufgefressen, aufgefressen von Dir!«

4

Montag, 6. Juni 1842

Eine weitere Aufgabe in meinem ohnehin schon so ausgefüllten und Kräfte zehrenden Leben erschien mir eine weitere Chance, zu jener einfachen Lebensart zu finden, von der ich mich mit einer Art religiöser Begeisterung hingezogen fühlte.

Zeichnung von A. Charpentier.
Musée Carnavalet, Paris. Cl. Françoise Foliot.

Mi-la, mi-la, do-mi, mi-do, re, mi, mi-la, do, si, si-fa, sol, la, mi-la, mi-la ...« George trällert leise das Mazurka-Thema vor sich hin, das Chopin oben mit der rechten Hand gerade klimpert... Ein anmutiges, leicht synkopisches Thema. Oasenmusik, mit der er sich von den schwierigen Variationen der *4. Ballade in f-moll* ausruht. George trällert, wiederholt automatisch die deutlich skandierten Noten. Sie ist auf Zehenspitzen die große herzförmige Steintreppe heruntergeschlichen, hat einen Spaltbreit die Tür der Küche geöffnet, wo Françoise sich mit dem Rücken gegen den Tisch gelehnt ausruhte. Sie ist durch das Speisezimmer gegangen, in dem es noch ein wenig nach dem Obst von mittags roch. Sie tritt auf die Freitreppe, setzt sich auf eine Stufe. Rechts und links über ihr das Gerank der roten Kletterrosen. George legt den Kopf auf die angezogenen Knie, macht eine unwillige Geste wegen der Klaviertriller, die genau über ihrem Kopf aus dem Fenster dringen.

Abgesehen von dieser Melodie ist es still im Haus. Jeder hat sich nach dem Essen in sein Zimmer zurückgezogen. Der Freund Delacroix, vorgestern eingetroffen, ist wahrscheinlich mit Maurice zum Diskutieren auf den Dachboden des Gesindehauses gegangen, wo sein Schüler – Maurice hat in Paris den Unterricht des Malers besucht – für den Meister ein Atelier einrichten will. Und Solange? Was macht Solange? Wahrscheinlich schmollt sie noch. Plötzlich bricht die Musik ab. Auf irgend jemanden wütend, fährt George fort: »Ich bin eine Pflichtmaschine ... Eine Pflichtmaschine«, wiederholt sie und ist froh, daß ihr die vertraute Formel eingefallen ist.

Nie eine Pause. Heute ist sie dennoch in die grelle Sonne hinausgegangen, trotz dieses Schmerzes in den Augen, der ihr das Licht unerträglich macht. Sie hat nächtelang nicht geschlafen. Seit zehn Jahren scherzt sie im Freundeskreis darüber: »Ich arbeite wie ein Pferd und bin wach wie eine Katze.« Als ihre Kinder klein waren, lernten sie oft schon am Morgen in ihrem Schlafzimmer: »Den ganzen Tag werden da Latein- und Englischlektionen geplärrt, während ich schlafe, denn ich habe mir angewöhnt, mich tagsüber ins Bett zu legen, und schrecke entweder von selbst hoch oder weil ich im Halbschlaf Traumstimmen höre, die reflexive Verben konjugieren.«

»Du triffst mich um drei Uhr beim Aufstehen an und ganz wach um vier«, schreibt sie an Marie Dorval. In jüngeren Jahren philosophierte sie über die Wohlbegründetheit ihres Nachtlebens: »Es ist zwei Uhr morgens, und alle schlafen, außer mir. Ich werde diesem törichten Beispiel folgen, obgleich es eine plumpe und öde Gepflogenheit ist, sich solcherart abwechselnd niederzulegen und aufzustehen, bis man stirbt.« Dieses Thema ist inzwischen so bekannt, daß sie sich darüber amüsiert: »Ich bin sichtbar wie die Sterne, von Mitternacht bis vier Uhr morgens« oder: »Alle schnarchen, während ich Ihnen schreibe, dank meinen Waldkauz-Gewohnheiten.«

Sie betrachtet die blaue Brille, die sie so oft aufsetzen muß, dann, mit einem besorgten Blick auf das große Haus hinter ihr, schiebt sie sie in die Tasche. Möge Gott verhüten, daß sie sich so dem großen Maler zeige, den sie dermaßen angefleht hat, einige Tage nach Nohant zu kommen. Vor »Chopinchen« geht es ja noch an ... der »kleine Chips« gehört zur Familie. Sie nickt zu dem Fenster hinauf, wo wieder das Klavier erklingt.

»Eine Pflichtmaschine.« Ach, welche edle Seele alle diese Künstler zur Schau stellen! Ganz in ihrem Schaffen aufgehend. Als Franz Liszt und Marie d'Agoult durch Italien reisten, stellte sie voller Bitterkeit fest: »Ich erhalte oft Briefe aus Como und Mailand ... der Maestro schwimmt im Ruhm. Ich schwimme mit Solange in den Partizipien, in den Korrekturfahnen bei der *Revue des Deux Mondes* und bei der Kälte im Rheumatismus.« Sie kann nicht umhin, die geistige Freiheit Chopins – eine Freiheit, die sie ihm übrigens mit allen Mitteln zu erhalten sucht – mit ihren eigenen niederen Arbeiten zu vergleichen. Die Erziehung ihrer Kinder nimmt unter den täglichen Aufgaben einen breiten Raum ein: »Ich werde zermalmt von meiner Arbeit als Hauslehrer«, sagte sie, als Maurice fünfzehn wurde, und beklagte sich über die Unfähigkeit der Lehrer, die sie dazu zwang, ihre Kinder selbst zu unterrichten. »Ein Leben der Zwangsarbeit, der Mühsal, der Pflicht, des Tätigseins, ohne ausspannen zu können . . . Das einzig Gute daran ist, daß ich dabei keine Zeit habe, an mich zu denken.« In diesen Jahren, in denen sie ihre Kinder aufzieht, spricht sie so wie alle Frauen mit der Doppelbelastung des Berufs- und Familienlebens: »Nicht um einer lyrischen Inspiration Ausdruck zu geben, wie die Leute meinen, greift man zur Feder, sondern um das Haushaltsgeld für die nächste Woche zu verdienen, Maurice' Schneider zu bezahlen, Solanges Lehrer, den Pot-au-feu, die Klamotten – das alles ist nichtswürdige Prosa, und um etwas Literarisches zustande zu bringen, um jenen schönen Parnaß zu erklimmen, von dem Boileau spricht, bedürfte es anderer Flügel als des Schreis all der vulgären Erfordernisse des Lebens.«

George lebte, wie es heißt, ab ihrem sechs- oder siebenundzwanzigsten Lebensjahr wie ein Mann. Nicht nur weil sie eine Redingote trägt. Bei ihren Liebesverhältnissen bedient sie sich zweifellos nicht der Koketterie und anderer Tricks weiblicher Verführungskunst. Eugène Delacroix, der in diesem Augenblick mit Maurice die Nebengebäude von Nohant besichtigt, hatte ihr vor langer Zeit geschrieben: »Sie sind weder eine Preziöse noch eine Kokette. Sie schätzen die törichte Taktik meines Geschlechts ebenso wie die des Ihren in diesem Krieg, den man die Liebe nennt, vollkommen richtig ein.« Doch was den Zeitaufwand angeht, so ist sie ebenso eingespannt wie die meisten Frauen im nächsten Jahrhundert.

Sie erinnert sich an ihre Mutter. Immer wenn sich »der Klagetrieb« ihrer bemächtigt, erwacht ihre volkstümliche Seite. Die aristokratische Großmutter, die sie erzogen hatte, anerkannte die Ausübung eines Berufs nur, wenn sie dazu diente, Talente zu entwickeln, die Mutter – der rauhen Wirklichkeit näher – kannte den Preis der Arbeit. Als sie ihr für die Dauer ihres Italienaufenthalts Maurice anvertraute, schrieb sie ihr: »Sagen Sie ihm, mit welchem Schwung Sie um fünf Uhr morgens aufstehen, um zu zeichnen, und welches Vergnügen Ihnen dies in Ihrer kleinen Einsamkeit bereitet.« Dem Hauslehrer Boucoiran empfahl sie: »Ertragen Sie die Launen und Einfälle meiner Mutter. Keiner weiß besser als ich, was ein solches Hirn bedeutet; aber sie ist gut zu den Kindern . . .« Als Sophie Dupin am 19. August 1837 starb, war George fassungslos: »Als ich ihren Leichnam küßte, wurde mir klar, daß das, was man von der Kraft des Bluts und der Stimme der Natur sagt, kein Hirngespinst ist, wie ich es oft geglaubt habe, wenn ich aus irgendeinem Grund mich über sie ärgerte.« Oder: »Armes Frauchen! Scharfsinnig, intelligent, geschickt und edelmütig, leicht aufbrausend bei den kleinen Dingen und herzensgut in den großen.«

Heute muß George Geld auftreiben. Sie hat ihren Scheidungsprozeß gegen Casimir Dudevant gewonnen und nach zähem Ringen die Domäne Nohant, die sie in die Ehe eingebracht hatte, zurückerhalten. Aber die finanzielle Regelung ist nicht gerade brillant für sie. Seit den ersten Romanen, die sie schrieb, um sich ihre hübschen Ausflüge nach Paris leisten zu können, sind ihre materiellen Verpflichtungen immer mehr gewachsen. In der Hauptstadt sind Miete und Unterhalt einer Wohnung sowie einige Hausangestellte, deren Zahl sie verringern will, zu bezahlen, und Nohant ist ein sehr großer Haushalt: auf der einen Seite das Personal, das schon so lange hier lebt, auf der anderen die sehr zahlreichen Freunde, die George für sich oder für Chopin einlädt und mit allem Komfort unterbringt. Auch Maurice hat seine ständigen Gäste, die sehr bald »Kind« im Hause sind, wie der Maler Lambert. George beherbergt auch Augustine Brault, eine junge Base, die sie ihre »Tochter« nennt. Solange ist umgeben von Lehrern, ihre Ansprüche in bezug auf Kleidung, Pferde usw.

wachsen ununterbrochen ... Inzwischen fehlt es auch nicht an Bittstellern. Einige unter ihnen, wie Pierre Leroux, erbitten nicht Geld für sich selbst, sondern für riskante Vorhaben, die sich für die zu großzügige George als Faß ohne Boden erweisen werden: Zeitungen, eine Druckerei, eine Gemeinschaft ... sie finanziert alles, ohne je einen Sou wiederzusehen.

Als sie Delacroix in das Berry einlud, flüsterte sie ihm zu: »Sie werden kein Geld ausgeben, was immerhin eine Erwägung wert ist in der heutigen Zeit und bei unseren erbärmlichen Berufen.« In der Hitze des Spätfrühlings ist Nohant ein behagliches Paradies: Einer der größten zeitgenössischen Musiker spielt Klavier, einer der größten Maler beobachtet die Gesichter der Berrichonner, um sie auf seinem Gemälde *Anna und die Jungfrau* wiederzugeben, gebildete junge Leute spielen und lernen, pflichtgetreue Dienstboten umgeben sie mit Aufmerksamkeiten. Im Mittelpunkt George. Die einzige, die rechnet, die einzige, die Nacht um Nacht die Seiten mit ihrer Handschrift füllt, um alle diese sorglosen Menschen rund um sie zu ernähren, die zu wohlerzogen sind, um wissen zu wollen, welche Kosten sie verursachen. Ihretwegen betrachtet sie das große Anwesen so, wie sie meint, daß sie es sehen. Als Liszt und Marie d'Agoult vor fünf Jahren ihren Besuch ankündigten, erschrak sie über die bäuerliche Schlichtheit ihrer Wohnstatt und machte sich mit Feuereifer daran, sie umzugestalten: »Ich lasse mein Zimmer neu herrichten ... Noch nie hat mir so viel an Sauberkeit gelegen ... Ich lasse Gardinen anfertigen, etwas noch nicht Dagewesenes ... bis zum heutigen Tag.« Ihrer Mutter schrieb sie: »Wir haben die letzten Tage damit verbracht, mein Badezimmer zu tapezieren; wir haben es in einen hübschen kleinen Raum verwandelt ... Wir denken an Sie, an Ihren Schwung und an Ihre Geschicklichkeit bei solchen großen Arbeiten, an Ihren guten Geschmack und an Ihre Leidenschaft, Nägel einzuhauen. Was mich angeht, ich habe einen schlimmen steifen Hals.« Aber wenigstens kann sie ihre Gäste in einem ihrer würdigen Rahmen empfangen: »Nohant ist jetzt bildschön, ich habe es von oben bis unten renovieren lassen.«

Und dennoch ein Zweifel wegen all dieser Arbeiten, die sie durchgeführt hat, wegen der für das große Haus aufgewendeten »Zeit und Aufmerksamkeit«: »Man darf sich nicht ganz davon auffressen lassen, und wenn man alles zum besten getan hat, soll man die Leute reden und den Dingen ihren Lauf lassen«; was das Geld betrifft, gesteht sie: »Es ist für mich unerträglich, mich nur mit geschäftlichen Dingen zu befassen, und wenn ich dazu gezwungen bin, habe ich miserable Laune.« Das vergangene Jahr ist das Jahr der großen häuslichen »Neuerungen« gewesen. Sie hat Maurice gebeten, sie in ihren Sparbeschlüssen zu unterstützen: »Ich habe oder bin noch dabei, im Haushalt größere Neuerungen einzuführen ... Es wird sich herausstellen, ob unsere Pläne illusorisch sind oder nicht.« In Paris ist es ihr gelungen, ihre Lebenskosten zu senken: »Ich habe keine Köchin eingestellt, ich speise abends im Restaurant ... Meine Ausgaben haben sich um die Hälfte verringert, und ich bin freier. Da ist niemand, den ich schelten muß, und deshalb geht es mir besser.« Doch ach, die Hoffnung ist von kurzer Dauer: »Ich glaubte, meine finanziellen Dinge seien gerade im Begriff sich zu klären nach allem, was ich dafür getan hatte. Sie sind noch für einige Zeit unübersichtlich und unerfreulich, nur noch für einige Wochen, hoffe ich ...« schreibt sie. Sie werden es für sehr lange Zeit sein. Ihre Verschwendungssucht wird George stets zu schaffen machen ... sie wird auch immer der Grund dafür sein, daß sie sich fortwährend etwas einfallen lassen und schreiben muß.

Die Sonne verursacht ihr Augenbrennen. Sie steht auf, um sich die seltenen Blumen anzusehen, die sie aus Paris hat kommen lassen: eine weiße und gelbe Azalee, eine Erika, Gardenien. Der Klang des Klaviers entfernt sich. Sie muß zurück ins Haus, die Unterlagen sortieren, die sie für die Fortsetzung von *Consuelo* erhalten hat. Sie hat am 22. Mai den vierten Teil des Buchs an Pierre Leroux gesandt. Aber der Herausgeber der *Revue indépendante* – ihre gemeinsame Zeitschrift, ihre eigene Zeitschrift! – nimmt sie in die Pflicht. Er verlangt dringend die Fortsetzung. *Consuelo* sollte nur eine Novelle werden. Egal. Um »die Gier der

Leser« zu befriedigen, wie George sagt, führt die Schriftstellerin ihre kleine Bohemienne und Dienerin der leichten Muse auf neue Wege. Sie muß sich jedoch während des Schreibens informieren: Anfangs hatte sie weder ein genaues Konzept noch wußte sie, wie die Handlung ablaufen sollte. Fest stand nur die Figur der jungen Sängerin, in der die Zeitgenossen Pauline Viardot wiedererkennen würden, die auf dem Weg ist, eine der besten Sängerinnen Europas zu werden... Pauline hatte bei dem Konzert mitgewirkt, das Chopin am 21. April mit Stücken von Händel in der Salle Pleyel gab. George hatte nicht genügend Worte, um ihrer Begeisterung für ihre junge Freundin Ausdruck zu verleihen. Wie Pauline wird Consuelo in verschiedenen europäischen Ländern auftreten. Auf der einen Seite Begegnungen, Vorsingen, auf der anderen ihre mystische Suche... die politischen Regime, die Liebe, die Kunst... Das Fresko entfaltete sich, und George mußte sich schnellstens über einige »Bände Erinnerungen Sophies, Tochter des preußischen Königs Wilhelm« hermachen. Sie bat Florentin Maîtrejean, der in der Nationalbibliothek angestellt war, um Texte über »Maria Theresia von Österreich und Maria Josepha von Frankreich, verheiratet mit dem Dauphin Ludwig, der nicht regierte«... Sie verschlingt, wie F. Mallet geschrieben hat, »eine beachtliche Anzahl von Büchern über die Geheimgesellschaften: nach Goethes *Wilhelm Meister* liest sie unter anderen Nodier, seine *Philadelphes*, seine *Histoire des sociétés secrètes de l'armée, de la Maçonnerie et du carbonarisme* und *Léo Burckhardt*, aufgeführt 1839, wo Nerval eine geheime Zusammenkunft der Seher des jungen Deutschland einbaut«. Zwölf Jahre später würde George in einem neuen Vorwort zu einer Neuauflage auf diesem für das Verständnis des 18. Jahrhunderts interessanten historischen Aspekt beharren: »Ein seltsames Jahrhundert, das mit Liedern beginnt, in sonderbaren Verschwörungen voranschreitet und aufgrund umwälzender Ideen mit gewaltigen Revolutionen endet!« Sie entschuldigt sich jedoch dafür, an diesem Roman wie aufs Geratewohl gearbeitet und sich nicht die Zeit genommen zu haben, »ihn als Ganzes noch einmal durchzulesen und Längen auszumerzen, die ja das Ergebnis der Übereiltheit sind«. Während sie heute lautlos die Treppe zu ihrem Zimmer hinaufsteigt, denkt sie an die Fortsetzung der Kapitel, die sie Leroux geschickt hat ... Ihre arme kleine Consuelo, »schwarz und mager«, das braune kleine Mädchen, dessen Häßlichkeit »das Herz gewinnt und die Augen beleidigt«, »so still wie die Lagunen« und »so rührig wie die Gondeln« ... Sieht George Pauline vor sich oder Aurore? Wie auch immer, sie muß wieder »querfeldein der reiselustigen Consuelo hinterherlaufen«, viele Arbeitsnachmittage lang, während vieler Nächte, in denen das ganze Haus schläft, ehe sie »diesen endlosen Wust von Traumgespinsten«, wie sie selbst die Abenteuer ihrer Heldin von der Sekte der Unsichtbaren und der Gräfin von Rudolstadt bezeichnete.

Die Musik. Chopin und seine hervorragende Begabung, Seelenregungen in Musik umzusetzen. Pauline und ihre vollkommenen Interpretationen. Wie gern wäre George Musikerin geworden. Als junges Mädchen hatte sie gesungen, Harfe und Klavier gespielt. Aber nur zum Vergnügen und weil es zur Erziehung eines jungen Mädchens aus gutem Hause gehörte. Sie tat mehr. Ihr ganzes Leben lang wird sie stets ein Klavier in Reichweite haben. Wie seit vier Jahren, seit der ersten Begegnung mit Frédéric, ist es auch in diesem Frühling 1842: George bewundert ihn und fühlt sich gleichzeitig ein wenig hilflos. Eine »Zuhörerin«, wird man von ihr sagen, die das kleine Mädchen vor Augen hat, das unter Madame de Francueils Cembalo kauerte und sich an den Klängen des Instruments nicht satt hören konnte. Später wird sie diese kindliche Haltung bei Franz Liszt einnehmen, der bei einem Besuch in Nohant für sie die »schönsten Schubert-Weisen« oder Beethovens Pastorale spielt. Über den Musiker Chopin wird George vier Jahre nach ihrem Bruch in der *Geschichte meines Lebens* sehr schöne bewundernde Worte finden. Sie weiß, mit welchem Schöpfergeist sie das Leben zu teilen die Ehre hatte, und am Künstler hat sie nie gezweifelt: »Chopins Genie ist das tiefste, reichste, gefühlvollste, das es je gegeben hat. Er hat einem einzigen Instrument die Sprache des Unendlichen gegeben und hat oft in einigen Tonfolgen, die ein Kind zu spielen vermöchte, Gedichte von unendlicher Erhabenheit, Dramen von unvergleichlicher Kraft zusammengefaßt ... Es wird der Tag kommen«, sagt George voraus, »da man seine Musik instrumentieren wird, ohne an seiner Klavierpartitur das geringste zu ändern, und alle Welt wird erfahren, daß dieses Talent, welches ebenso umfassend, ebenso vollständig und ebenso gebildet ist wie das der großen Meister, die er studierte und in sich aufnahm, eine Eigentümlichkeit bewahrt hat, die noch reiner war als die von Johann Sebastian Bach, noch mächtiger als die von Beethoven, noch dramatischer als die von Weber ... Für sie ist »ihm nur Mozart überlegen«, und sie fügt hinzu: »Weil Mozart mehr die Ruhe der Gesundheit besitzt und folglich eine größere Fülle des Lebens.«

George bewunderte Chopin natürlich. Mit jener Ausdauer, jener Nachdenklichkeit, die Delacroix auf seinem berühmten Gemälde wiedergegeben hat, auf dem er die lauschende George und Chopin gleich groß und als zwei gleich starke Persönlichkeiten dargestellt hat (das Bild wurde übrigens später geteilt). In ihrer Bewunderung konnte sie nicht umhin, eine Rangordnung aufzustellen. Und sie plazierte den Künstler sehr, sehr hoch oben ... so hoch oben, daß die Musikwissenschaftler erklärten, dies sei das typische Urteil einer verliebten Frau. Vielleicht haben sie recht, in einem anderen Sinn, als es zunächst erscheint: Zweifellos mußte George Frédéric so hoch einschätzen, um nicht von sich selbst enttäuscht zu sein. Bei ihren Liebschaften als reife junge Frau strebt sie nach Vollkommenheit. Vollkommenheit im Schreiben, in der Beredtsamkeit, im musikalischen Schaffen ... Musset, Michel von Bourges, Chopin ... Es wäre falsch, darin so etwas wie eine Versessenheit auf gesellschaftliche Anerkennung zu sehen ... George hat nie versucht, durch Liebhaber berühmt zu werden. In derselben Textpassage betont sie übrigens: »Er war beim großen Publikum nicht bekannt und ist es noch immer nicht. Es bedarf großer Fortschritte im Geschmack und im Kunstverständnis, damit seine Werke populär werden.« Die drei Männer, so unterschiedlich sie voneinander sind, haben eines gemeinsam:

ihre Leidenschaft, etwas zu schaffen, zum Höhepunkt gebracht zu haben. Bis zur »Nervenkrise« und einer romantischen Tollheit bei Musset, bis zu einer Art flammender Selbstzerstörung bei Michel zu der Zeit, als er George liebte, bis zur »Maßlosigkeit« bei dem Pianisten. Männer, deren Leidenschaft sie zum Unglücklichsein verurteilt. Und dann, so schreiben die Biographen, tritt George auf den Plan, beruhigt, pflegt, wiegt ... George ist ja so mütterlich ...

George Sand spricht von Chopin als »mein Kleiner« und gibt ihm Kosenamen wie »Chopinchen«, »Chip-Chip«, »der kleine Chip«. Auf Mallorca, wo sie ihn hinbringt, um ihn gesund zu pflegen, weil man fürchtet, er habe die Schwindsucht, und annimmt, daß ihm das milde Klima guttut – wie auch ihrem Sohn Maurice! –, ist sie es, die alle Schwierigkeiten zu beseitigen versucht, die sich aufgrund des kalten Winters und der fremdenfeindlichen Spanier, die sie deswegen bis ans Ende ihrer Tage hassen wird, ergeben. Sie wird zur Hausfrau (sie, die immer bedient worden war), Köchin, Krankenpflegerin. Sie tröstet und besänftigt einen Kranken, der dem Wahnsinn nahe ist. Klarsichtig wie sie ist, weigert sie sich, an eine Kehlkopfreizung zu glauben, als er Blut spuckt. Auf der Rückreise besteht sie darauf, mit ihm einige Zeit in der sonnigen Provence, dann in Genua zu verbringen. Wenn das kein Grund ist, der eine mütterlich liebende Frau mit Freude erfüllt!

Mit achtunddreißig Jahren lebt George in einer allgemein bekannten, eheähnlichen Beziehung mit einem Mann, bei dem sie von Anfang an den Verdacht hatte, daß ihm das Körperliche wenig bedeutete. Man muß den Brief vom Mai 1838, ein erstaunliches Zeugnis, an Chopins uralten Freund Albert Grzymala lesen. George hat den Musiker soeben kennengelernt. Sie erkundigt sich bei Grzymala, wie sie sich verhalten soll. Hat Chopin gegenüber seiner polnischen Verlobten Maria Wodzinska eine ernste Verpflichtung oder kann sie ihn als ungebunden betrachten? Sie schlägt eine vorläufig lose Bindung vor: »Von Zeit zu Zeit, wenn günstige Winde uns zusammenführen, werden wir einen Wettlauf zu den Sternen veranstalten, und dann verlassen wir einander wieder, um auf der Erde zu wandeln, denn wir sind ja Erdenkinder.« Kurzum, sie könnte für ihn ... ein Italien sein, »wie ein Italien, das man besucht, wo man die Frühlingstage genießt, wo man jedoch nicht verweilt, weil es dort mehr Sonne gibt als Betten und Tische und es sich anderswo bequemer lebt. Armes Italien!« fügt sie hinzu. »Jeder denkt daran, wünscht sich, dort zu sein oder sehnt sich zurück, aber niemand kann dort bleiben, weil es unglücklich ist und kein Glück schenken kann, da es ja selbst keines hat.« Dann vertraut sie Grzymala ihre Zweifel gegenüber Chopin an: »Er schien menschliche Unanständigkeit zu verachten gleich einem Frömmler und sich der Versuchungen zu schämen, die ihn anfochten, und zu fürchten, durch einen weiteren leidenschaftlichen Ausbruch unsere Liebe zu beschmutzen. Ständig mit der letzten Liebesumarmung rechnen zu müssen, hat mir immer widerstrebt... Dieses Wort für die körperliche Liebe, das man benutzt, um auszudrücken, was nur im Himmel einen Namen hat, gefällt mir nicht und schockiert mich wie eine Gottlosigkeit und ein falscher Begriff zugleich... Er hat, glaube ich, gesagt, daß bestimmte Dinge der Erinnerung schädlich sein könnten. Es ist doch töricht, was er da gesagt hat, nicht wahr, und er denkt es nicht wirklich?... Die Folge dieser Trennung von Geist und Körper war, daß man Klöster und verrufene Lokale brauchte.«

In diesem Brief ist alles oder fast alles über die Verbindung zwischen George und Chopin gesagt. »Verachten ... die Frömmler... sich der Versuchungen schämen.« Dadurch wird »der Kleine« ganz, ganz klein. George überschüttet dieses Kind mit Zärtlichkeit. Aber der in seiner Engstirnigkeit gefangene, zu »kostbare« Mann wird immer schwerer an Georges Arm hängen.

Auf Mallorca waren sie von gemeinsamer Begeisterung getragen. »Der Himmel ist türkis«, schreibt Chopin an Fontana, »das Meer azurblau, die Berge smaragdfarben. Tagsüber scheint die Sonne, es ist warm, und jedermann trägt Sommerkleidung.« Sie fanden die »malerischste« Wohnung, die man sich vorstellen kann, in der verlassenen Kartause von Valdemosa: »Es ist pure

Poesie, pure Einsamkeit, das Angeberischste, was es unter der Sonne gibt«, schreibt George. Dann kommt der Winter. Mangelnder Komfort. Was macht's. An erster Stelle steht die Liebe. George über Chopin: »Er ist ein Engel an Sanftmut und Güte.« Chopin über George: »Immer sah ich sie um mich besorgt. Sie mußte mich ganz allein pflegen... Sie machte mein Bett, räumte das Zimmer auf... verzichtete meinetwegen auf alles... paßte auf die Kinder auf... Außerdem schrieb sie.« Doch bald wird Georges Gereiztheit spürbar. Sprechen wir nicht von den Mallorquinern, der Habgier der Vermieter, ihrer Angst vor der vermuteten Tuberkulose. George rettet sich aus alledem durch Zorn, durch die Notwendigkeit zu handeln. Aber der »kleine Chop« ist nicht mehr so bewunderungswürdig. Zumindest wird sie die Geschichte so in ihren Erinnerungen darstellen, wenn auch mit größter Behutsamkeit. Dennoch vermerkt sie: »Der arme große Künstler war ein unausstehlicher Kranker.« Er ist mutlos, sieht in dem abgelegenen Kloster Gespenster. Er hüllt sich in Schweigen. Noch mehr, als George versucht, mit ihm über die »nachahmende Tonmalerei« zu diskutieren, die sie in einer seiner Kompositionen zu hören glaubt, verwirft er diese Interpretation. George, bescheiden, tut so, als gäbe sie ihm recht: »Er protestierte aus Leibeskräften... denn es war kindisch, eine solche Nachahmung mit reinem Empfinden gleichzusetzen. Sein Genius war auf eine geheimnisvolle Weise mit der Natur im Einklang, und dieser drückte sich durch eine erlesene gleichwertige Wiedergabe der Töne in seiner musikalischen Gedankenwelt aus, nicht aber durch eine sklavische Nachahmung des äußeren Klanges. Seine Komposition von jenem Abend erinnert wirklich an Regentropfen, die dumpf auf die Ziegel der Kartause herabprasselten; aber in seiner Musik hatten sie sich in Tränen verwandelt, welche vom Himmel auf sein Herz fielen.« Man mag es lesen, wie man will... Unter der religiösen Verehrung für den Künstler scheint mir die Ironie hervorzublitzen. Sie schreibt sogar: »Er zog mich zu Rate wie Molière seine Dienstmagd...«

Juni 1842. Seit vier Jahren leben George und Frédéric abwechselnd in Paris und in Nohant. Ist es dieser Monat, dieser Tag, von dem sie in der *Geschichte meines Lebens* erzählt? »Ich war damals etwa vierzig ...« Sie erinnert sich an die »schrecklichen Kopfschmerzen«, die »Ungerechtigkeiten« in ihrem Intimleben ... Sie weint sich aus »in dem Wäldchen des Gartens von Nohant ..., da wo einst meine Mutter für mich und mit mir hübsche kleine Rocaillen machte.« Sie hebt einen großen Stein auf, und die Leichtigkeit, mit der sie ihn aufhebt, erschreckt sie: Sie hatte zugleich ihre stets neue Kraft und ihre Anstrengung, sich ihrer weiterhin zu bedienen, verspürt. Verzweiflung, erst die Hälfte des Weges zurückgelegt zu haben. »Mein Gott! Vielleicht habe ich noch vierzig Jahre zu leben! Abscheu vor dem Leben, Sehnsucht nach Ruhe.« Sie rettet sich vor diesem Abscheu mittels eines Entschlusses, der im Grunde nur von neuem den Sinn des Lebens bestätigt, das sie mit Chopin, Maurice, Solange teilt. Wie Nietzsches Zarathustra, der verzweifelt und glücklich den Schluß zieht: »Das war das Leben, nun, beginnen wir es von vorn«, wiederholt George ihre Hingabe- und Opferbereitschaft. Es sind weder die Kritiker noch die Biographen, die das Bild einer nach der Mutterrolle gierenden George Sand erfunden haben, die ihre Liebhaber liebt wie Kinder. Sie selbst hat in der *Geschichte meines Lebens* dieses Bild von sich gezeichnet. »Ich hatte Zärtlichkeit in mir und verspürte das dringende Bedürfnis, diesen Instinkt auszuleben. Ich mußte lieben oder sterben.«

George ist wie alle Mütter, die von ihren anspruchsvollen Kindern überfordert werden. In *Ein Winter auf Mallorca* hat sie über die starke Fremdenfeindlichkeit der Spanier und insbesondere der Mallorquiner geschrieben. In ihren Erinnerungen macht sie für das Fiasko dieses Aufenthalts zu einem großen Teil den Sohn-Geliebten-Künstler-Kranken verantwortlich. »Die Kartause war so schön unter ihren Efeuranken, das Tal so wundervoll in seiner Blütenpracht, die Luft so rein in unseren Bergen, das Meer so blau am Horizont! Es ist der schönste Ort, an dem ich je gewohnt habe, und einer der schönsten, die ich je sah.« Bedauernd fügt sie hinzu: »Und ich hatte kaum etwas davon gehabt. Da ich nicht wagte, den Kranken allein zu lassen, konnte ich mich mit meinen Kindern nur kurze Zeit entfernen, und oft überhaupt nicht. Abgespannt und unter ständigem Druck war ich selbst ganz krank geworden.« Die richtigen Kinder riefen sie, damit sie mit ihnen spazieren gehe, der Kind-Geliebte war das Gefängnis.

Doch wie sie ihn verteidigt, und wie sie sich damit quält, ihn nicht genug zu lieben. Chopin konnte früher recht fröhlich sein: »Er hatte in seiner Jugend oft heitere und ziemlich verblüffende Einfälle. Er schrieb polnische Lieder und unveröffentlichte Romanzen von entzückender Schlichtheit und reizender Anmut.« Später komponierte er »kristallene Quellen, in denen sich ein Sonnenstrahl spiegelt«. In Gesellschaft konnte er sich in kleinen, vertrauten Gruppen von zehn bis zwanzig Personen über die Maßen amüsieren: »Plötzlich wandte er sich unbemerkt einem Spiegel zu, ordnete sein Haar, strich sich die Krawatte glatt und verwandelte sich mit einem Schlag in einen phlegmatischen Engländer, einen frechen Greis, eine sentimentale, skurrile Engländerin, einen schmuddeligen Juden.« Chopin tat alles, damit die anderen über »traurige Gestalten, ob komisch oder nicht« lachten.

Allein, allein . . . wie viele Empfindlichkeiten, welche Engstirnigkeit bei dem großen Mann – »der übertriebene Sinn für Details«, ein »lebend gehäuteter Geist; der Knick eines Rosenblattes, der Schatten einer Fliege ließen ihn verzagen« – wieviel tiefer Pessimismus: »Der klagende Schrei des hungrigen Adlers auf den Felsen Mallorcas, das bittere Pfeifen des kalten Nordwinds und die trostlosen schneebedeckten Eiben stimmten ihn viel länger und nachhaltiger traurig, als er sich am Duft der Orangen, der Anmut der Weinranken und der maurischen Kantilenen der Pflüger erfreute.« Ein durch seine Erfolge verwöhntes Kind, das zu früh auf den Schößen von Prinzessinnen gehätschelt wurde, von großer Langmut, jedoch gleichzeitig tyrannisch in seinen Ansprüchen. »Er akzeptierte die Wirklichkeit nicht. Das war sein Laster und seine Tugend, seine Größe und sein Elend. Ohne Verständnis für einen Makel, auch den geringsten, konnte er sich für den geringsten Lichtstrahl begeistern, da er mit seiner übersteigerten Phantasie darin bereits eine Sonne sah.« Er faßte auch Zuneigung zu George, indem er sie idealisierte, er faßte Zuneigung zu ihr und weckte die ihre. Denn in der *Geschichte meines Lebens* ist sich die Schriftstellerin der Verantwortung für diese Beziehung nie sicher. Chopin möchte »an meiner Seite leben«, schreibt sie nach der Rückkehr von Mallorca. Sie hat Angst vor der Belastung, die diese Verbindung für sie darstellt: »Eine Art Grausen erfaßte mein Herz angesichts einer neuen Verpflichtung, die ich auf mich nehmen würde«, und sie bemerkt kalt: »Ich machte mir trotz der Leidenschaft nichts vor.« Sie wiederholt: »Ich hegte für den Künstler eine sehr starke, sehr echte mütterliche Zuneigung« ... und ein weiterer Grund, der recht eigenartig klingt: Sie weiß, wenn sie sich mit Chopin beschäftigt, ist ihr Herz nicht frei für eine andere Liebe. Auf diese Weise schützt sie sich vor Gefühlen: »Eine weitere Pflicht in meinem ohnehin schon so ausgefüllten und Kräfte zehrenden Leben erschien mir eine weitere Chance, zu jener einfachen Lebensart zu finden, von der ich mich mit einer Art religiöser Begeisterung hingezogen fühlte.« Und in diesem Kampf gegen sich selbst, gegen ihre Bereitschaft, Feuer zu fangen, findet sie in Chopin den idealen Verbündeten.

Zumindest hat sie die Geschichte so nachgezeichnet, wobei sie immer wieder auf die krankhafte Eifersucht des Komponisten hinwies. Der Bericht scheint sich auf Tatsachen zu stützen, wenn man dem Briefwechsel glauben darf. Im Sommer 1841 hatte Chopin gegenüber einer nach seiner Meinung zu aufdringlichen Freundin Georges, Mademoiselle de Rozère, eine feindselige Haltung eingenommen. »Er betrachtet meine Freundschaft zu Ihnen als Verbrechen«, schreibt George an diese, »er möchte, daß niemand seiner Eifersucht wegen leidet außer mir«; sie entschuldigt diese charakterliche Schwäche mit der Krankheit, fügt jedoch bitter hinzu: »Ich bin nie zur Ruhe gekommen und werde es mit ihm auch nie.« In der *Geschichte meines Lebens* ist sie freier, aber bissiger: »Chopin war von Natur aus nicht ausschließlich in seinen Zuneigungen; er war es nur bei denen, die er verlangte.« Sie bestritt, den berühmten Pianisten in der Figur des Prinzen Karol in

Lucrezia Floriani verewigt zu haben. Die Freunde und Bekannten waren jedoch schockiert über die auffallende Ähnlichkeit Karols mit Frédéric. Vor Gesundheit strotzend wie sie war und vielleicht aus dem Wunsch heraus zu verletzen, den sie nicht wahrhaben wollte, würde sie, Künstler gegen Künstler, Rache nehmen und sich dabei wie alle Schriftsteller ihre Opfer in ihrem Bekanntenkreis aussuchen.

Am 6. Juni 1842 setzt sie sich wieder an ihre *Consuelo*. Zusammen mit Delacroix lauscht sie dem großen Chopin, der die von ihm abermals abgeschriebenen Bach-Präludien spielt. Mit ein wenig Glück wird er mit dem Maler, der ihn ebenso bewundert wie sie, über Musik diskutieren; noch etwas mehr Glück, und er wird zum erstenmal die Ballade interpretieren, die er gerade komponiert. Wenn er einverstanden ist, wird sie den beiden ein paar Seiten ihres Romans vorlesen; sie versucht, Porträts von Porpora, Haydn usw. zu zeichnen. Wird Chopin zuhören?

Am Ende des Gartens hat sich eine Handvoll lärmender junger Leute zu Solange gesellt. Sie ist nie müde, Solange, wenn es darum geht, zu spielen oder sich bei ihren Verehrern in Positur zu setzen. George steht noch unter dem Eindruck der Auseinandersetzung, die sie an diesem Morgen aus einem nichtigen Anlaß mit ihr gehabt hatte. Ihr »großes Mädchen«, wie sie früher sagte, wenn sie sie mit dem zarten Maurice verglich, ist ein temperamentvoller, schwieriger Backfisch geworden. Sie hielt ihre Tochter für »außerordentlich intelligent« ... Hinsichtlich der Fähigkeiten ihres lieben Maurice war sie in jener Zeit wesentlich kritischer. Als Solange acht Jahre alt war, schrieb sie ihr: »Du hast ein gutes Herz, aber einen zu heftigen Charakter.« Über das zehnjährige Mädchen sagt die Mutter: »Mein großes Mädchen hat noch immer seinen Dickkopf und nimmt mit derselben Herablassung Lob und Tadel entgegen; sie macht alles nach ihrem Kopf und macht es stets gut. Das tröstet mich über ihre Starrköpfigkeit hinweg.« An einen Freund schreibt sie: »Sie hat eine hochherzige Seele, und ich müßte mich sehr täuschen, wenn sie nicht eine Aufgabe fände auf dieser Welt. Aber diese Träume verrate ich nur

Dir.« Obwohl nach wie vor robust, macht sie auf elegant. Georges Bruder Hippolyte nimmt ihre Herzensergüsse entgegen, die in demselben munteren Ton gehalten sind wie ihrer beider Briefe. Kein Zweifel, »Solange geht es gut, sie ißt wie ein Scheunendrescher, flucht wie ein Fuhrknecht und lügt wie ein Zahnarzt«, aber »sie nimmt viele Unterrichtsstunden und verschwendet eine Menge Zeit auf ihre Toilette. Sie hat sich eine Koketterie angewöhnt, die ich Dich ins Lächerliche zu ziehen bitte, wenn Du sie siehst, damit sie sie wieder ablegt.« Mit zwölf schwärmt sie vom Reiten, wie einst auch Aurore. »Sie ist unerschrocken und galoppiert auf einem großen Pferd allein durch die Gegend.« George fließt über vor Liebe: »Du bist eine große Spaßmacherin, eine große Schelmin, eine große Komikerin mit deinen Märchen. Ich weiß, daß du brav und lieb bist, und ich möchte dich am liebsten aufessen.« Die frühe Pubertät des Kindes erfüllt die Mutter jedoch mit Besorgnis. Solange wird immer störrischer. George spricht dann von der »enormen Widerborstigkeit« der Heranwachsenden. Besorgt erkundigt sie sich, ob das Reiten nicht gefährlich wäre für ihre Entwicklung. Aurore hatte sich im Kloster den »Teufeln« angeschlossen. Da sie findet, Solange habe »den Teufel im Leib«, spielt sie mit dem Gedanken, sie in ein Internat zu geben. Laut ihrer Mutter sind das nur »Wutanfälle«, reine »Faulheit«. Ihrer Klavierlehrerin schreibt sie eines Morgens: »Liebes Kind, kommen Sie heute vormittag nicht, um Solange zu unterrichten. Sie hat sich bis drei Uhr morgens unmöglich benommen, und sobald sie wach ist, werde ich sie auf ihr Zimmer zurückschikken.« Angesichts dieser energischen Mutter leistete Solange entweder mittels »Tobsuchtsanfällen« oder durch Passivität Widerstand. Ihrem Eintritt in das Internat Bascans geht ein Schreiben voraus, in dem George objektiv und plastisch ein Porträt mit allen ihren Qualitäten und Fehlern zu zeichnen versucht: »Sie ist ein höchst kluges Kind. Nur ihr Charakter stellt einen vor Probleme. Sie ist unberechenbar, unausgeglichen, herrisch, eifersüchtig und jähzornig. Das sind die Tendenzen. Diesen unglücklichen Veranlagungen stehen eine hohe Intelligenz und Großzügigkeit gegenüber, eine angeborene Würde, keinerlei Rachsucht, viel Zärtlichkeit und ein ausgeprägter Gerechtigkeitssinn. Sie braucht lockere Zügel, die beruhigend auf sie wirken.«

Während all dieser Jahre vergleicht George immer wieder spontan die beiden Kinder miteinander, und sei es nur, um ihren Briefpartnern in kurzen Worten über sie zu berichten: Das Mädchen ist intelligenter, aber von unausstehlichem Charakter, dem Sohn mangelt es an Energie, aber er hat ein gutes Herz. Was die Zärtlichkeit angeht, kommt bei dem Vergleich noch der andere »Sohn«, Chopin, dazu. In diesem Frühling 1842 faßte George für Pauline Viardot zusammen: »Solange ist noch immer schlimm, Chip ist noch immer gut.« Als die Schriftstellerin im Mai nach Nohant zurückkehrt, sucht sie die Energie ihrer vierzehnjährigen »Sol« in eine bestimmte Richtung zu lenken. »Solange war den ganzen Weg hierher unerträglich und ist es hier noch mehr. Sie legt einen Garten an. Ich hoffe, es macht sie so müde, daß ihre Wut allmählich nachläßt.«

Im Familienviereck George-Chopin-Maurice-Solange scheinen die beiden Männer Schwäche und Sanftmut zu verkörpern, die beiden Frauen die Energie. Immer mehr wird das Mädchen zum Widersacher, den es zu unterwerfen gilt. Es wäre jedoch falsch, diese turbulente Geschichte allein nach ihrem Ausgang zu beurteilen. Die Mutter hing mit inniger Liebe und Scharfblick an diesem Sprößling, der, wie sie sich eingestehen mußte, dieselben Anlagen zur Heftigkeit besaß, die sie bei sich selbst zu beherrschen gelernt hatte. Zum Beweis die folgenden Sätze in einem Brief an David Richard, ein weiterer Vergleich zwischen Sohn und Tochter: »Das arme Kind (Maurice) errät alles mit dem Herzen. Er ist ein Engel an Empfindsamkeit, Liebe und Vernunft. Solange ist ein Löwe, ein Leopard, ein Adler, eine Gemse, ein Junge, ein Teufel, alles, nur keine junge Dame. Törichterweise vergöttere ich sie.« Das war 1838.

Vier Jahre später vergöttert George ihre »Sol« sicher noch genauso, aber die Konfrontation ist nun Dauerzustand. In diesem Monat Juni bemüht sie sich, das junge Mädchen zu beschäftigen, ohne es zu »schonen«: zwei Stunden Lektüre, Nadelarbeiten, Schreiben, Klavierstunden bei Meister Chopin! Aber die Schriftstellerin ist müde, ihre Augen sind lichtempfindlich, wegen ihrer Migränen haßt sie jede Art Lärm, und Solange verkörpert so viele Pflichten, die sie nicht mehr auf sich nehmen kann, gibt Anlaß zu soviel Ärger ...!

Lauter Fesseln, die einen zurückhalten und die man sich ständig aufs neue schafft ... »Eine Pflichtmaschine« ... In diesem Frühling hat George ein neues Vorwort zu *Indiana* für die Volksausgabe ihrer Romane bei Perrotin geschrieben. Sie rechtfertigt dieses beinahe Erstlingswerk, in dem die Kritiker einen regelrechten Angriff auf die Ehe hatten sehen wollen. »Ich habe dem starken Drang zu klagen und Vorwürfe zu erheben, den mir Gott eingepflanzt hatte, nachgegeben.« Dann tritt sie für »die Hälfte« des Menschengeschlechts, die Frauen, und die Sache »des gesamten Menschengeschlechts« ein; denn das Unglück der Frau zieht das des Mannes nach sich, so wie das des Sklaven das Unglück des Herrn zur Folge hat.« Das Interessante daran erscheint mir, daß sie nach zehnjähriger Pause das wieder aufgreift, was sie »den Drang zu klagen und Vorwürfe zu erheben« nennt. Zweifellos will sie sich damit gegen Stimmen wehren, die sie beschuldigen, mit *Indiana, Lélia* und *Jacques* eine Strategie zur vorsätzlichen Zerstörung der Gesellschaft ins Werk gesetzt zu haben, indem sie drei Aspekte des gesellschaftlichen Fundaments, das die Familie darstellt, kritisiert: in *Indiana* das Unglück der Frauen in der Ehe, in *Lélia* die Unmöglichkeit der menschlichen Liebe, in *Jacques* das Unglück des Mannes im Paar. Ihr ganzes Leben lang wehrt sich George dagegen, daß man ihr große Absichten unterstellt, und spricht daher lieber von »Drang« als von Logik: Übrigens geht sie auf ihre Opponenten ein, die bezweifelten, daß eine Frau imstande sei, irgendein intellektuelles System zu errichten. Doch man muß etwas anderes darin sehen: »Der Trieb zu klagen und Vorwürfe zu erheben« oder das Gefühl der Ungerechtigkeit ist eben das, was George in ihrer zugleich sozialen und mystischen Suche in ihrem kämpferischen vierten Lebensjahrzehnt leitet.

Knapp achtunddreißig Jahre alt, versucht sie bei der Überarbeitung ihres Romans für den neuen Verleger ein globales Urteil über die Beweggründe ihres Tuns abzugeben. Perrotin hat sie um eine Werbeschrift für die Neuauflage gebeten. Sehr geschickt zeigt sie darin auf, daß die Kohärenz ihres Denkens wesentlich mehr jenen anzulasten ist, die ihr Werk anfechten, als der Schriftstellerin selbst. Sie habe sich darauf beschränkt, sagt sie, Fragen zu stellen: »Ich habe mit großer Zurückhaltung und anfangs auch mit Ergebenheit in zwei Romanen mit dem Titel *Valentine* und *Indiana* gefragt, was das Moralische an der Ehe sei, so wie man sie heute eingeht und beurteilt . . .« »Eine gefährliche Fragestellung«, antwortet man ihr, und demnach ein »unmoralischer Schriftsteller«. Daraufhin befragt sie in einem Roman mit dem Titel *Lélia* die Kritik, auf welche Weise »sie die Liebe verstehe und erkläre«. Wutausbrüche: »Ich hätte ein perverses Denken, einen abscheulichen Charakter, eine obszöne Feder.« Sie fügt hinzu: »Ich schrieb einen neuen Roman, dem ich den Titel *Jacques* gab. Ich wählte als Hauptfigur einen Mann und fragte noch einmal, diesmal im Namen des Mannes . . . welches das Ideal der Liebe in der Ehe sei. Diesmal war es noch schlimmer. Ich war der Feind der Ehe, der Verfechter der Sittenlosigkeit, der Verächter der Treue; der Verderber aller Frauen, die Geißel aller Ehemänner.« Sie sei nur eine Fragerin, verteidigt sie sich, die Kritik habe ihr eine Kohärenz unterstellt. Heute könne sie sich zu Überzeugungen und Prinzipien bekennen. Aber »der Trieb zu klagen und Vorwürfe zu erheben« ist noch immer da.

Zwei Begegnungen prägten den Beginn der vierziger Jahre: die mit Agricol Perdiguier und die mit Pierre Leroux. Agricol Perdiguier – genannt Avignonnais-la-Vertu – hatte 1839 ein *Livre du compagnonnage* (Buch der Gesellenbruderschaft) geschrieben, das George Sands Interesse geweckt hatte. Von diesem Zeitpunkt an glaubt George an so etwas wie eine historische Mission der Erniedrigten. Die Erniedrigten sind für sie die Proletarier und die Frauen. Während Marx und Engels die Theorie von der revolutionären Rolle der Arbeiterklasse aufstellen, sucht

George nach Gründen, an die Werte zu glauben, deren Träger das Volk ist. Voller Entzücken entdeckt sie Perdiguiers Ideen über die Brüderlichkeit und die Arbeit. Sie lädt ihn zum Essen ein. Sie unterhalten sich vor allem über die internen Debatten in der Gesellenbewegung, die Avignonnais-la-Vertu zu reformieren bereit war. George ermutigt ihn, empfiehlt ihm, in diesen Diskussionen geduldig und maßvoll zu sein. Er will überzeugen, und sie unterstützt ihn. George spricht mit A. Perdiguier über ihre Ansichten: »Vor allem im Volk und in der Arbeiterklasse liegt die Zukunft... Wenn das Volk die individuellen Interessen zu einem einzigen gemeinsamen Interesse machen wird..., wird es der Herr der Welt, der Wegbereiter der Zivilisation, der neue Messias sein.« George Sand sollte ab 1840 einen Roman schreiben, in dessen Mittelpunkt die »Gesellen« standen. Zur selben Zeit beginnt sie einen fortlaufenden Briefwechsel mit einem »Arbeiter-Dichter« namens Charles Poncy, und ihre Schreiben an ihn wiederholen die Botschaft: »Dem Volk gehört die Zukunft...«, selbst als die Schriftstellerin offensichtlich unter den stilistischen Schwächen und Schnörkeln des Arbeiter-Dichters leidet.

Die Freundschaft mit Pierre Leroux befriedigt schließlich in diesen Jahren Georges Bedürfnis zu philosophieren. Und ihre Beziehung stellt zweifellos den ersten Schritt George Sands zur aktiven Politik dar. Denn es ist tatsächlich eine Art politischer Konversion, als sie sich 1841 von ihrem Verleger Buloz trennt und mit Pierre Leroux und L. Viardot (dem Ehemann der berühmten Sängerin) *La Revue indépendante* gründet. George hörte zum erstenmal von einem Artikel über das Glück, den Pierre Leroux 1836 in der *Revue des Deux Mondes* veröffentlicht hatte. Sie brachte ihm damals ein rein literarisches Interesse entgegen: »Ich bin ihm dankbar dafür, daß er Monsieur de Voltaire so schlecht und meinen ›divus Plato‹ so gut behandelt.« Sehr bald schreibt sie hingerissen: »Gott hat ihn an einem Tag der Zärtlichkeit und Milde in die Welt gesetzt.« Der Denker war arm. Sie hat vor, ihm zu helfen, ihn in Nohant einzuquartieren, seine Kinder zu adoptieren! Sie macht ihn mit ihren Freunden bekannt. Zerstreut wie ein Karikatur-Philosoph, weiß er, nachdem er Marie d'Agoult gesehen hat, nichts anderes zu sagen als: »Sie war recht hübsch«, und auf Georges präzise Fragen hin gestand er: »Ich habe sie nicht gesehen, aber sie hatte ein schönes Bukett, und daraus schloß ich, daß sie schön und liebenswürdig sein mußte.« Im Laufe ihrer Lektüren bewundert George »Leroux und Renaud, die ersten und einzigen Philosophen unserer Zeit« immer mehr. Sie bittet Leroux, ihre Texte zu korrigieren. Großartige Pläne werden entwikkelt: Nicht genug, daß er schreibt, er will auch drucken ... George zahlt und zahlt – bis sie merkt, daß es ein Faß ohne Boden ist. Auch bis sie die komplizierten Familiengeschichten, die Versuche gemeinschaftlicher Unternehmungen und die Autarkietheorien Leroux' und seiner Brüder etwas distanzierter sieht. Jahrelang wird sie jedoch »den bewunderungswürdigen Bohemien allen zum Trotz« unterstützen.

»Eine Pflichtmaschine« ... Chopin beschützen, Maurice antreiben, Solange bändigen; Freunde empfangen; die Befürworter der guten Sachen, die zu Bittstellern geworden sind, anhören; die Pariser Wohnung für die Rückkehr im August herrichten; den Prozeß gegen einen Verleger vorbereiten, den Vertrag mit einem anderen ausarbeiten; Papets morgige Hochzeit; der Diener, den sie von Paris mitgenommen hat und der sich in Nohant langweilt ...

An diesem Abend wird George mit zusammengekniffenen Augen unter der Lampe alles vergessen. Ein paar Stunden lang wird sie, als einzige im Haus wach, sich mit *Consuelo* beschäftigen. Sie wird schreiben. Sie wird nochmals durchlesen:

»Dort in der Ferne, in weiter Ferne gibt es eine todtraurige, in Arbeit vergrabene Seele, die auf ihre Erlösung wartet.

Ihre Erlösung, ihren so lange verheißenen Trost.

Die Erlösung scheint nicht zu erfolgen, der Trost scheint grausam.

Dort in der Ferne, in weiter Ferne gibt es eine todtraurige, in Arbeit vergrabene Seele, die es leid ist zu warten.«

5

Mittwoch, 23. August 1848

»Nun, mein Freund! Was fange ich an mit diesem Charakter? (...) Wer wird auf mich hören, mir glauben? Wer wird nach meinen Vorstellungen leben? Wer wird auf mein Wort hin aufstehen und den großartigen geraden Weg gehen, den, wie ich meine, die Menschheit einschlagen sollte?«

Sammlung T. Cl. Françoise Foliot.

George zerreibt zwischen den Fingern ein Zweiglein Feldthymian, das sie gestern abend an einem Hohlweg gepflückt hat, und vermerkt für ihr Vorwort die Formel, die zusammenfaßt, was sie nach dem Schreiben, nach der Fertigstellung eines Romans, nach Mißgeschicken empfindet.

»Die kleine Fadette« ist beendet. Wieder einmal sieht sie nach langen Arbeitsstunden die Nacht schwinden, den Morgen heraufziehen. Drei Wochen Arbeit. »Es hat den von Ihnen gewünschten Umfang«, schreibt sie an den Verleger Hetzel, »zweihundertsechzigtausend Buchstaben und vierundzwanzig Folgen.« Um sie herum Papierbündel. Auf einer dicken Akte ein Titel: *Geschichte meines Lebens*. Sie ist abgespannt. Wann wird sie ihren Weg gehen, sich ihren Wunsch erfüllen können?

Noch immer hält sie die körnigen, stark duftenden Blüten zwischen Daumen und Zeigefinger. Die Geschichte der berrichonnischen Zwillinge und des ein wenig hexenhaften kleinen Mädchens, das alle beide verführte, die Geschichte ist erzählt. Sie hat sie mit einer Glaubenserklärung beendet, der Erklärung nämlich, daß sie an die ewige Liebe glaubte: »Wenn er sich in eine Frau verliebte... würde er sein ganzes Leben lang nur diese eine lieben, weil sein Herz zu empfindsam und zu leidenschaftlich war.« Bah! »Fades Zeug«, wird man wenig später sagen. Wer die Sprache des Berry zu lesen weiß – laut George das echte Französisch –, hat gemerkt, daß es sich um ein Märchen handelte: »fadette« bedeutet nämlich weiblicher Kobold. George spielte die Unschuldige. Sie entschied sich für die Harmlosigkeit.

Der Sommer 1848 ist ein Sommer der Zurückgezogenheit.

George verbirgt sich und möchte, daß man sie vergißt. Aber sie muß schreiben. Nicht die Geschichte ihrer Ahnen, die sie vor mehr als einem Jahr begonnen hat. Sondern Auftragsarbeiten, um die Schulden zu tilgen, die auf dem Hôtel de Narbonne lasten. Sie hat das Haus ihrer Tochter als Mitgift gegeben, und diese hatte eine Hypothek darauf genommen. Angst erfaßt sie, daß man vielleicht sogar das Mobiliar von Nohant wegholt: »Es ist keinen Heller wert, aber ich liebe es.« Darum hat sie eine Stunde nach der anderen die Geschichte von Fadette abgehaspelt, dem mageren sonnengebräunten, schlecht gekleideten jungen Mädchen, das keine Koketterie kennt und so wenig weiblich ist, daß die Jungen aus der Nachbarschaft es den »Schlimmen« nennen. Eine kleine Hexe, die die magische Wirkung der Pflanzen kennt, wie Deschartres sie einst Aurore gelehrt hatte. Ein Mädchen, das von seiner Mutter verlassen worden ist, aus zu weiter Ferne von seiner Großmutter aufgezogen wurde und die Zuneigung hinausschreit, die es der Frau, die es auf die Welt gebracht hat, nicht zu entziehen vermag: »Es war stärker als ich. Meine Mutter war noch immer meine Mutter, und sie mochte sein, wie sie war, ob ich sie wiederfinde oder nie mehr ein Wort von ihr höre, ich werde sie stets mit der ganzen Kraft meines Herzens lieben.« Anklänge an Aurore in Georges Figuren. Gleichwie! Viele Jahre trennen die große George Sand des Jahres 1848 von den Verletzungen, die sie einst erlitten hat. Und ihre heutigen Nöte sind allgemein bekannt, ebenso wie ihr Leben. Denn seit dem Frühling steht George aufgrund ihrer politischen Aktivitäten im Blickpunkt der Öffentlichkeit.

In diesen frühen Morgenstunden freut sie sich, daß es ihr trotz allem gelungen ist, dieses Märchen ihrer langen Nächte so rasch fertigzustellen. Trotz ihrer Müdigkeit vor allem, die sich in schweren Migränen äußert. Sie erfindet oder erinnert sich an »volkstümliche Gegenmittel«, bindet sich ganz fest ein Tuch um den Kopf, und ihr ganzer Körper beschwert sich, daß er sich so beeilen, Seite um Seite mit ihrer damals eckigen und schrägen Schrift füllen muß. Doch in den Nächten fällt die Müdigkeit von ihr ab,

George ist nur noch Feder, nur noch Wörter, nur noch Glück, schreiben zu können, und an diesem Mittwoch, während alle noch schlafen, Glück, eine neue Hürde genommen zu haben, mit einem neuen Buch niedergekommen zu sein.

George, die Beherzte. Die Unermüdliche. Die sich zwang, zwei Monate, nachdem sie die *Bulletins de la République* – so etwas wie das *Journal officiel* der Revolution von 1848 – redigiert hatte, *Die kleine Fadette* zu schreiben. Die ihre Begabung in den Dienst der Regierung Ledru-Rollin gestellt hat, diejenige, von der ganz Paris meint, daß sie weitgehend an den Mai-Unruhen beteiligt war, daß sie mit Barbès und Blanqui heimlich plante, die Macht nach und nach in die Hände des Volkes zu legen, diejenige, welche die Dorfbewohner von Nohant und die Bürger von La Châtre »Kommunistin« nennen, diejenige, die am 29. Juli Hetzel einen Handel vorschlägt, der ihr, wie sie hofft, so viel einbringen wird, daß sie ihre finanziellen Sorgen los ist: »Ich schreibe Ihnen eine Art *Champi*, ist Ihnen das recht?« Und sie fügt hinzu: »Ich wäre angesichts der Ereignisse nicht in der Lage, etwas zu schreiben, worin meine Ideen anklingen, ohne völlige Freiheit zu haben. Ich mache also etwas, das ich auch vor einem Jahr hätte machen können. Aber Sie gestatten mir, in einer Art Vorwort zu sagen, warum ich auf Schäfergeschichten zurückgreife.«

Einen Tag niedergedrückt, den nächsten wieder fröhlich und produktiv. Nach achtzehn Jahren ununterbrochener Schriftstellertätigkeit taucht sie als andere wieder auf, versucht sich mit mehr oder weniger Glück in den verschiedensten Genres. In diesen Jahren verfaßt sie zwischen den großen Romanen regelmäßig Essays. Zügig niedergeschriebene Essays mit dem schlichten Titel *Briefe eines Reisenden*, im ganzen zwölf. In manchen berichtet sie von Reisen, in anderen behandelt sie trockenere Themen. In einem überraschend modernen Ton entwickelt sie auf dem Umweg einer Landschaftsbeschreibung, der Erinnerung an einen Freund Ideen sozialer, philosophischer oder religiöser Natur. Wenn die Schriftstellerin sich über ihre Haltung in bezug auf die Frauen, die Ehe, die Liebe äußern will, wählt sie wieder die Briefform; es sind dies die *Briefe an Marcie*. Sie möchte auch für die Bühne schreiben. Ihr erster Versuch – *Cosima* im Jahr 1840 – ist wohl ein Fehlschlag, aber die Möglichkeiten des dramatischen Ausdrucks faszinieren sie so sehr, daß sie mindestens vierundzwanzig Stücke aufführen läßt, nicht mitgerechnet die Vorstellungen des kleinen Theaters von Nohant. Was die Romane angeht, so wollte sie sich nach *Lélia* der Lyrik widmen, die ihr zwischen der Erzählkunst – die sie ja in hohem Maße beherrschte –, der Kunst des Dichters – die zu beherrschen sie sich wünschte – und der des Philosophen – derer sie sich nicht fähig glaubte – zu liegen schien. Wegen *Spiridion* führte sie solche Streitgespräche mit ihrem Verleger, daß ihr die Grenzen des Genres klarwurden. Ein sofortiger Erfolg wurde jedoch *Das Teufelsmoor*, das sie bekanntlich in vier Tagen schrieb, und *François le Champi*. Sie weigert sich kategorisch, eine Spezialistin des »bäuerlichen Romans« zu werden. Aber man muß ja von etwas leben ... und da dem Volk »seine« Revolution nicht gelungen ist, wird sie aufs neue »dem Lied des Pflügers« und der »geheimen Sprache« der Natur lauschen, an der sich jeder erfreuen kann, selbst in einer ungerechten Gesellschaft.

Der tiefere Sinn des »Schäferromans«, den sie soeben beendet hat, ist jedoch nicht mehr ganz der gleiche. Denn inzwischen hat die Revolution von 1848 stattgefunden.

»Das Jahr 1847 war das bewegteste und vielleicht das schmerzlichste meines Lebens«, schrieb sie eines Tages an den italienischen Politiker Giuseppe Mazzini. »Seit ein paar Jahren habe ich große Mühe, ich will nicht sagen, gläubig zu bleiben, denn der Glaube hat uns so viel gekostet, daß wir ihn nicht verlieren, sondern heiter ... Es ist grauenhaft, dieses Leben heutzutage.« Denn 1847 bricht um sie herum alles zusammen. Das Leben mit Chopin, das so lange vor leidenschaftlichen Ausbrüchen gefeit gewesen war, das Band zu Solange, das nach einigen schrecklichen Szenen riß. George leidet körperlich unter diesen Schlägen; im August 1847 streckt sie acht Tage lang eine so starke Migräne nieder, daß sie glaubt, einen Schlaganfall erlitten zu haben. Weitere Beschwerden kommen hinzu: »Die Eingeweide machen mir zu schaffen, und ich glaube, es ist besser, das auszuhalten, als die Reizung an einen anderen Punkt zu tragen, denn ich weiß nicht, was für ein Feind in mir umherwandert und, sobald ich ihn aus einem Organ vertreibe, ein anderes angreift.« Im September sind es »Fluxionen über Fluxionen und Fieberanfälle«. Im Oktober: »Ich glaube, die Anfälligkeit der Leber, unter der meine Familie leidet und die ich seit zehn Jahren bekämpfe, hat mich endgültig erobert. Wir tragen alle einen Feind in uns, der uns fortwährend belauert und unversehens angreift, und man ist ständig dabei, ihn abzuwehren, ohne daß man den Ausgang des Kampfes kennt.«

Der Frühling und Sommer 1847 waren reich an Dramen gewesen. Während des Winters 1846 war es noch so gemütlich gewesen in Nohant. Solange hatte sich mit Fernand de Préaulx verlobt, dem »sanftmütigen jungen Mann«, wie der Vetter von Chenonceaux im Vertrauen auf Georges Briefe sagt. In dem großen Haus, wo das Projekt »Heizanlage« noch nicht zum Abschluß gekommen war, verbrachte man die Abende gemeinsam im geheizten Salon: George, Solange und Fernand, Maurice, sein Freund Eugène Lambert, wie er Malergehilfe bei Delacroix, und die junge Augustine Brault, eine Base, die George als ihre Adoptivtochter betrachtet. In diesem Winter beschäftigen sich George und ihre »Kinder« mit Theaterspielen, wozu Chopin sie im Herbst 1846 angeregt hatte. An Silvester wird man einen *Don Juan* aufführen, eine kühne Mischung aus den italienischen Vorläufern des Stücks und der Version von Molière. Souper vor dem Feuer, Empfang der armen Leute, die kommen, um ein gutes neues Jahr zu wünschen.

Doch die häuslichen Ereignisse nehmen einen anderen Verlauf als vorgesehen. Nachdem Casimir Dudevant, der sich nach der Scheidung auf seinen Besitz Guillery zurückzog, seine Zustimmung zur Heirat Solanges mit Fernand de Préaulx gegeben hatte, lernt diese zusammen mit George den Bildhauer Jean-Baptiste Clésinger kennen. Mutter und Tochter sind begeistert. Freunde warnen George vor dem unberechenbaren Charakter und den Eskapaden des jungen Mannes. Es nützt nichts. Solange löst ihre

Verlobung. Clésinger reist Solange nach Nohant nach, begibt sich Hals über Kopf nach Guillery, um seinen zukünftigen Schwiegervater zu überreden, und drei Monate nach ihrer ersten Begegnung heiratet Solange den Bildhauer. George hat in der ganzen Sache den Rädelsführer gespielt. So als habe sie sich selbst von der Energie und dem Schwung ihres zukünftigen Schwiegersohnes verführen lassen. So als wollte sie vielleicht ein für allemal ihre widerspenstige Tochter loswerden.

Es folgen unerquickliche Wochen. Das Paar verschuldet sich. Clésinger schlägt vor, auf Nohant eine Hypothek aufzunehmen! Solange scheint mit einem aus Eifersucht auf Georges »Adoptivtochter« geschriebenen anonymen Brief ihre Maske abgeworfen zu haben: ihre Verleumdungen (Anspielungen auf eine Liaison zwischen Augustine und Maurice) hätten beinahe die von George so ersehnte Ehe hintertrieben. Am 11. Juli ist die Atmosphäre so geladen, daß es zu einer Szene zwischen Clésinger auf der einen Seite und George und ihrem Sohn auf der anderen kommt. Als Clésinger George zu schlagen droht, greift Maurice zu einer Waffe. Georges Sekretär Borie und der Pfarrer von Saint-Chartier, die an diesem Tag anwesend sind, greifen ein und trennen die Streithähne. Die Angelegenheit ist nicht mehr gutzumachen. Die Ehegatten Clésinger packen ihre Koffer – Dinge, die ihnen gehören, und andere, die sie einfach mitnehmen – und reisen nach Paris zurück.

Während dieser Zeit weilt Chopin in Paris. In den letzten zwei Jahren hat er sich immer länger ohne George dort aufgehalten. Bis dahin war sie stets ängstlich darauf bedacht gewesen, daß es ihrem »Kleinen« in der Pariser Wohnung an nichts mangele. Sie überhäufte Marie de Rozières und die Freundin Carlotta Marliani, die sich um den Square d'Orléans kümmerte, mit Empfehlungen. Daß er »sein Zimmer geöffnet, gelüftet und heißes Wasser für seine Toilette« vorfinde, daß man ihm morgens »eine Tasse Schokolade oder Bouillon« bereite, daß der polnische Koch »ein kleines Pot-au-feu und ein Kotelett« für ihn vorsehe, und da der Pianist kaum Appetit habe, »müssen Sie ihn ermahnen« . . . »Zwingen

Sie ihn, auf sich zu achten, aber sagen Sie ihm nicht, daß ich Sie auf ihn angesetzt habe.« So fürsorglich George war, so groß war auch ihre Angst, daß Chopin etwas davon merkte.

Im Lauf der Jahre mehrten sich jedoch die täglichen Unstimmigkeiten. George macht sich über Chopins Schwächen, seine aristokratische Weltfremdheit lustig: »Chopin ist ganz erstaunt, daß er schwitzt. Er ist untröstlich darüber und behauptet, er verpeste die Luft, wie sehr er sich auch waschen mag. Wir lachen Tränen, wenn wir sehen, daß ein so ätherisches Wesen unter keinen Umständen schwitzen will wie jedermann, aber erwähnen Sie das ihm gegenüber nicht, er wäre wütend darüber«, schreibt sie an Mademoiselle de Rozières, deren Koketterie und Zudringlichkeit der Musiker ohnehin verabscheut. »Wenn die Allgemeinheit, wenn auch Sie wüßten, daß er schwitzt, könnte er nicht mehr leben. Er stinkt nur nach Eau de Cologne, aber wenn wir zu ihm sagen, daß er wie Pierre Bonin, der Schreiner, riecht, flüchtet er sich in sein Zimmer, als fühlte er sich von seinem eigenen Gestank verfolgt.« Abgesehen von diesen Bosheiten tauchen wieder die Klagen hinsichtlich der krankhaften Eifersucht des Pianisten auf.

Bei der Szene am 11. Juli mit Solange erwartet sie von ihm irgendeine Unterstützung. Er schweigt, dann ergreift er die Partei der Tochter gegen die Mutter. Das geht George zu weit. Nach neun Jahren »läuft der Freund zum Feind über«. Sie beschließt, mit ihm zu brechen. Ihr Brief vom 28. Juli 1847 an Frédéric Chopin endet so: »Leben Sie wohl, mein Freund, mögen Sie von allen Krankheiten rasch genesen ... Ich werde Gott für diesen ungewöhnlichen Ausgang einer neunjährigen Freundschaft danken. Lassen Sie dann und wann von sich hören. Es ist sinnlos, auf das andere je zurückzukommen.« Gegenüber Marie de Rozières, die ihr vorwirft, entweder zu schmollen oder zu toben, wiederholt sie, daß sie völlig ruhig sei und lediglich wissen möchte, wie es Chopin gesundheitlich gehe. »Alles andere interessiert mich nicht im geringsten, und ich habe keinen Grund, seiner Zuneigung nachzutrauern.«

Solange unter den schlimmsten Umständen abgereist, Nohant

seiner Heiterkeit beraubt, der langjährige Gefährte zum Judas geworden – George hat einigen Grund, sich in ihrem gesamten Körper von »einem ich weiß nicht was für einen Feind« belagert zu fühlen. Doch ein paar Monate später kehren Zuversicht und Lebensmut zurück mit Victor Borie, dem Redakteur, den sie für den *Eclaireur de l'Indre* ausgewählt hat und den sie ihren »Tolpatsch« nennt. Er ist vierzehn Jahre jünger als sie. Vor allem engagiert sie sich erstmals politisch: George Sand wird Revolutionärin.

Um die Begeisterung zu verstehen, welche die Schriftstellerin einige Wochen lang erfüllt, muß man die 1834 an ihren Freund Rollinat gerichteten Seiten für den vierten *Brief eines Reisenden* lesen: »Du kennst mich doch, Du weißt, wenn mich etwas über die vielen verachtenswert mittelmäßigen Menschen erhebt, von denen die Welt übervoll ist, dann ist es nicht der eitle Glanz eines Namens oder das unbedeutende Talent, einige Seiten schreiben zu können. Du weißt, es ist die Leidenschaft für das Wahre, die wilde Gerechtigkeitsliebe. Du weißt, daß mich ein gewaltiger Stolz verzehrt, aber daß dieser Stolz nichts Minderes oder Verwerfliches an sich hat, daß er mich nie bewog, einen schändlichen Fehler zu begehen, und daß er mir zu einem außergewöhnlichen Schicksal verhalf. Nun, mein Freund, was fange ich an mit diesem Charakter? Wer wird auf mich hören, wer wird mir glauben? Wer wird nach meinen Vorstellungen leben? Wer wird sich auf mein Wort hin erheben und den geraden und guten Weg gehen, den, wie ich meine, die Menschheit einschlagen sollte?«

1848 wird sie einige Wochen hindurch an ihren Auftrag glauben. Den Auftrag, die Ordnung der Dinge, die Gesellschaft und die Menschen zu verändern. Einfacher ausgedrückt, der Versuch der international beachteten Intellektuellen, eine Kommunikation zwischen dem »Volk« ihres Berry und dem Volk von Paris, der Hauptstadt und der Provinz herzustellen. Während dieser ganzen Zeit weiß George, ohne den Kopf zu verlieren, daß es nicht nur darum geht, recht zu haben, sondern daß man überzeugen und verstanden werden muß.

George hatte sich schon immer für die sozialen Ideen begeistert, die Politik selbst interessierte sie weniger. Die Politik war nach Meinung der jungen Baronin Dudevant Männersache. Ein Zeitvertreib, bei dem viel geredet wurde und der Casimir behagte. Im April 1829 schrieb sie ihm: »Während Du dort herumtrabst, lauschst, wie es im Staat rumort, und vielleicht in den Salons politische Vorträge von Dir gibst (sieh zu, daß sie klarer sind als diejenigen, bei denen Hippolyte immer einschläft), während Du Dich endlich an die großen Dinge und die großen Worte wagst, bin ich ganz mit meinen Bleistiften beschäftigt.« Die Wahlen von 1830 hatten sie gelangweilt: »Man spricht nur von Wahlsiegern, von Wahlgegnern, und ständig dasselbe zu hören, betäubt einen oder geht einem auf die Nerven, wie Sie wollen. Dieses ganze Wählerpack hängt mir zum Hals und zu den Ohren heraus.« Damals wandte sie sich an ihren Abgeordneten François Duris-Dufresne nur, um ihm ein Bittschreiben zu übermitteln, und sie entschuldigte sich, daß ihr so ganz der Sinn für Politik fehle: »Ich bin zu sehr Frau (ich gestehe es zu meiner Schande), um ein wirklich überzeugter Verfechter der oder jener Doktrin zu sein.« Zu sehr Frau? ... Schon 1831 prangerte sie an, daß so manch einer Karriere und Politikmachen miteinander verwechselte: »Die Politik absorbiert alles. Sie beschäftigt jedermann, und zum jetzigen Zeitpunkt werden, wie es heißt, die Ideen von Personennamen repräsentiert. Für all das habe ich nichts übrig.« In diesen dreißiger Jahren bedeutete die Rückkehr nach Nohant, von der Öffentlichkeit vergessen zu werden, die notwendige Pause fern vom Lärm der Geschichte: »Seit ich hier bin, habe ich keine Zeitung aufgeschlagen. Ich habe die Politik gründlich satt und möchte in der Abgeschiedenheit von Nohant wieder zu mir kommen, den König und die Republik, die Heiligen, den Teufel und alles übrige vergessen. Glauben Sie mir, wir müssen sie ihre Angelegenheiten selbst entwirren lassen, wir würden ihnen nicht helfen ... Ich bin entsetzlich egoistisch ...«

Im September 1831 jedoch, vier Monate später, weinte sie über die Niederschlagung der polnischen Revolte durch die Zarenarmee: »Nun, das kommt ja wie gerufen! Wir haben zugelassen, daß

Polen zugrunde geht? Das ist niederträchtig! Aber glauben Sie, daß dem so ist? Kann eine Nation sterben?« Sie fügte jedoch hinzu, und das war ein ständig wiederkehrender Satz in jenen Jahren, sobald sie ein Thema von allgemeinem Interesse anschnitt: »Ich weiß ja, daß Frauen das nichts angeht.«

Dabei ist sie Journalistin beim *Figaro* gewesen. Sie hat sogar einen so geistreichen Artikel über die zahlreichen Vorsichtsmaßnahmen verfaßt, die Louis-Philippe gegen die Opposition getroffen hatte, daß das Blatt beschlagnahmt wurde. Aber als man sie um ihre Mitarbeit an der *Revue du Cher et de l'Indre* gebeten hatte, hatte sie sich für nicht zuständig erklärt: »Ich fühle mich nicht in der Lage, über politische Fragen zu schreiben. Dazu bedarf es einer Bildung und Urteilskraft, über die ich nicht verfüge.« Sie habe für den *Figaro* gearbeitet, sagte sie, »mehr aus Not denn aus Vaterlandsliebe«, und fühle sich außerstande, »ernsthaft über Staatsangelegenheiten zu diskutieren«. In den Zeitungen, meinte sie, »lese ich gerade nur das Feuilleton... Sie haben in mir die Richtige gefunden! Auf Ihren blöden Klüngel kann ich verzichten!... Sollte es mir je einfallen, ihm Moral zu predigen und zu belehren, soll man mich nach Charenton schicken«. Sie verwechselte damals moralische und politische Aktion, und da der Mensch nicht gut war, hatte sie es aufgegeben, ihn bessern zu wollen. »Alle Menschen sind verfressen, lächerlich und dumm. Das hat man schon vor uns entdeckt und das wird auch nach uns so bleiben.« Sie entschied sich also für den Individualismus und gegen die öffentliche Aktion.

Für kurze Zeit war sie von den drei Glorreichen des Jahres 1830 sehr angetan gewesen. Aber das Versprechen, die Monarchie zu stürzen, hatte sich nicht erfüllt. Louis-Philippe hatte Karl X. abgelöst. »Die Juli-Revolution ins Wasser gefallen, unsere Liberalen von gestern zu den Tyrannen von heute geworden, ach, mein armer Freund, welch eine Ohrfeige für unsereinen, die wir auf der Seite dieser Gauner standen! Alles, was wir zu tun haben, ist, sie sich gegenseitig beschimpfen, an den Haaren packen, im Straßenkot wälzen zu lassen und korrekt unserer Arbeit nachzugehen, ohne ihre zu beachten.« Es lebe also die Freundschaft, nieder mit der Politik!

George haßt vor allem die Gewalt. Sie war im Juni 1832 in Paris. Am 5. ging sie mit Solange im Luxembourg spazieren. Dabei geriet sie mit dem Kind in die Massen, die gegen Louis-Philippe und für seine Bestrafung demonstrierten. Sie flüchtete sich in ihre Wohnung am Quai Malaquais und beobachtete vom Fenster aus die Konfrontation. Erst danach erfuhr sie aus den Berichten über das Gemetzel im Kloster Saint-Merri, was die Schreie, die ihr solche Angst einjagten, bedeutet hatten. Bekanntlich wurden dort mehrere hundert Menschen niedergemacht. Lange Zeit hindurch, schreibt sie, ließ sie der Anblick einer Metzgerei oder rohen Fleisches das Weite suchen. Sie behielt davon eine unüberwindliche Abneigung vor jedem Versuch zurück, Ideen mit Gewalt durchzusetzen. »Ich habe die Kämpfe unter meinem Fenster gesehen, ich habe die Seine rot vom Blut gesehen, ich habe das überfüllte Leichenschauhaus gesehen, ich habe so grauenhafte Dinge gesehen, daß jedes patriotische und menschenfreundliche Gefühl in meinem Herzen erstarb. Deshalb glaube ich, daß die Menschen zur Hölle verdammt sind, daß das Böse, das sie hervorgebracht hat, sie beherrscht. Ich hasse die Könige und die nicht minder blutrünstigen Helden, die um jeden Preis die Freiheit proklamieren wollen«, und sie unterstrich wütend diesen letzten Satz.

Ihre erste Reaktion auf die Ereignisse von 1848 wird also Mißtrauen sein. Paris demonstriert. Die Nationalgarde stellt sich auf die Seite der Opposition, es kommt zur Schießerei am Boulevard des Capucines, zur Abdankung Louis-Philippes, zur Bildung einer provisorischen Regierung, die für die Republik eintritt. Es ist eine Kollegialregierung, »ein elfköpfiger Staatschef«, in der bei der Unterschrift von Beschlüssen keine Titel auftauchen außer gegenüber dem Namen Arago »vom Institut« und Albert »Arbeiter«! Am 24. Februar verkündet die Regierungsmannschaft, die sich aus einem »liberalen« Flügel und einem »demokratischen« (das heißt nicht-sozialistischen und pro-sozialistischen) der republikanischen Partei zusammensetzt, die Republik »zu wollen«.

Und diese Erklärung wird bestätigt durch den Beifall von hunderttausend Zeugen auf der Place de Grève. Eine freizügige Republik, die als erstes das allgemeine Wahlrecht einführt, die Sklaverei in den Kolonien und die Todesstrafe für politische Vergehen abschafft.

Paris vollzog fast friedlich eine Revolution und errichtete eben jenes republikanische Regime, das sich George seit Jahren gewünscht hatte, und die Schriftstellerin war fern, in Nohant! Als die Unruhen in den Straßen begannen, hatte sie zunächst um ihren Sohn Maurice gebangt, der Anfang Februar in die Hauptstadt gefahren war. Am 7. dieses Monats schrieb sie ihm einen langen Brief voll sachlicher Einzelheiten: eine Aufstellung der Wäsche und Möbel in der Wohnung am Square d'Orléans, die sie dort zurückgelassen hatte, um Chopin nicht zu begegnen, die Beschreibung eines verworrenen Traums, in dem Exkremente eine Rolle spielten, Ratschläge, wie er bei den Verlegern Geld eintreiben könnte. Als einzige politische Anspielung: einige Zeilen über die Erhebungen in Italien und ein paar Worte über Bakunin, für den sie eingetreten war: »Ich habe ihm geantwortet, wobei ich zugab, daß wir von Lumpenpack regiert werden und daß es ein großer Fehler sei, uns das gefallen zu lassen.« Die Korrespondenz dieser Tage dreht sich dann vor allem um die Vettern Villeneuve, denen sie nach Chenonceaux lange Briefe sendet, in denen sie ihren adligen Vetter über seinen Stammbaum ausfragt: Die »große Sache« für sie ist in diesem Augenblick die Niederschrift der *Geschichte meines Lebens*. Sie hat so wenig Lust, in die Hauptstadt zurückzukehren, daß sie am 16. Februar Hortense Allart erklärte: »Schreiben Sie mir also nicht mehr nach Paris, ich bin nicht dort, ich fahre nicht hin, ich habe nicht einmal mehr eine Wohnung dort«; sie möchte nur, ohne für Guizot noch für Thiers Partei zu ergreifen, »daß wir eine etwas weniger todbringende Luft atmen«. Ein anderer Brief an Maurice vom 18. Februar hat folgende Themen zum Gegenstand: Recherchen, die er in Paris über die Dienstlaufbahn seines Großvaters anstellen soll, ebenfalls für die Erinnerungen; die Mißgeschicke des Ehepaars Clésinger;

und dann einige Bemerkungen zu den aktuellen Ereignissen, wobei jedoch George nur die Meinung ihres Freundes und Sekretärs, des Tolpatsches, wiedergibt: »Borie ist völlig durcheinander bei der Vorstellung, daß es in Paris eine Revolution geben wird. Aber ich sehe keinen vernünftigen Grund in der Sache der Bankiers. Es ist eine Intrige zwischen Ministern, die stürzen, und Ministern, die nach oben wollen. Wenn man an ihrem Tisch Krach schlägt, sind nur Schläge die Folge, Morde ... ich glaube nicht, daß das Volk den Streit von Herrn Thiers mit Herrn Guizot gutheißt. Thiers ... wird den Armen auch nicht mehr Brot geben als die anderen. Darum rate ich Dir, nicht dort herumzuflanieren, denn man riskiert ohne Nutzen für die gute Sache niedergemacht zu werden.«

Alle spontanen Reaktionen Georges sind in diesem Schreiben enthalten: Verachtung für das Karrieristentum, Argwohn gegenüber den Politikern, Bekräftigung, daß die wesentliche Frage die der Verteilung der Reichtümer ist, Ablehnung der Gewalt ... Darüber hinaus will sie Maurice vor Unbill schützen, da sie weiß, daß er gern Maulaffen feilhält. »Schreib mir, was Du von ferne gesehen hast, und gib acht, daß Du nicht in eine Schlägerei gerätst, wenn es zu einer kommt, was ich aber nicht annehme.« Am nächsten Tag noch ein paar Sätze, um Geldprobleme zu regeln: Forderungen an die Verleger stellen, dem Pförtner der früheren Wohnung Trinkgeld geben, und der wiederholte Ratschlag: »Laß Dich nicht in Schlägereien hineinziehen.« Am 23. Februar ruft sie ihn nach Nohant: Angst der Mutter, in der auch die Frage der Beziehungen zwischen den nationalen Ereignissen und dem Leben in der Provinz mitschwingt, die ein wenig später so sehr George Sands Aufmerksamkeit auf sich lenken wird: »eine Revolution in Paris hätte ihre unmittelbare Auswirkung in den Provinzen und vor allem hier, wo die Nachrichten innerhalb weniger Stunden eintreffen.«

Aber bei der Nachricht von der Abdankung Louis-Philippes und der Ausrufung der Republik hält es George Sand nicht mehr in Nohant. Sie will diese historischen Ereignisse aus der Nähe erleben. Am 1. März ist sie in Paris. Am 2. erhält sie vom Innenminister Ledru-Rollin einen Passierschein, der ihr Zutritt zu allen Mitgliedern der provisorischen Regierung verschafft. Am 4. wohnt sie von einem Fenster des Außenministeriums der feierlichen Beisetzung der Februar-Opfer bei. Am 7. erscheint ihr erster *Brief an das Volk*. Am selben Tag kehrt sie nach Nohant zurück, wo sie selbst die Einführung der Republik im Berry überwachen will. Die Briefe, die sie im Lauf dieser Woche von Paris geschickt hat, wo sie Verbindung mit der neuen Macht aufnimmt, zeugen von der neuen Wende in ihrem Leben. Schnelle Billetts wegen Interventionen, um die man sie bittet, vorsichtige Andeutungen ihre Kontakte betreffend: »Ich hatte das Vergnügen, gestern mit einem illustren Freund zu Abend zu speisen, dessen Namen ich Ihnen nicht zu nennen brauche ... Ich bin im Ministerium gewesen. Ich habe die Listen gesehen, alle Ausschüsse, ohne Ausnahme, waren vergeben ...« Sie schreibt jedoch ausführlicher an die Vettern von Chenonceaux, erklärt ihnen behutsam, daß sie das neue Regime nicht zu fürchten brauchten: »Ich hoffe, Ihr seid darob weder bekümmert noch beunruhigt ... Das Volk zeigte viel Mut und Milde. Die Macht besteht im allgemeinen aus unbescholtenen anständigen Männern. Ich habe mich mit eigenen Augen davon überzeugt, denn ich bin mit mehreren von ihnen sehr eng befreundet.«

Welche Freude für die Schriftstellerin! Sie pendelt zwischen Paris und Nohant hin und her, verweist die materiellen Probleme auf den ihnen gebührenden Platz. Sie kündigt Augustine ihre Heimkehr an: »Ich benötige nur meine Milch und mein frugales Essen jeden Abend. Eine Wasserkugel in meinem Bett, eine Wärmflasche auf dem Feuer, das ist alles.« Sie hat ihre Lebensfreude wiedergefunden, fühlt sich gesund. »Ich laufe stets, und es geht mir gut, trotz der Müdigkeit und des wenigen Schlafs ... Alle meine körperlichen Beschwerden, all mein persönlicher Kummer sind vergessen. Ich lebe, bin stark, bin aktiv, bin nicht älter als zwanzig ...« In Paris wohnt sie nicht in der Wohnung am Square d'Orléans Nr. 3, die sie in der Nähe von Chopin gemietet hat. Sie quartiert sich in der Rue de Condé in Maurice' kleiner Wohnung ein. Voller Stolz schreibt sie an ihren Sohn, der ins Berry zurückgekehrt ist: »Ich bin noch immer in deiner Bude und bleibe vielleicht auch hier. Es ist eine Einsparung.« Sie kann nicht umhin hinzuzufügen: »Die provisorische Regierung kommt mich trotzdem besuchen.«

George hat das gewiß richtige Gefühl, sich im Zentrum der Geschichte zu befinden, die nun gemacht wird. »Ich sehe täglich unsere Regierenden«, schreibt sie an Augustine. Ihren Vettern Villeneuve vertraut sie an: »Ich weiß besser als jeder andere, was in Regierungskreisen und in den Vororten vor sich geht.« Es stimmte. Da sie mit Ledru-Rollin, für den sie die offiziellen Texte schreibt, und mit Louis Blanc, den sie seit Jahren kennt und liebt, befreundet war, ging sie in beiden Lagern der Koalitionsregierung ein und aus. Inmitten der Dinge, die nun im Entstehen sind, nimmt sie ihren Platz ein. Man könne sie, schreibt sie an Delacroix, um die Mittagszeit im Pinson, einem Restaurant in der Rue de l'Ancienne-Comédie, antreffen. Ansonsten arbeitet sie und nimmt in ihren Texten kein Blatt vor den Mund. Ihr Engagement fußt auf einigen profunden Überzeugungen. Zunächst soll das Volk seinen Nutzen aus den Veränderungen haben. Die Reichen müssen ihre Privilegien aufgeben, die Armen müssen bessere Lebensbedingungen erhalten. Um das zu erreichen, denkt George, benötigt man in den verschiedenen Gesellschaftsschichten die größtmögliche Anhängerzahl und noch dringender in den fernen, schlecht informierten Provinzen, wo man sich vor jeder größeren Veränderung fürchtet. Die Forderung nach sozialer Gerechtigkeit sowie eine bessere Kommunikation in einer Gesellschaft, deren krasse Unterschiede sie kennt, sind also George Sands Triebfeder bei ihren Aktivitäten.

Über das Thema soziale Gerechtigkeit entstehen mehrere Schmähschriften: »Ein Wort an den Mittelstand« am 3. März 1848, *Briefe an das Volk* mit dem Titel »Gestern und heute« am 7. März, »Heute und morgen« am 18. März, »An die Reichen« am 12. März 1848. Um die Dorfleute wie die des Kirchspiels Nohant-

Vicq zu überzeugen, läßt sie einen Landpfarrer, den sie Blaise Bonnin nennt, sprechen, und seine Predigt wird zur »Geschichte Frankreichs, geschrieben nach dem Diktat des Blaise Bonnin«. Sie gründet eine Zeitung: *La Cause du peuple* und bittet in einer langen Einführung die Leser, sich in der Wahlzeit nicht gehen zu lassen, sich nicht nur für die Personen zu interessieren: sie müssen über »Prinzipien« diskutieren. Mißtrauisch gegenüber jedem Sektierertum, bemüht sie sich unverdrossen, »Schule« zu machen und für die Pädagogik der Revolution zu kämpfen. *La Cause du peuple* erscheint dreimal, am 9., am 16. und am 23. April 1848. Gleichzeitig schreibt die Schriftstellerin noch andere Texte, aber sie tragen nicht ihre Unterschrift. Es sind – zumindest teilweise – die *Bulletins de la République*, welche die Übergangsregierung Tag für Tag veröffentlicht und die an alle Gemeinden Frankreichs zum Anschlag und zur öffentlichen Lektüre verschickt werden.

In einem Brief an ihren Sohn Maurice, der inzwischen zum Bürgermeister von Nohant-Vicq ernannt worden war, hat sie ihren Beitrag zur Regierungsarbeit auf amüsante Weise kommentiert: »Mein Bouli, ich bin so beschäftigt wie ein Staatsmann. Heute habe ich schon zwei Regierungsrundschreiben verfaßt, eines für das Ministerium für Öffentlichkeitsarbeit und eines für das Innenministerium. Das Lustige dabei ist, daß sich alle diese Schreiben an die Bürgermeister wenden und daß Du also auf dem Dienstweg Anweisungen Deiner Mutter erhalten wirst, mein Herr Bürgermeister! Du wirst also die Vorschriften befolgen und jeden Sonntag vor Deiner versammelten Nationalgarde die *Bulletins de la République* verlesen. Wenn das *Bulletin* vorgelesen ist, wirst Du es erklären, und wenn das geschehen ist, wird es an der Kirchentür angeschlagen. Die Briefträger sind angewiesen, diejenigen Bürgermeister zu melden, die diesen Anweisungen nicht Folge leisten.« Für diesen Bürgermeister ein wenig wider Willen, der sich für sein Amt nicht begeistern kann, fügt sie ein paar praktische Ratschläge hinzu, die gar nicht dumm sind: Sie mißbilligt Maurice' Idee, Vicq von Nohant zu trennen, und geht dabei auch auf die für die französische Politik so wichtige Frage der

Größe der Gemeinden ein: »Diese Rivalität muß abgebaut und nicht gefördert werden. Das gilt jedoch nicht für die abgelegenen kleinen Gemeinden, sie könnten ohne einander nicht die für eine gute Verwaltung nötigen Mittel aufbringen. Das ist wie bei einem Haushalt, der doppelt so viel kostet, wenn sich zwei Menschen trennen.« Vor allem legt sie ihm nahe, sorgfältig seine Nachfolge vorzubereiten, indem er die Beziehungen mit den Wählern pflegt: »Du wirst gut daran tun, Dich beliebt zu machen ... damit man auf Dich hört, wenn Du Deinen Nachfolger vorschlägst. Überlege Dir auch vorher, wer dieser Nachfolger sein soll und ob er Dir als würdig, fähig und der öffentlichen Sache ergeben bekannt ist.«

Von nun an wird George der politischen Entwicklung in ihrer Gegend ihr Augenmerk schenken. Indem sie den einen ermutigt, sich für die Abgeordnetenwahl aufstellen zu lassen, es bei einem anderen verhindert und nach Möglichkeit ein Auge auf die Nominierung eines Präfekten oder lokaler Verwaltungsbeamter hat. Während der unruhigen Wochen im Frühling 1848 ist das Berry für sie eher eine Gelegenheit zu testen, wie populär die in Paris getroffenen Maßnahmen sind, und auch sich einen Eindruck von der unvermeidlichen Diskrepanz zwischen den von den Erneuerern in der Hauptstadt verteidigten Ideen und dem mißtrauischen Abwarten des ländlichen Frankreichs zu verschaffen. Um diese Kluft zu verringern, wird die Schriftstellerin politisch aktiv. Sie argumentiert, maßregelt, ermahnt. Sie schreibt und schreibt.

Sie ist sich über die Bedeutung der zunächst auf den 9. festgelegten, dann auf die Bitte Blanquis und der »Sozialisten«, die einen geringen Stimmenanteil in der schlecht informierten Provinz befürchten, auf den 23. April verschobenen Wahlen durchaus im klaren. »Die Republik«, schreibt Sand für den Mittelstand, »wird nur freie, rechtlich gleichgestellte Menschen haben.« Aber das Instrument für dieses Recht fußt auf einer richtigen Vertretung der verschiedenen gesellschaftlichen Gruppen, besonders der unteren Schichten. Darum schlägt George Sand bereits in ihrer ersten Schmähschrift vom 3. März vor, daß jedes Departement zumindest einen Arbeiter und einen Bauern als seinen Vertreter wahlt. Denn Achtung: Wenn eine solche Aufteilung nicht zu erreichen wäre, könnte das Volk auf andere Weise sich die Macht erobern, die man ihm verweigerte – »warum den Löwen reizen, der zum Menschen geworden ist? Man würde ihn nicht lange täuschen.« Alle ihre Briefpartner bestürmt sie in diesem Sinn. An Frédéric Girerd schreibt sie am 8. März: »Suche sorgfältig einen oder zwei Männer aus dem Volk für die Kandidatur. Einen Arbeiter und einen Bauern. Es ist unmöglich, daß sich nicht in jedem Departement zwei solche Männer finden lassen. Sie brauchen keine großen Redner zu sein, aber sie müssen die Dinge begreifen, müssen Vertrauen haben zu einem der Abgeordneten ihrer Gegend, der sich von ihren Bedürfnissen und ihrem praktischen Verstand inspirieren läßt.« Charles Duvernet berichtete in seinem *Tagebuch* über den Kreuzzug seiner Freundin George: »Wir haben genügend Rechtsanwälte und Gelehrte, heiße es. Schickt uns Kittel.«

Die *Briefe an das Volk* enthalten, wie man sich denken kann, in poetischen Formulierungen das hundertfach wiederholte Bild vom Auftrag des kranken Körpers der Nation. »Süß wie die Stärke! O Volk, wie stark bist du, da du so gut bist.« Das Volk ist Christus, »König der Opfer« ... Die Briefe, die sie in diesen Tagen an ihre Freunde sendet, sind weniger hochtrabend, haben aber alle dasselbe Thema zum Gegenstand: »Das Volk von Paris ist so gut, so langmütig, seiner Sache so gewiß und so stark, daß es selber seiner Regierung hilft«, schreibt sie an den Arbeiterdichter Poncy, dem sie zuredet, sich in Toulon zur Wahl zu stellen.

Das Wahlergebnis war für George eine Enttäuschung. Die Kandidaten, auf die sie gesetzt hatte, waren nicht angetreten oder nicht gewählt worden, und die Kammer zählte nur vierunddreißig Arbeiter und sechzehn Landwirte. In den Wochen des Wahlkampfs zeichnete sich immer deutlicher das zu erwartende Ergebnis ab. Am 24. März vertraute die Schriftstellerin ihrem Sohn an: »Die Regierung und das Volk rechnen mit schlechten Abgeordneten und gehen darin einig, daß sie sie zum Fenster rauswerfen ... Man setzt alles aufs Spiel, aber es geht um die Entscheidung.« In allen Revolutionen stellt sich dieselbe Frage: Wann soll das Recht der Straße der Entscheidung der Urnen den Vorrang lassen? Welches ist die Quelle der Gesetzlichkeit? George beschränkte sich jedoch nicht darauf, mit ihrem Sohn darüber zu plaudern. Bei ihr fanden – vorbereitet oder spontan nach offiziellen Treffen? – »geheime Zusammenkünfte« statt, wie sie sie nannte. Dabei schätzte man die Möglichkeiten einer Demonstration ab, man fürchtete nämlich, daß Blanqui daraus links Nutzen ziehen würde. In einem fünfseitigen Papier hielt George eine »Geplante Regierung für die zweite Republik« fest. Zur gleichen Zeit lieferte sie dem Innenminister das *Bulletin de la République* Nummer 16. Es erschien am 15. April. Am 16. kam es zu einer Volksdemonstration und einer Gegendemonstration für die Regierung. Erst sehr viel später wird man von dem Einfluß dieses berühmten Bulletins Nummer 16 sprechen, und zwar am 16. Mai, als die Menschenmassen in die Kammer eindrangen, was eine harte Bestrafung nach sich zog: Albert, die Hauptperson der Übergangsregierung, Barbès, Leroux und andere wurden festgenommen. Gegen Louis Blanc wurde brutal vorgegangen. George Sand kehrte am 18. Mai nach Nohant zurück. In der Hauptstadt wurde gemunkelt, daß sie die Menge während der Demonstration in der Nationalversammlung angefeuert hätte. Sie wies diese Anschuldigung weit von sich; hingegen gab sie offen zu, daß ihr Bulletin Nummer 16 vielleicht dafür verantwortlich war! Wobei freilich der Zufall eine große Rolle gespielt hatte. Die Bulletins mußten nämlich von engen Mitarbeitern des Innenministeriums durchgesehen werden. Zufällig war die Nummer 16 dieser Kontrolle entgangen, und Georges Text erschien unverändert auf den Aushängen der Republik.

Was enthielt also dieses »Bulletin«? Einmal mehr schneidet George Sand das Problem der »wahren« Volksvertretung an. Damit verbunden eine Drohung: Wenn die Wahlen »der gesellschaftlichen Wahrheit nicht zum Sieg verhelfen ..., gibt es nur einen Ausweg für das Volk, das auf die Barrikaden gegangen ist, nämlich ein zweites Mal seinen Willen kundzutun und die

Entscheidungen einer falschen nationalen Vertretung einzubeziehen«; und als Gegenthese: »Bürger, ihr dürft euch nicht dazu hergeben, das Prinzip eurer Souveränität zu verletzen.« Die Schriftstellerin war fälschlicherweise in der Menge des 15. Mai erkannt worden. Ihre Feder hingegen zu Recht in den Schriften, die bereits vor der Wahl die Rechtmäßigkeit der künftigen Regierung in Zweifel zogen. Ihre Feinde machten sich natürlich den Text des »Bulletin« Nummer 16 zunutze. Ein 1848 erschienener kleiner Band faßt die fünfundzwanzig Nummern dieser Veröffentlichung zusammen. Das Vorwort ist nicht gezeichnet. George Sand wird darin heftig angegriffen. Zweifellos macht der anonyme Verfasser Ledru-Rollin für die Einsetzung der Kommissare der Republik, ihre Rolle und ihren Mißerfolg bei der Vorbereitung der Wahl vom 23. April 1848 verantwortlich. Wenn es aber um die Texte selbst geht, schreibt er: »Man erkennt darin ohne Mühe die Ideen, den Stil und die Handschrift eines berühmten Blaustrumpfs, der sich seit einigen Jahren der Verteidigung seines Geschlechts widmet; jede Zeile verrät die Verfasserin von *Lélia* und *Valentine*, George Sand nimmt darin einen Lehrstuhl für weibliche Moral ein.«

Das Bild einer skandalumwitterten George Sand hatte sich schon vor langer Zeit in den Köpfen ihrer Zeitgenossen eingenistet. Nun zeigt sie sich gefährlich. Sie vertritt die revolutionäre Agitation und ist eine Theoretikerin der zerstörerischen Ideen des »Kommunismus«. Sie wehrt sich gegen die Beschuldigung, indem sie die Ankläger verspottet. Eigenartig übrigens der Text ihres »Briefes an die Reichen« vom 12. März 1848. Er beginnt – ein Zufall – mit denselben Worten wie Karl Marx' Kommunistisches Manifest von 1848. Man kennt die berühmten Sätze: »Ein Gespenst geht um die Welt: das des Kommunismus ...« Bei George Sand heißt es: »Die große Furcht oder der große Vorwand der Aristokratie zu dieser Stunde ist die kommunistische Idee. Könnte man in einer so ernsten Zeit lachen, wäre dieses Entsetzen angetan, uns zu erheitern. Unter dem Wort Kommunismus versteht man das Volk, seine Bedürfnisse, seine Ziele. Verwechseln wir nicht: das Volk ist das Volk; der Kommunismus ist die verketzerte und unverstandene Zukunft des Volkes.« Eine einfache Retourkutsche oder eine Warnung?

Jedenfalls traf der Verfasser des Vorworts zu den *Bulletins de la République* daneben, als er George Sand die Absicht unterstellte, einen »Lehrstuhl für weibliche Moral« einzunehmen. Dieser Angriff kann nur eines beweisen: daß der Vorwurf des Frauenrechtlertums höchst geeignet war, dem Ruf der Romanschriftstellerin zu schaden. Denn George Sand ist weit davon entfernt, sich auf diesem Gebiet zu engagieren. Am 8. April hat sie den Zeitungen *La Réforme* und *La vraie République* ein Dementi betreffend ihre Kandidatur für die Nationalversammlung gesandt. Zwei Tage vorher hatte Eugénie Niboyet in *La Voix des femmes* folgenden Vorschlag veröffentlicht: »Wir wollen die Sand aufstellen. Die erste in die verfassungsgebende Versammlung berufene Frau müßte von den Männern akzeptiert werden. Sand ist ihnen nicht ähnlich, aber ihr Genie verblüfft sie, und als großartige Träumer erweisen sie ihr vielleicht die Ehre, ihr Genie männlich zu nennen. Durch ihren Geist ist sie zum Mann geworden, in ihrer Mütterlichkeit ist sie Frau geblieben. Sand ist mächtig und erschreckt niemanden. Sie ist es, die man aufgrund des Wunsches aller (Frauen) zur Wahl aller (Männer) aufstellen muß.«

George antwortet trocken:

»1. Ich hoffe, daß kein Wähler seine Stimme verlieren möchte, indem er sich einfallen läßt, meinen Namen auf seinen Zettel zu schreiben.

2. Ich habe nicht die Ehre, eine einzige der Damen zu kennen, die Klubs bilden und Zeitungen abfassen.

3. Die Artikel in diesen Zeitungen, die vielleicht mit meinem Namen oder mit meinen Initialen signiert sind, stammen nicht von mir.

Ich bitte diese mir wohlgesinnten Damen um Verzeihung, daß ich mich gegen ihren Eifer vorsehe.

Ich gedenke nicht, im voraus gegen die Ideen zu protestieren, die diese oder irgendwelche anderen Damen unter sich diskutieren, aber ich kann nicht zulassen, daß man mich ohne meine Zustimmung als Aushängeschild einer Frauengruppe nimmt, mit der ich nie die geringste angenehme oder ärgerliche Beziehung gehabt habe.«

Einige Tage später schlägt das Zentralkomitee, das im Namen der Linken die Kandidaten aufstellte, vor, auch George zu nominieren. Die Schriftstellerin bereitet eine Absage vor. Die Kandidatur war zweifellos unmöglich, da Frauen weder wahlberechtigt noch wählbar waren. Doch das hält George nicht zurück. Es ist das »Prinzip« einer weiblichen Kandidatur als solches, gegen das sie angeht. Eine weitschweifige Beweisführung, der im wesentlichen folgende Idee zugrunde liegt: Die Frau wird sozial unterlegen sein, solange sie in der Familie rechtlich nicht gleichgestellt ist. Sie kann einen politischen Auftrag in aller Unabhängigkeit nur dann ausführen, wenn sie sich von der ehemännlichen »Bevormundung« löst, unter der sie nach dem Code Napoléon steht. Die sozialistische Republik soll sich zuerst mit einer Ehereform befassen und die Eheleute zu gleichberechtigten Partnern machen. »Wenn die Frage laut wird, wie eine eheliche Gemeinschaft bestehen kann, in welcher der Ehemann nicht der absolute Herr und Richter und Partei letzter Instanz ist, dann wäre das so, als stellte man die Frage, wie ein freier Mann auf einen Meister und die Republik auf den König verzichten kann.« Nach ihrer Meinung kann man die bestehende Ordnung nicht umwerfen: »Ihr Frauen, die ihr gleich zu Beginn politische Rechte ausüben möchtet, vertut nur eure Zeit. Euer Haus brennt, eure Hausgemeinschaft ist in Gefahr und ihr werdet euch Spott und öffentlichen Beleidigungen aussetzen.« Da George schon seit beinahe zwanzig Jahren wegen ihres freien Lebens und ihrer ehrlichen Schriften angegriffen wird, weiß sie, wovon sie spricht. Sie erklärt sich »solidarisch« mit den Frauen der Klubs gegen die »Spötter«, aber mehr als alles fürchtet sie, daß der ganze Kampf für die Frauen ins Lächerliche gezogen wird.

Diese Warnung, die George Sand an ihre Zeitgenossen richtet, wurde als überraschend und schockierend empfunden. Sie ist noch erstaunlicher, wenn man bedenkt, wie aktiv die Schriftstellerin an der Bewegung von 1848 teilgenommen hat. Sie wird jedoch von diesem Standpunkt nie abweichen. Außer ihren eigenen Argumenten zu der Frage, daß die bürgerlichen Rechte den politischen vorangehen müssen, sind für uns zwei Züge der Schriftstellerin interessant, die dieses Vorgehen erhellen.

George Sand ist schüchtern. Doch plötzlich verliert sie jede Angst vor dem Skandal und entwickelt Anschauungen, die ihren Zeitgenossen unannehmbar erscheinen. Dabei hat sie immer geschrieben, wie schwer es ihr fiel, vor Publikum zu sprechen, und welch lähmende Angst vor ihren Gesprächspartnern sie erfaßte. Zu manchen Zeiten in ihrem Leben weist sie jeden Besucher ab, denn die Vorstellung, ihre »Menschenscheu« ablegen zu müssen, versetzt sie in Panik. Es gibt unzählige Anekdoten, die belegen, daß sie nicht in der Lage ist, vor einem Unbekannten ein Wort hervorzubringen, und eine Zigarette anzündet, um nicht sprechen zu müssen. Sie meidet Begegnungen, um nicht während einer Unterhaltung »dumm« zu erscheinen. Sie sagt, sie interessiere sich für Mode nur aus Angst aufzufallen, wenn sie es nicht täte. Daß diese empfindsame Person mehr als alles andere Scherze und Spötteleien fürchtet, erstaunt uns deshalb nicht; und wenn man weiß, daß die stärkste Waffe der Antifeministen stets war, die Bemühungen ihrer Gegner ins Lächerliche zu ziehen, versteht man, daß George zwar bereit war, für eine Idee zu kämpfen, jedoch um keinen Preis den Eindruck erwecken wollte, kleinlich oder maßlos zu sein.

Bleibt noch Georges »Weisheit«. Für sie ist Politik zweckgebunden. Was sie mehr interessiert, das sind die Prinzipien, die es zu verteidigen gilt. Aber realistisch wie sie ist, weiß sie, daß man akzeptiert werden muß; sie sieht die zahlreichen Unterschiede, die zwischen den Pariser Zirkeln, La Châtre und seinen Bourgeois und Nohant und seinen Bauern bestehen, sehr genau. Welchen »Zweck« hätte eine provokante, unrechtmäßige und im voraus zur Erfolglosigkeit verurteilte Kandidatur? Sie zieht politisches Handeln mit Hilfe der Feder vor, der berühmten Feder ihrer Bücher, der kämpferischen Feder ihrer Schmähschriften, der überzeugenden und ganz persönlichen Feder ihrer Korrespondenz.

Voller Bitterkeit wird sie drei Monate später wieder daran denken müssen. Vorüber die fröhliche Revolution. Die Junitage bildeten ihren blutigen Abschluß. Geschlossen die nationalen Werkstätten, die Arbeit für alle versprachen. Die kämpferischen Arbeiter sind festgenommen. Unter den Exilanten Louis Blanc und Barbès.

Es ist Armand Barbès, an den George nach einer Nacht am Schreibtisch am 23. August 1848 »*Die kleine Fadette*« adressiert. Diese Geschichte sei für seine »lieben Gefangenen, da es uns verboten ist, mit ihnen über Politik zu sprechen, können wir nur Märchen schreiben, um sie abzulenken oder einschlafen zu lassen. Dieses hier widme ich insbesondere Armand«. In dem Vorwort, das diese Widmung enthält, bringt George ihre Trauer zum Ausdruck: »Die Menschen sind schlechter geworden, wir ebenso wie die anderen. Die Guten sind schwach geworden, die Schwachen Memmen, die Memmen niederträchtig, die Großzügigen vermessen, die Skeptiker verdorben, die Egoisten mitleidlos ...«

Und als ihr Gesprächspartner sie fragt: »Und wir, was sind wir geworden?« erwidert sie: »Wir waren traurig, jetzt sind wir unglücklich.«

In Nohant traf sie Maurice, Vincent Borie und noch ein paar andere an. Sie spielen Theater und denken sich, da die Schauspieler der vorangegangenen Saisons nicht mehr verfügbar sind, Stücke für Marionetten aus. Auch wenn die Bauern vor den Fenstern des Schlosses »Nieder mit den Kommunisten« schreien, setzt George sich in der Berrichonner Umgebung bald wieder durch. Sie wird versuchen, ihren großen Musiker zu vergessen. Sie wird versuchen, Solanges Besuche und Auftritte zu unterbinden. Sie wird ihre Nächte damit verbringen, die *Geschichte meines Lebens* zu schreiben. Sie wird an den »schönen Traum von einer brüderlichen Republik« denken. Zum Glück hat sie ihre »Hütte«: »Die Welt ist nur noch ein Tollhaus, und ich danke Gott jeden Tag dafür, daß ich Nohant habe, um all das zu vergessen.«

6

Dienstag, 1. Juni 1858

»Tannen und Steineichen sind in meinem Kopf gewachsen, und ich habe zwei Monate Zeit, um die Arbeit von vielleicht zwei Jahren zu machen!«

»Jetzt im Alter habe ich eine unbändige Lust zu lernen, denn ich habe mein Leben lang nichts gewußt und für nichts Zeit gehabt.«

Radierung.
Sammlung T. Cl. Françoise Foliot.

George wird bald vierundfünfzig ... Heute, am 1. Juni 1858, genießt sie es, dem Alltag von Nohant den Rücken zu kehren und nach Gargilesse zu fahren, ein Dorf an der nahe gelegenen Creuse. Je älter George wird, desto weniger hält es sie an einem Ort. Fortwährend hat sie das Bedürfnis, sich aller Fesseln zu entledigen. Nohant ist für sie eine schwere Bürde mit all dem Gesinde, den Gästen, Besuchern, Leuten, die etwas von ihr wollen, und der täglichen Korrespondenz. Von Zeit zu Zeit betrachtet sie das flache Berry mit völlig fremden Augen. »Seit ich auf der Welt bin, wird mir beim Anblick der Kalkebenen und des kümmerlichen Pflanzenwuchses warm, aber wehmütig ums Herz.« Ihre Gesundheit, denkt sie, leidet »in dieser milden Luft, die wir einatmen.« Und außerdem ist Nohant »Eigentum«. George hat weder für den Besitz noch für die Besitzenden etwas übrig. »Ich hasse das Grundeigentum, höchstens daß ich am Haus und am Garten hänge. Die Felder, die Ebene, das Heidekraut, alles, was flach ist, langweilt mich tödlich, vor allem wenn dieses Flache mir gehört, wenn ich mir sage, das ist mein, das bin ich gezwungen zu haben, zu behalten, mit Dornen zu umgeben und die Herde eines armen Mannes daraus zu vertreiben.«

Gestern, vorgestern vielleicht hat George einen Brief an ihren Freund Ernest Périgois begonnen. Für ihn schreibt sie diese Zeilen, damit er sein Exil mit weniger Bitterkeit hinnimmt. Das Attentat Orsinis am 14. Januar 1858 hatte zahlreiche Repressionen zur Folge gehabt. Sie galten vor allem den Republikanern von 1848, die vom Zweiten Kaiserreich als »gefährlich« eingestuft wurden. Einer von ihnen war Périgois. Zunächst in Châteauroux eingesperrt, mußte er Frankreich verlassen. George, deren Energien und freundschaftliche Gefühle wieder erwacht waren, bemühte sich mit einer an ihr ganz neuen Hingabe, Mittel und Wege zu finden, damit sich dieser Freund und dessen Familie in Piemont niederlassen könnten. Périgois zögerte. Daraufhin rühmt George die Schönheiten Norditaliens, besonders des Alpenmassivs, das sie auch mit der Gebirgslandschaft der Creuse vergleicht; für den »Berrichonner der Ebenen« ist die nahe Creuse eine Einladung, die Gipfel zu erklimmen: »Die guten Bürger und jungen Dichter unserer Kleinstädte gehen hin, um diese Felsen zu sehen, und glauben dann in ihrer Naivität, daß die Alpen und die Pyrenäen ihnen nichts Neues mehr bieten können.« George ist also in Gargilesse, »Villa Manceau«, schreibt sie in hübscher Schrift über den Brief an Périgois.

»Wir haben zu Gargilesse eine heftige Zuneigung gefaßt. Es ist ein Paradies...« Alle ihre Briefpartner des vergangenen Jahrs haben solche begeisterten Briefe erhalten. Manceau, seit acht Jahren ihr Freund, hat dort vor kurzem ein winziges Häuschen erstanden. Für sich, für sie. Ein Puppenhaus. Ein Häuschen für ein sittsames Liebespaar. Der nicht sehr begüterte Graveur hat sein ganzes Geld in diesen Erwerb gesteckt, fast nichts, aber für »Madame«, wie er George in seiner Agenda nennt, ein königliches Geschenk. Die Schriftstellerin amüsiert sich darüber, daß er auf diesen Besitz so stolz ist. »Manceau hat seinen Anwalt, Manceau hat sein Grundstück, Manceau ist Eigentümer, Manceau sagt ›mein Haus, meine Mauer, mein Hof, mein Felsen, mein Bach‹. Er hat in Gargilesse eine Hütte gekauft, und ich möchte das gleiche tun, sobald ich kann.« Seither kommen beide, so oft es ihnen möglich ist, selbst im tiefsten Winter (sie haben im Januar einige Tage dort verbracht, umgeben von unendlichem Eis, das George an den *Homme de neige* erinnerte, den sie damals schrieb), vor allem jedoch im Frühling, wenn die Wärme in diesem Talkessel die Schriftstellerin glauben läßt, sie sei in Italien.

»Sahara-Hitze« an diesem Morgen. Das in der Schlucht am Fluß gelegene Häuschen ist jedoch kühl. George hat sich in dem

Zimmer, das im hinteren Teil des Hauses für sie eingerichtet wurde, an ihren Tisch gesetzt. Von hier aus erblickt sie dieselbe Landschaft wie in den Mondnächten von ihrem Bett aus: alles ist klein in Gargilesse. »Von meinem Bett und von meinem kleinen Arbeitstisch aus schaue ich zu einem Fenster hinaus, das nicht größer ist als eine Scheibe unserer Fenster in Nohant, und genieße dabei einen Ausblick, der eigentlich keiner ist. Ich schaue auf ein Gewirr von Bäumen, Gesträuch und schwarzen Ziegeldächern, hinter denen am Horizont Felsen aufragen, die von sehr altem Waldbestand gekrönt werden.« Um sie herum unzählige Papierblätter. Bedeckt mit ihrer seit ihrem fünfzigsten Lebensjahr runden Schrift. Zwei Jahre vorher hatte sie gemerkt, daß ihre geneigte, eckige Schönschrift sie anstrengte. Daraufhin gewöhnte sie sich an, runde, gerade, wohlgesetzte Buchstaben zu schreiben: zweihundertfünfzigtausend Zeichen für den Roman *Thérèse* oder *Sie und Er* – sie hat sich noch nicht entschieden –, den sie vorgestern beendet hat und im Schatten des kleinen Hauses noch einmal durchliest.

Marie Caillau – sie sagt Bélie –, die Köchin von Nohant, ist diesmal mitgekommen, um sie zu versorgen. Aber das Paar nimmt seine Mahlzeiten in der Dorfherberge, dem Hotel Malesset, ein, und »Bélie langweilt sich ein wenig, weil sie nichts zu tun hat«. Heute morgen ist sie um sechs Uhr losgegangen, um vom Boot aus in der Creuse zu fischen. Manceau ist draußen geblieben; er sortiert seine Raupen und zeichnet sie in sein Album. Es herrscht absolute Stille. George liest gerade den Schluß des 6. Kapitels: »Laurent, bleich, verbittert, abwechselnd ironisch und wütend, mit zerzaustem Haar, zerrissenem Hemd und blutiger Stirn war so erschreckend anzusehen und anzuhören, daß Thérèse spürte, wie sich ihre ganze Liebe in Abscheu verwandelte.« George hebt den Kopf. Ihr Blick gleitet zu dem dunklen Wald auf der anderen Flußseite. Sie überlegt einen Augenblick, zögert zu schreiben: Laurent-Alfred, Genua und Venedig. Alfred ist im vergangenen Jahr gestorben. »Laurents Fröhlichkeit ergötzte Herz und Sinne wie sein Talent«, heißt es im Manuskript. Alfred ist tot. Paul de Musset hat von George die Briefe zurückgefordert, die Alfred an seine Geliebte geschrieben hat. Sie hat keine Eile. Die Übergabe kann warten. Der Freund Gustave Papet hatte die Briefe in Verwahrung gehabt. Sie hat sie sich wohl Anfang 1858 zurückgeholt und noch einmal gelesen. Damals beendete sie gerade zwei Romane: *Les Beaux Messieurs de Bois-Doré* und *Homme de neige*. Ist es die Lektüre dieser Briefe, die sie dazu bewegt, einen weiteren Roman zu schreiben, »den ich kurz zu halten versuchen werde«? Sie beginnt ihn am Ufer der Creuse während ihres zweiten Aufenthalts im Jahr 1858 in Gargilesse vom 26. April bis 3. Mai. Am 29. notiert sie in ihre Agenda: »Ich beende meinen Roman *Thérèse: Sie und Er,* begonnen am 4. Mai, sechshundertzwanzig Seiten in fünfundzwanzig Tagen. Da habe ich mich schön ins Zeug gelegt.«

George liest weiter. Mechanisch. Legt ein Blatt aufs andere, korrigiert, streicht. Eliminiert im Manuskript *Indiana* Adjektive, wie Musset es tat, mit Bleistift. Souverän gibt George diese von Leidenschaft erfüllten Tage und Wochen der Jahre 1834, 1835 wieder, die ihr soviel Kummer bereitet hatten. »O meine blauen Augen, ihr seht mich nicht mehr an! Du schöner Kopf, ich werde dich nicht mehr über mich gebeugt und von einer süßen Wehmut verschleiert sehen. Mein kleiner geschmeidiger warmer Leib, du wirst dich nicht mehr auf mich legen wie Elisa auf das tote Kind, um mich wieder zum Leben zu erwecken... Leb wohl, mein blondes Haar, lebt wohl, meine weißen Schultern, leb wohl alles, was ich liebte, alles, was mein war. In meinen von Sehnsucht erfüllten Nächten werde ich jetzt die Stämme der Tannen und die Felsen in den Wäldern umarmen und Ihren Namen dabei schreien, und wenn ich von der Lust geträumt habe, werde ich ohnmächtig auf den feuchten Boden sinken.« Das war im November 1834. Schamlose Seiten des intimen Tagebuchs... Die beiden Liebenden nahmen sich und lösten sich voneinander.

Einige Tage zuvor, am 11. Mai, vertraut die Schriftstellerin ihrem Freund Émile Aucante, den sie als eine Art literarischen Agenten benutzt, an: »Kurz, es geht um folgendes: zwei Liebende, die zuerst Freunde sind, dann Feinde und dann Freunde und dann Liebende und dann gleichgültig etc. Alle Phasen einer Leidenschaft, die nicht glücklich ist, mit genügend Feuer geschrieben, um zu interessieren, und mit viel Handlung.« Das »Feuer« ist da... »um zu interessieren!« Mit vierundfünfzig Jahren hat George ihre Zeit der Verletzungen hinter sich. Die Tränen und das Herzblut haben sechshundertzwanzig Seiten ergeben... »Es ist kurz«, schreibt sie an Aucante, »Sie sollten es abends vor dem Einschlafen lesen. Wann wollen Sie es haben?«

Viele Passagen in *Sie und Er* erzählen die lange zurückliegende Geschichte. Da sagt Laurent zu Thérèse: »Was bitte soll ich denn anfangen in dieser abscheulichen Stadt?... Du möchtest, daß ich arbeite; ich wollte es ebenfalls, aber ich kann nicht. Ich bin nicht wie du mit einer kleinen Stahlfeder im Hirn geboren, wo man nur auf den Knopf drücken muß, daß der Wille funktioniert.« Worauf die unermüdliche Thérèse antwortet: »Wie ist es möglich, daß sich ein intelligenter Mensch langweilt... es sei denn, er befände sich ohne Licht und Luft in einem Verlies. Gibt es denn in dieser Stadt... nicht schöne Dinge zu sehen, eine schöne Umgebung, in die man Ausflüge machen kann, gute Bücher zum Lesen, kluge Menschen zum Unterhalten?« Und dieser Dialog zwischen Mercourt und Laurent, in dem sie sich über das Porträt der jungen Frau zanken: »Sie ist weder so jung noch so schön, wie Sie sagen. Sie ist eine gute Kameradin, nicht übel anzusehen, das ist alles... Sie wirkt wie eine gutmütige Sphinx... Sie ist nicht sehr groß, hat kleine Füße und kleine Hände. Sie ist eine wirkliche Frau.« Und dann die eigenartige Beziehung, eine verliebte Kameradschaft, die sich zwischen der verführerischen, aber nicht im geringsten koketten Thérèse und einem völlig indifferenten, aber von diesem ernsten Charme verwirrten Laurent entwickelt: »Wenn ich von Ihnen spreche, sage ich, Sie seien nicht jung, oder ich mag Ihre Haarfarbe nicht. Ich verkünde, daß Sie meine gute Kameradin sind, das heißt mein Bruder, und das meine ich aufrichtig. Und dann dringt irgend so ein Frühlingshauch in den Winter meines törichten Herzens ein...« Wie wir wissen, hatte

Musset in einem seiner ersten Briefe an George geschrieben: »Wollen Sie oder wollen Sie nicht wird niemals über meine Lippen kommen. In dieser Hinsicht liegt die Ostsee zwischen uns...« Laurent wiederholt sogar dieses: »Da Laurent jedesmal, wenn er gerührt war, eilends von der unüberwindlichen Eisbarriere der Ostsee sprach, hatte sie keine Angst mehr und gewöhnte sich daran, ohne Brandwunde mitten im Feuer zu leben.«

Eine andere Figur des Romans gibt sich jedoch komplexeren Erinnerungen hin. Es ist der Amerikaner Dick Palmer. In der ersten Fassung, die Buloz erhält, wurde Thérèse Palmers Geliebte. Der Verleger riet Sand, die Passagen zu entfernen, in denen die Bildhauerin »so leicht aus Laurents Armen in die Palmers« überwechselte. Dadurch wurde die zu genaue Transkription der Geschichte George-Musset-Pagello vermieden. *Sie und Er* verlor dadurch vielleicht... Dick Palmers Porträt jedenfalls beschwor andere Männergestalten. Palmer, »Mann des Herzens und der Redlichkeit« wird zu der liebeskranken Thérèse sagen, daß er sie »mit aller Aufrichtigkeit und Ergebenheit« liebt, derer er fähig ist. »Ich bin mir ziemlich sicher, daß Sie, träfen Sie heute ein ergebenes, ruhiges und treues Herz, ohne jene Seelenkrankheiten, die zuweilen große Künstler und häufig schlechte Ehemänner hervorbringen, kurz, einen Vater, Bruder, Freund oder Ehemann, blieben Sie für immer vor künftigen Gefahren oder Unglücken gefeit... Ich wage zu sagen, daß ich ein solcher Mann bin. An mir ist nichts Glanzvolles, das Sie begeistern könnte, aber ich habe ein starkes Herz, um Sie zu lieben.« Während sie diese Zeilen schrieb, konnte George zweifellos hören, wie im Nebenraum der »gute« und »treue« Manceau seine »wundervolle Raupe Didyma« zeichnete, »Baupläne« für die Vergrößerung seines Hauses am Bach ausarbeitete, den Honigseim zum Schmetterlingfangen bereitete... oder aber mit ordentlicher Schrift seinen Tageseintrag in die Agenda vornahm, in der sich ihre beiden Schriften begegneten: »Madame geht es gut«... »Madame hat Migräne«... »Madame geht es besser.«

Seit acht Jahren schon teilt Manceau Georges Leben. Er ist

dreizehn Jahre jünger als sie und gehört der kleinen Gruppe von Schülern an, die mit Maurice Delacroix' Atelier frequentierten. Er war Graveur, und man hatte ihm angeboten, das Porträt, das Couture von George Sand gemalt hatte, umzusetzen. Das Bildnis zeigte sie mit Zügen, die im Vergleich zu ihren Jugendbildern schlaff waren, aber die am Hinterkopf hochgesteckten Haare unterstreichen das Oval des Gesichts, das sie umrahmen. Eine etwas hochgezogene Braue verstärkt den neugierig-fragenden Ausdruck ihrer berühmten schwarzen Augen, die unter den schweren Lidern liegen. Die nur angedeutete Kleidung ist bis zum äußersten vereinfacht. Das Bildnis ist weit entfernt von den »espagnolades«, die Musset gezeichnet hat, der raffinierten Toilette des angeblich von Charpentier stammenden Porträts aus der Zeit mit Chopin, der Freizügigkeit der entblößten Schulter und des gelösten Haars auf Delacroix' Gemälde. Manceau setzt seinen Stichel auf ernste Züge. Das Geheimnis, das Warten ... Intelligenz und Güte, eine ängstlich gehütete Reserviertheit.

War er in dieses Geheimnis verliebt? George entwickelte sehr bald zärtliche Gefühle für den jungen Mann, der groß, schlank und kräftig war, als sie ihn kennenlernte. Sie zog ihren jungen Freund, den Verleger Hetzel, ins Vertrauen. Es sind einige bewegende Briefe erhalten geblieben, in denen die Schriftstellerin ihrer Verwunderung über sich selbst Ausdruck gibt. Manceau sei ein armer Mann, betont sie an einer Stelle, aus einfacher Familie wie jener Michel von Bourges, von dem sie unlängst in einem Brief an den Schauspieler Bocage gesprochen hat, wie Vincent Borie, der Sekretär – ihr Liebhaber der 48er Jahre. »Er wurde ins Elend hineingeboren und hat keinerlei geistige oder anderweitige Erziehung genossen. Er hat nicht studiert, sondern hat eine Lehre gemacht. Er ist Handwerker und übt seinen Beruf als solcher aus, weil er sich sein Geld selbst verdienen kann und will.« Im April 1850 hatte sie dann unter zahlreichen Vorsichtsmaßnahmen an Jules Hetzel geschrieben: »Ich wiederhole: verbrennen Sie meine Briefe. Die Vorstellung, daß ein intimer Brief von mir erhalten bleibt, ist einem ungebetenen Lauscher an der Tür vergleichbar, der zuhört, wenn Sie Ihrem Freund Ihr Herz ausschütten.«

Warum schweigt sie über diese neue Liebesbeziehung? Weil Manceau es verlangt. »Er ist selbstbewußt, er nimmt den heimlichen Stolz, von mir geliebt zu werden, ernst.« Aber wie viele Begabungen hat dieser bescheidene Mensch! »Er ist in unglaublicher Weise künstlerisch begabt. Seine Intelligenz ist außerordentlich, aber«, fügt sie naiv hinzu, »sie nützt nur ihm und folglich auch mir.« Dieser Sohn kleiner Leute, den George für einen Pförtnerposten im Palais du Luxembourg empfehlen wird, macht orthographische Fehler, kann aber Gedichte schreiben. George ist sich jedoch sehr wohl der Fehler ihres Liebhabers bewußt: »Wenn er heftig wird, kann er sehr verletzend sein; wenn er berechnend wird, drängt er sich auf und sucht zu dominieren.« Sie versucht den offensichtlichen Egoismus des Graveurs zu verstehen und zu entschuldigen: »Er möchte aufgeklärter werden, liebenswürdiger, und möchte sich selbst veredeln. Er strebt nicht nach Ruhm und Geld. Er liebt sich (von ihr unterstrichen). Er möchte in den Augen Gottes wachsen, vor sich selbst größer erscheinen.« George findet in Manceau alle Eigenschaften des »Großzügigen«, des generosus, des Mannes von guter Herkunft des 18. Jahrhunderts wieder: dessen, der sich seines Wertes bewußt ist.

Ein Zug erklärt alles: »In geistiger Hinsicht ist er gefallsüchtig, aber er möchte vor dem Spiegel seines Gewissens bestehen und vor allem vor den Augen seiner Liebe. Denn er liebt, liebt, wissen Sie, wie ich noch nie jemanden lieben gesehen habe.« Sie beschreibt das trauliche Zusammensein mit ihm: »Er ist zugleich zärtlich wie ein Kater und treu wie ein Hund ... So leichtfertig sein Leben früher war, so keusch ist er nun in der wahren Liebe, so keusch und leidenschaftlich, wie Herz, Sinne und Geist sich eine Liebe nur erträumen können.« Alles von dieser sechsundvierzigjährigen Frau, die eine neue Leidenschaft findet, sollte zitiert werden. »Ich lasse mich mit einer Gutmütigkeit ohnegleichen verführen. Ich helfe ihm, mir zu gefallen ... Und außerdem«, fügt sie mit Humor hinzu, »gefällt mir sein Wesen.« Denn

Manceau ist nicht ein Tölpel wie »neunundsechzig Prozent aller Menschen«! Eine Unbeholfenheit, die nach ihrer Meinung wie bei den meisten Menschen Ausdruck eines »großen inneren Unvermögens« ist... Er hingegen hat »geschickte Hände und sichere Bewegungen. Er zerbricht nie etwas«. Manceau ist zuvorkommend wie eine Frau: »Er denkt an alles und sein ganzes Wesen schwingt mit, ob er mir nun ein Glas Wasser bringt oder mir eine Zigarette anzündet... Ich habe bei keiner Verabredung jemals auch nur eine Minute auf ihn gewartet... Wenn ich krank bin, geht es mir schon besser, wenn ich sehe, wie er mir mein Kissen richtet und meine Pantoffeln bringt.« Dann der Ausruf: »Ich liebe ihn, ich liebe ihn mit ganzer Seele... und es herrscht eine erstaunliche Ruhe in meinem Herzen, trotz unseres Altersunterschiedes... Ich bin wie verwandelt, es geht mir gut, ich bin ruhig, ich bin glücklich, ich ertrage alles, selbst seine Abwesenheit, was schon etwas heißt, denn das konnte ich sonst nie ertragen.« Drei Monate später wiederholt sie an ihrem Geburtstagsfest zu demselben Vertrauten: »Ich bin glücklich, sehr glücklich... Es tut so gut, geliebt zu werden und ganz und gar lieben zu können, daß man dumm wäre, an das Ende zu denken... Ich bin sechsundvierzig, habe weiße Haare, doch das spielt dabei keine Rolle. Man liebt die alten Frauen mehr als die jungen, das weiß ich nun. Nicht die Person hat zu überdauern, sondern die Liebe; Gott möge diese hier andauern lassen, denn sie ist gut.«

Gott ließ sie andauern... Lachend setzte sie sich gegen den Klatsch zur Wehr, der diese Liebesbeziehung zum Gegenstand hatte. Dem Schauspieler Bocage – ebenfalls ein früherer Liebhaber von ihr – schrieb sie damals: »Halten Sie mich nicht... für eine alte Schachtel, die sich Liebhaber kaufen muß. Die Eitelkeit würde mir noch mehr zuführen als die Gier, denn ich habe einen Namen, der in der Sonne der menschlichen Eitelkeit glänzt.« Dann vergingen die Jahre, angenehme Jahre neben ihm. Maurice, dem nicht gefällt, womit Manceau sich beschäftigt, antwortet sie heftig: »Was macht Dir das schon aus? Du kannst ihn nicht als Hilfsarbeiter betrachten, der in Deinen Diensten steht, denn

Deine Vorschüsse sind gleich null; ich hingegen kann ihn als Freund und freiwilligen Diener ansehen, der mir tausend kleine sehr nützliche Dienste erweist, Manuskripte kopiert und Briefe, über die Ausgaben Buch führt, sich um den Kleinkram kümmert, mit dem ich mich nicht beschäftigen kann, ohne kostbare Zeit für meine Arbeit zu verlieren.« Oft wirft sie sich vor, daß sie Manceau zu sehr mit Beschlag belegt: »Der arme Junge hat fast keine Zeit mehr zum Stechen, so viel Arbeit halse ich ihm auf mit meinen Abschriften, meinen Proben, meinen Veränderungen innerhalb des Hauses. Er ist so gut, so ergeben, daß ich es ausnütze und er sich selbst vergißt, um mir im Alltag beizustehen.« 1853 ist er es, der in Nohant für Maurice ein Atelier einrichten läßt: »Der arme Junge legt einen solchen Eifer, eine solche Begeisterung an den Tag, alles gut zu machen und Dir gefällig zu sein«, schreibt sie an ihren Sohn, »daß er eine feste Umarmung von Dir verdient. Er vergißt darüber Essen, Trinken und Schlafen, und darüber hinaus noch die Kunst des Domino. Er würde auch sein Hemd verlieren, wenn es ihm nicht am Hintern halten würde.«

Im darauffolgenden Jahr – sie ist nun fünfzig – spricht sie zu Hetzel noch einmal von ihm mit derselben Zärtlichkeit, wobei sie ihre Bewunderung kundtut, mit welcher Rechtschaffenheit und Entschlossenheit er sich durchs Leben schlägt; er arbeitete damals an einem Stich nach dem Gemälde *Moufflonjagd* von Horace Vernet. »Es ist eine gewaltige Arbeit, und man drängt ihn. Und wie gewissenhaft er arbeitet! Ein entsetzlicher Beruf. Es gibt ständig irgendwelche Unglücke, und manchmal packt ihn eine rasende Wut auf seinen Stahl, seine Radierung, seinen Gips, seine Platte und was weiß ich! Er ist bestrebt, seine tausend Francs zu verdienen und sich fünfhundert Francs für seine Rente zurückzulegen, was seinen Ansprüchen genügen wird. Er sagt, er wird sich immer seinen Lebensunterhalt mit Arbeiten verdienen, und wenn er blind oder verkrüppelt wird, könnte er mit seiner Rente nicht ins Hospital gehen. Er ist wohl der trefflichste Mensch, dem ich, ich sage nicht begegnet bin, sondern den ich mir überhaupt vorstellen kann.«

Man möchte wetten, daß Manceaus verbissenes Arbeiten sehr viel dazu beitrug, Georges Zuneigung zu verstärken. Wie so viele andere hätte auch der Stahlstecher den liebenwürdigen Schmarotzer spielen können. Ihr ganzes Leben lang war George von recht unbekümmerten Schützlingen umgeben, die meinten, die Schriftstellerin verfüge über einen wohlgefüllten Geldbeutel, Nohant sei ein gastfreundliches Haus und daß man, wenn man an Georges Freundschaft oder ihre humanitären Überzeugungen appellierte, auf ihre Kosten leben konnte. Aber George hatte keine Rente, mußte für die Schulden ihrer Tochter und ihres Schwiegersohns aufkommen und sah ihren lieben Maurice, der in seiner selbst gewählten Künstlerkarriere kaum Erfolge aufzuweisen hatte, mehr oder weniger nur herumlungern. In diesen Jahren versucht sie ihn zu verheiraten, ihn zu bewegen, wie ein erwachsener Mann zu leben. Sie selbst »schuftet«, wie sie oft sagt. »Ich arbeite«, schreibt sie, »wie ein Baske«, »wie ein Neger«, »wie ein Pferd«, »wie sechs Ochsen« . . . Man findet in ihren Schriften eine Unzahl von Ausdrücken für dieses hektische Leben, in dem sie mit den Verlegern einen Vertrag nach dem anderen abschließt, die finanziellen Chancen einer Romantranskription für das Theater überschlägt, in dem sie sich beklagt, mit immer neuen Werken niederkommen zu müssen.

Manceau ist wie sie ein Arbeitsmensch, einer, der sein Handwerk versteht. Und wenn es ihm einfällt, sich für Madames Hobbies Insektenkunde oder Botanik zu interessieren, zeigt er sich ebenso wißbegierig wie sie, benennt, etikettiert, sammelt, klassifiziert die einzelnen Stücke mit derselben peinlichen Sorgfalt. Allesverschlinger.

Diese Leidenschaften – Arbeiten, Lernen – sind stille Feuer, die George in den düstersten Tagen Wärme spendeten. Es war vor zwei Jahren, vor etwas mehr als zwei Jahren . . .

Solange hatte im Februar 1848, als George in Paris ihre ersten Tage der Begeisterung für die Revolution lebte, ein Mädchen bekommen, Jeanne Clésinger. Das Neugeborene war nach ein paar Tagen gestorben. Eine andere kleine Jeanne-Gabrielle Clésinger kam am 10. Mai 1849 zur Welt. Ihre Großmutter durfte sie oft hüten. Aber die ewig streitenden Eltern entrissen einander abwechselnd das kleine Mädchen. Bis Clésinger es eines Tages in Pflege gab. Das Kind starb aufgrund mangelnder Pflege in der Nacht vom 13. auf den 14. Januar 1855 an Scharlach.

Jeanne oder »Nini«, wie ihre Großmutter sie zärtlich nannte ... Das erste Enkelkind ... Eine nicht sehr »umgängliche« Enkelin, als George die Kleine – sie ist zwei Jahre alt – richtig kennenlernt. Es ist die Zeit, in der Solange »wie eine schöngeistige Frau zu Besuch« in Nohant erscheint. Die Schriftstellerin legt keinen großen Wert auf diese Begegnungen, Mutter und Tochter haben einander nichts mehr zu sagen. Doch nach und nach wird die Beziehung freundlicher. George ist einverstanden, daß Solange einen Monat bei ihr wohnt. Da die berühmte Heizung, die in Nohant für Gemütlichkeit sorgen sollte, im ehemaligen Zimmer der jungen Frau mehr Qualm als Wärme abgibt, bringt ihre Mutter sie in dem von Maurice unter und legt einen Teppich hinein, »damit Nini sich nicht die Füßchen und den hübschen Popo erkältet«. An ihren Freund Poncy (Vater einer Tochter namens Solange) schreibt George: »Meine Solange ist nun wieder bei mir, sehr liebenswürdig, nicht zärtlich, aber endlich bestrebt, liebenswürdig zu sein, und es auch zu können.« Bald entsteht zwischen Großmutter und Enkelin eine Beziehung, die beide sehr glücklich macht. Solange wird dadurch erträglicher, auch wenn George sich über sie beschwert. »Immer noch die Prinzessin spielen ... Sie gebraucht ihre zehn Finger nur, um sich herauszuputzen. Wir, die wir nur mit dem Feuer der Arbeit unter dem Hintern leben, können das nicht begreifen«, schreibt sie an Eugène Delacroix. Allerdings, »ihre Tochter ist ein kleines Wunder«. In diesen Jahren zerfleischen sich die Ehegatten Clésinger, Trennungen, Versöhnungen, Prozeß. Überstürzt reist Solange von Nohant ab, läßt die Enkelin in der Obhut der Großmutter zurück. Später ist es George, die vorschlägt, die Enkelin wieder zu sich zu nehmen, die der Bildhauer zu entführen versucht: »Wenn Du Nini wiedersehen willst, bringe sie sofort hierher. Hier ist sie in Sicherheit.« Solange, noch immer unzufrieden mit ihrer materiellen Lage, lamentiert über das Leben, das ihr Mann ihr bietet, verachtet in ihrem Hochmut die kleinen Geldbeträge, die ihre Mutter ihr schickt, und erklärt ihr schließlich, daß sie schon selbst Geld aufzutreiben fähig ist, und sei es, daß sie sich »wie die Mädchen ohne Erziehung dem Vergnügen und dem Laster« hingibt... George antwortet mit einem endlosen heftigen Mahnbrief. Nur ein netter Satz, eine Aufhellung, die Anspielung auf ihre Enkelin: »In einer solchen Lage ist ein liebenswürdiges, intelligentes und schönes Kind wie Nini ein kostbarer Schatz, der alles andere ersetzt.«

George wird sich in dem Jahr, in dem die Kleine drei wird, alle Mühe geben, die Entführung durch den Vater zu verhindern (man denkt unwillkürlich an die zwischen ihren zwei »Müttern« hin und her geschobene Aurore): Sie bittet Hetzel, ihr jemanden zu nennen, der Jeanne heimlich bei sich aufnehmen könnte. Sie empfängt Mutter und Tochter in Nohant für längere Aufenthalte. Solange ist noch immer, sagt sie, »unwahrscheinlich faul, das einzige, was sie liebt, ist Reiten und sich hübsch Kleiden.« Nini »ist wunderbar anmutig, hübsch, liebevoll, ein süßes Plappermaul, aber sie hat den Teufel im Leib. Nur mir fügt sie sich. Ich würde sie am liebsten anbeten, verbiete es mir aber ein wenig, denn Solange in ihrer Launenhaftigkeit wird immer alles zunichte machen.« Im Sommer 1852 hat sie jedoch die Kleine in ihrer Obhut. Bei ihren Freunden Tourangin sucht sie für Nini ein neues Versteck vor den »Entführungskomödien« des Vaters. »Nini«, sagt sie, »ist das hübscheste, klügste, zärtlichste Wesen, das es gibt.« Als das Kind in diesem Sommer erkrankt, erhält Solange sehr ausführliche Krankenberichte. »Sie ist zu mir so lieb wie ein Engelchen«, behauptet die Großmutter, die der Tochter mitteilen möchte, daß sie sich mit dem Kind gut versteht, während der vielleicht objektivere Manceau in seine Agenda notiert, daß »Nini arg wie die Krätze« ist. In diesen Wochen beklagt sich die Schriftstellerin mehrfach über die zusätzliche Arbeit, die ihr durch die Krankheit des Kindes, das sie rund um die Uhr pflegt, erwächst. Einer ihrer

Briefe endet so: »Es ist vier Uhr morgens, ich bin noch in der Bibliothek und höre Ninis geringste Bewegung.« Zur selben Zeit schmiedet George die abenteuerlichsten Pläne, um Jeanne vor Clésinger zu schützen: sie unter einem falschen Namen in einem Kloster unterbringen, wo sie »bewacht würde wie in einer Festung«. Ein Kloster, meint Solange verwundert, wo doch George gegenüber der Erfüllung religiöser Pflichten so skeptisch sei? »Wenn man aus Nini ein frommes Kind machte, wäre das nicht schlimm«, schreibt sie, »ich war auch eines, und es hat mir nicht geschadet.«

Am Ende dieses schwierigen Sommers 1852 nahm George die Enkelin ganz zu sich: »Mit mir, aber nur mit mir allein, ist sie wie ein Lamm, und wenn Du sie lenken willst, ohne mit ihr aneinanderzugeraten, mußt Du alles tun, was ich Dir sagen werde und was ich durch Zufall herausgefunden habe; denn da ich ihren Charakter nicht kannte, war ich nicht voreingenommen. Ich bin auf Anhieb dahintergekommen ...« Sie bemerkt, daß das kleine Mädchen zum Hauspersonal »eklig« ist, fügt aber hinzu: »Unser Leben ist sehr vertraulich.« Wiederholt weist sie auf diese Ausschließlichkeit hin: »Nini ist nach wie vor zu allen garstig außer zu mir.« ... »Zu mir ist Minette entzückend.« George lehrt Jeanne, die Natur zu sehen. »Sie hat eine erstaunliche Auffassungsgabe und beschreibt den Garten, die Blumen, die Sonne, die ihr graues Mäntelchen umhängt, und die Sterne, die goldene Tatzen haben, die Wunderblumen, die sich abends öffnen, während die Malven sich schließen, die Glühwürmchen usw.« Kein Wunder, daß bis zum Herbst Großmutter und Enkelin die besten Freunde sind. George schreibt an Solange: »Sie ist reizend, sie lernt seit drei Tagen lesen und zählen. Sie lernt ihre Buchstaben sehr schnell. Hole sie nicht zurück, wenn es nicht absolut nötig ist. Sie ist glücklich hier! Sie wird Dich in Paris sehr stören, und Dein Mann wird sie Dir nicht lassen.« Wenn George für ein paar Tage verreisen muß, überläßt sie das Kind lieber den Hausangestellten, Freunden, den Périgois oder der Obhut Émile Aucantes; dem Letztgenannten übergibt die Schriftstellerin eine Liste mit Jeannes

Vorlieben, was das Essen angeht, ihren Gewohnheiten und mit Empfehlungen, aus denen Rousseau und ein gewisser Schalk sprechen: »Ihr nichts geben, keinen Gefallen erweisen, wenn sie nicht höflich bittet und sich bedankt. Sonst wird sie herrisch und als nächstes launisch und ist nie zufriedenzustellen. Wenn sie schlimm ist, muß man sehr ernst und unter vier Augen an ihre Vernunft appellieren. Sie bewundert sehr die Gardinenpredigten, vor allem wenn sie sie nicht versteht. Sollte sie einmal einen Wutanfall bekommen, muß man sie einfach schreien lassen und so tun, als hörte man es nicht. Dann bleibt es bei diesem einen Versuch.«

An Silvester lehrt sie sie das Lesen nach der Methode, derer sich Boucoiran bei Maurice und Solange bediente, der Methode Laffore, über die sie an ihrem Lebensabend einen langen Aufsatz schreiben wird. Und befriedigt fügt sie hinzu: »Sie wird in sechs Wochen lesen können. Sie besitzt eine ungewöhnliche Intelligenz.« Der Vater, Jean-Baptiste Clésinger, hat das Kind an Weihnachten reich mit Spielzeug beschenkt. Sie tadelt ihn offen wegen seiner Wahl: »Hast Du denn nicht bedacht, mein lieber Freund, daß sie ein kleines Mädchen von dreieinhalb Jahren ist, und daß sie nicht mit dem Kreisel oder Federball spielen kann? Du rechnest auch damit, daß sie Dir schreiben wird, aber sie kann nur schreiben, wenn man ihr die Hand führt, und ein solcher Brief wäre nicht der ihre. Du sendest ihr Spielsachen für Knaben oder große Mädchen, und Du verlangst von ihr einen Brief, als ginge sie schon zur Schule. Sie ist ein reizendes armes kleines Kind, das Gott sei Dank seine Lage noch nicht begreift und das noch lange mütterlicher Fürsorge bedarf.« Der Schluß ist nicht weniger streng: »Ich umarme Dich trotzdem zum Neuen Jahr. Immerhin bist Du der Vater meiner Enkelin, und da kann ich ja nicht anders, als Interesse an Dir zu nehmen...«

In dieser Zeit äußert sie wiederholt, daß sie in Solanges Gegenwart stets gereizt sei. »Zu Mittag feilt Solange ihre Fingernägel, um zwei poliert sie sie mit einem gelben Pulver, um drei flicht sie eine Girlande für ihr Haar, um vier kämmt sie sich, um fünf frisiert sie sich, um sechs kleidet sie sich an, und sie langweilt sich!« Und wenn die Mutter abreist, berichtet die Großmutter ihr – unbewußte Grausamkeit oder nicht –, daß das kleine Mädchen sich nicht darum schert: »Du glaubst doch nicht etwa, daß sie in ihrem Alter und mit ihrer Unbekümmertheit unter Deinem Fortgehen gelitten hat. Sie hat nicht einen Gedanken daran verschwendet. Dazu ist sie zu sehr die Große Nini. Sie ist so glücklich, sie amüsiert sich so sehr, alle sind so bereit, sie zu verwöhnen, daß sie gar nicht weiß, was es heißt, etwas zu begehren oder jemanden zu vermissen.«

Die Großmutter zerfließt vor Rührung: »Sie schickt mich zum Teufel. Sie wirft ihre Mütze durch die Gegend. Aber ohne Bosheit oder Zorn und mit einem so spitzbübischen Gesichtsausdruck, daß es einem schwerfällt, seine Würde zu bewahren.« Gleichzeitig betont sie ihre Mutterrolle: »Ich bin nicht mehr die Großmama, sondern einfach die Mama, und in Anwandlungen von Zärtlichkeit duzt man mich«, fügt sie ohne Umschweife in ihrem Brief an Solange hinzu.

Im Juli 1853 versöhnt sich jedoch das Ehepaar Clésinger wieder und erscheint überraschend in Nohant. Die beiden nehmen Nini mit! »Ohne mich einen Tag vorher zu verständigen«, vermerkt George bitter. Am Tag nach dieser Trennung schreibt sie an Solange: »Es fällt mir schwer, mich daran zu gewöhnen, daß meine Minette nicht mehr da ist. Es kostet mich einiges.« Sie meint, das kleine Mädchen brauche ein geregelteres Leben. »Sei in der nächsten Zeit ein wenig seßhafter.« Und einige Wochen später vertraut sie einem Freund an: »Meine arme Nini ist da drüben recht blaß und quengelig. Sie ist nicht mehr die Nini von Nohant, aber was soll man machen?« Am Neujahrstag des nächsten Jahres nimmt sie jedoch das kleine Mädchen wieder in ihre Obhut und gibt Solange Ratschläge, welches Spielzeug sie ihr schenken soll. »Ich bin sicher, am liebsten ist ihr eine Puppe, eine Puppe mit vielen Kleidern. Denn die Zeit, in der sie ruhig ist, verbringt sie mit An- und Ausziehen. Ich meinerseits habe als Neujahrsgeschenk für sie ein leichtes Blüschen mit Ärmeln gekauft, denn Kleider machen ihr ebenfalls sehr viel Spaß.« Nini bleibt offenbar länger in Nohant, denn George bittet darum, man möge ihr »die Sommergarderobe des Fräuleins« bringen, aber nicht zu viele Spielsachen, »auf diese Weise hat sie an nichts mehr Freude«.

Eine neue Tragödie steht bevor. Clésinger hat bei seiner Frau höchst kompromittierende Briefe gefunden. Im festen Glauben, das Recht auf seiner Seite zu haben, kommt er nach Nohant, das Kind abzuholen. »Er ist in Begleitung eines dekorierten Mannes«, notiert Manceau geheimnisvoll in die Agenda. Zu Tode erschrokken erkundigt sich George bei Madame Bascans, bei der Solange einst Schülerin gewesen war: Hat ihr Schwiegersohn das kleine Mädchen in Pflege gegeben, wie er es versprochen hatte? Sie weiß nicht, wo sie es suchen soll. In diesem Frühling lebt George nicht auf wie jedes Jahr zu Beginn der warmen Monate. »Der Darm ist nicht so vernünftig wie das Herz«, schreibt sie, und »alles, was ich an Traurigkeit in mich hineinfresse, zahlt mir mein Körper an Wehwehs und Leiden zurück.« Aucante erhält verschlüsselte Briefe, damit er die künftige Lage des kleinen Mädchens regle. »Diese Situation ist ein Chaos und ein Labyrinth aus schmerzlichen Narrenstreichen«, schreibt George.

Was immer die einzelnen Zwischenfälle waren – das Ende ist bekannt. Im Januar 1855 erkrankt Nini an Scharlach. Offenbar wurde sie in einer schmutzigen Pension schlecht gepflegt. Vor allem holt ihr Vater sie ab, ohne Vorsichtsmaßnahmen zu treffen. Nini stirbt... George ist ganz Zorn und Tränen. Der kleine Leichnam wird nach Nohant gebracht und neben Georges Großmutter und Vater beerdigt. Weinend schläft die Schriftstellerin ein und träumt, daß sie zu ihrer Enkelin spricht. »Ich glaube, sie hat mir geantwortet«, vermerkt sie in der Agenda. Sie liest noch einmal *Terre et Ciel* von Reynaud und schöpft daraus die mystische Hoffnung, der kleinen Dahingegangenen in einem anderen Leben wiederzubegegnen. »Ich weiß ja, daß meine Jeanne nicht tot ist, ich weiß ja, daß es ihr besser geht als auf dieser traurigen Welt«, schreibt sie an Édouard Charton.

In diesem Schmerz, der sie so mitnehmen sollte, finden Georges zwei Naturen Ausdruck. Als erdverbundener, sinnlicher Mensch ist sie untröstlich: »Jeden Tag weine ich allein in der Hütte. Ich bekomme keinen Boden mehr unter die Füße, ich bin zu alt, um mich zu trösten.« Als Träumerin und Idealistin stellt sie sich eine phantastische Welt vor, in der Lebende und Tote einander begegnen können. Aus ihrer Feder fließt ein Märchen, das sie nicht beenden wird. Eine Geschichte am Rand des Phantastischen. »Das Phantastische«, schrieb George, »ist weder oben noch unten, sondern in uns.«

Wenn man das Speisezimmer von Nohant besichtigt, kann man einige Bilder von Maurice sehen. Eines davon heißt *Die Wolfsbohnen*... Man sieht darauf, gegen eine Mauer gelehnt, eine auf ihren Hinterläufen stehende Reihe von Wölfen, halb Tier, halb Mensch, sogenannte Werwölfe. Die Schnauze zum Mond erhoben, scheinen sie verzweifelt auf das Heil von oben zu warten. George interessierte sich, ebenso wie Maurice, für die Sagen ihrer Provinz. Nicht der bodenständigen berrichonnischen Bräuche, sondern der allgemeinen Verbreitung der Fabelwesen wegen. Sie sucht »in uns« den Sinn dieses Fortbestehens.

Das Leben nach dem Tode, in manchen Religionen die Unsterblichkeit, in anderen die Seelenwanderung, gehört zu den Glaubensvorstellungen unserer Phantasiewelt. Wenn die Wirklichkeit unerträglich wird, tritt das Irreale zutage. Doch im Irrealen finden sich wieder menschliche Verhaltensweisen... Es ist die Natur, die phantastische Visionen entstehen läßt und wachhält; die große Natur, der Kosmos, die menschliche Natur und ihre geheimen Triebkräfte. George Sand hatte sich in *Consuelo* und *Die sieben Saiten der Leier* mit diesen Welten beschäftigt. *Terre et Ciel* von Reynaud gab die alten Glaubensvorstellungen in intellektualisierter Form wieder.

Der Text von 1855, geschrieben nach Jeannes Tod, ist ein Schmerzensschrei. Im nachhinein ist er aber auch ein wertvolles Beispiel für Georges Grundhaltung, eine Mischung aus Idealismus und Realismus. »Ich hatte so viele Tage und Nächte geweint, daß ich mich vernichtet fühlte.« Die wirklichen und unwirklichen

Geräusche vermischen sich: »Der sich auf den Dächern türmende Schnee stürzte in Lawinen herab mit einem lauten Geräusch, das so klang, als galoppierten mehrere feurige Pferde auf einen Schlag los . . .« Aus dem schwachen Licht ihres Zimmers glaubt sie, in die Finsternis zu gleiten. »Ich fragte mich ohne jede Gefühlsregung, ob ich gestorben sei.« Dann die Vision. »Eine dünne, schwache Stimme sagte an meinem Ohr nur ein Wort: ›Komm!‹« Jeanne ist da in Gestalt eines hübschen jungen Mädchens. Ihre Großmutter versucht, sich ihr zu erkennen zu geben. »Ich suche sie, und sie sucht vielleicht mich, sie war es, die zu mir gesagt hat: ›Komm!‹« Das junge Mädchen hat seinen früheren Namen vergessen, es sagt, es heiße »Nata«, es hat alles vergessen . . . Eine Erinnerung läßt die Vergangenheit wieder aufleben: George und sie betrachten gleichzeitig »das Moos, das den Felshang bedeckte«. Das junge Mädchen von der anderen Seite des Lebens sagt daraufhin: »Ich schaue auf diese Pflanzen, und meine Vorstellungskraft verleiht ihnen ich weiß nicht was für ein Leben.« Die Großmutter spricht die Worte aus, die den Schlüssel zur Erinnerung bilden: »Mutter, laß uns das Moosfest ansehen gehen . . .« Und Nata wird wieder Jeanne: »Wenn der milde Frühlingsregen gefallen war, wenn das Moos . . . den Garten der Kindheit zierte, den eine Frau, eine Mutter für mich angelegt hatte . . . da lachte ich und hüpfte fröhlich umher, denn ich kannte jeden Kieselstein in dieser kleinen Welt, und ich sagte das Wort zu Ihnen, daß Sie lächeln ließ . . .«

Die Parole für den Übergang vom Leben zum Tod: »Mutter, laß uns das Moosfest ansehen gehen« . . . Die Parole ist Natur und Zärtlichkeit. Das ist ganz George Sand. Die Fähigkeit, das Unmögliche zu verhindern, nicht aufgrund einer magischen Begabung, eines genialen Wissens, sondern durch die Lebens- und Willenskraft. Eine so liebesfähige, so starke Frau, daß es ihr gelingen wird, alle Hindernisse zu überwinden, auf Erden wie im Himmel.

Nach dem Tod der geliebten Enkelin taucht George unter in neuen Bekanntschaften, neuen Landschaften, neuen Buchplänen.

Eine Reise nach Italien, um zu vergessen. Und vielleicht auch, um die Wärme zu finden, von der sie trotz der inzwischen funktionierenden Heizung und der wattierten Kleider, die sie sich anfertigen läßt, nie genug bekommt. »Ein ärztlich verordneter Ausflug.« Alles scheint sie als Belastung zu empfinden: die Angst vor dem Wind und die Erinnerung an Jeanne. »Ich fürchte diesen Mistral«, schreibt sie in Marseille. »Ich bin noch immer nicht ganz auf dem Posten. Ich kann mich nicht davon überzeugen, daß dieses Kind tot ist.«

In dieser schweren Zeit ist Manceau da. Während der Totenwache mit George zeichnet er das Gesicht der kleinen Dahingegangenen, deren Totenmaske zu sehen sie sich weigert. Er begleitet George und Maurice. Bevor sie in Marseille an Bord geht, pflückt sie wilde Blumen in der Heide, aromatische Kräuter. Rom enttäuscht sie über alle Maßen. Vielleicht noch unter dem Schock des Begräbnisses stehend, ruft sie aus: »Es ist eigenartig, es ist schön, es ist interessant, es ist erstaunlich, aber es ist zu tot... Wenn man sich mehrere Tage lang Ruinen, Gräber, Krypten, Kolumbarien angesehen hat, möchte man gern weg und die Natur sehen... Die Stadt ist schmutzig, häßlich und voller Unrat; sie ist ein hundertfaches La Châtre.« George war in ihrer Ablehnung genauso apodiktisch wie in ihrer Begeisterung. In Frascati im Apennin genoß sie jedoch die Reize Italiens. Kurzum, sie erklärt schließlich doch, »daß es gut ist, es (Italien) gesehen zu haben, und sei es nur, um dieses holde Frankreich mit seinem grauen Himmel, wo die Menschen, so wenig sie Menschen sein mögen, doch noch mehr Menschen sind als anderswo, noch mehr zu lieben«.

Wieder zu Hause, stürzt sie sich in die Arbeit: »Diesmal bin ich vor mir selbst davongelaufen, ein wenig ins Blaue hineingefahren, eher um zu flüchten als um weiterzukommen und das Herz für nichts empfänglich. Ich bin heute stärker. Tannen und Steineichen sind in meinem Kopf gewachsen, und ich habe zwei Monate Zeit, um die Arbeit von vielleicht zwei Jahren zu machen!« Und wie sie arbeitet! Es erscheinen *La Daniella*, inspiriert von ihrem Rom-Besuch, *Les Beaux Messieurs de Bois-Doré*, ein Buch, für das sie eine umfangreiche Dokumentation über die Schlösser des Berry zusammensammelt, und schließlich *Der Schneemensch*, den sie in der Stille von Gargilesse zu Ende schreibt.

Georges Wissensdurst in ihren fünfziger Jahren scheint grenzenlos gewesen zu sein. An ihren Freund Aucante in Paris, den sie fast täglich mit neuen Aufträgen bombardiert – das illustrierte Buch von Maurice unterbringen, eine Art Schriftstellergewerkschaft gründen, mit ihren Verlegern verhandeln, die Fahnenabzüge lesen, auf die Stimmung der Presse achten – schreibt sie vollkommen ernst: »Jetzt im Alter habe ich eine unbändige Lust zu lernen, denn ich habe mein Leben lang nichts gewußt und für nichts Zeit gehabt.« Sie benötigt daher lesbare und vollständige Dokumentationswerke. Für *Les Beaux Messieurs de Bois-Doré* bittet sie um »ein ganz einfaches Handbuch mit Stichen, das einem bei Bedarf die verschiedenen Kombinationen ihrer historischen Reihenfolge ins Gedächtnis zurückruft, nicht nur in bezug auf Kirchen, derer ich schon ein wenig überdrüssig bin, sondern (und vor allem) in bezug auf Profanbauten, Privathäuser etc.«, und einige Tage später stellt sie befriedigt fest: »Schon seit heute morgen beschäftige ich mich mit Kerbzinnen, Fialen, Pechnasen, Kragsteinen etc. Es macht solchen Spaß, etwas nicht allzu Schwieriges zu lernen.«

Für den *Homme de neige*, dessen Handlung in Schweden spielt, informiert sich George über die skandinavischen Länder. In diesem Roman nimmt auch breiten Raum die Schilderung eines Versuches ein, der sie immer mehr faszinierte: das Marionettentheater. Seit zehn Jahren wurde in Nohant regelmäßig Stegreiftheater gespielt. Da keine Schauspieler zur Verfügung standen, war Maurice auf die Idee gekommen, einfach zwei grob bearbeitete Holzstücke zu verwenden, aus denen bald Figuren wurden. Sieben Puppen entstanden solcherart »aus einem Lindenstumpf«: »Kasperle, Pierrot, Purpurin, Combrillo, Isabelle, della Spada, Kapitän, Arbait, Gendarm und ein grünes Ungeheuer«. Abends nähte George die Kostüme für diese Puppen, während Manceau oder Maurice vorlasen: »Ich fordere die Anfertigung des Ungeheuers, dessen riesiges Maul, mit dem es Pierrot verschlingt, aus einem Paar rotgefütterter Pantoffeln und einem Ärmel aus bläulichem Satin hergestellt wurde ...«, schreibt die Schriftstellerin belustigt. Von Jahr zu Jahr wuchs die Anzahl der Stücke und Rollen. Neben den unvermeidlichen Figuren der *Commedia dell'arte* entstanden realistische oder karikaturhafte Darstellungen von Bauern, Pfarrern, Mägden und Bürgern.

In Gargilesse hingegen kein Theater, keine Marionetten, keine redseligen Besucher. Manceau der Schweiger ordnet seine Raupen. Die Hausangestellte, die ihre Herrin besuchen gekommen war, fischt auf der Creuse. Vor George, schön aufeinander gelegt, die Blätter von *Sie und Er*, die sie soeben noch einmal durchgelesen hat. Morgen wird man über die Kiefernstraße nach Nohant zurückkehren, am Hang dem Pferdewagen zu Fuß folgen, um die Tiere zu schonen. Der Blick der Schriftstellerin verliert sich in der dunklen Masse des Waldes hinter dem Fenster. Sie liest ihren letzten Satz: »Die Frauen der Zukunft, die dein Werk von Jahrhundert zu Jahrhundert betrachten werden, sind deine Schwestern und Verehrerinnen.« Ein Buch mehr. Arbeiten. Nur das zählt. Sie steht auf, streckt sich ein wenig, bückt sich, um die niedere Tür zu öffnen und dem treuen Freund zuzurufen: »Fertig ... Wenn du Lust hast auf eine Partie Domino oder Besik?«

7

Freitag, 4. Oktober 1867

Es ist jedoch kein getrösteter Reisender, der Dir schreibt. Trotz seines Alters hat er noch immer nichts für die Dinge übrig, die den Ehrgeiz befriedigen und die Phantasie abstumpfen und einengen.

Photographie von Nadar.
Sammlung T. Cl. Françoise Foliot.

Freitag, 4. Oktober 1867. George Sand verbringt den Tag in Palaiseau (damals noch ein Dorf südlich von Paris) in dem leeren kleinen Haus.

Manceau ist tot, Delacroix ist tot, Rollinat ist tot, der kleine Marc, Maurice' erstes Kind, ist tot. George lebt. Sie ist innerlich zerrissen. Sie ist unerschöpflich. So ruhig nun, so verzweifelt und so heiter. Die Krankheit – Typhus – hätte sie beinahe dahingerafft. In Tamaris kam sie wieder zu Kräften. Und sie hat Flaubert kennengelernt.

Freitag, 4. Oktober 1867. Sie ist in das Haus zurückgekehrt. Sie hat darum gebeten, daß man das Becken fülle, denn sie wollte das Gluckern des Wasserstrahls hören. Sie hat die vier zum Garten gehenden Fenster im ersten Stock öffnen und im Salon ein Kaminfeuer anzünden lassen. Manceau hat seinen Besitz Maurice vermacht. Ohne Groll, der gute Manceau, der Nohant hatte verlassen müssen, um Georges Sohn nicht in den Schatten zu stellen. Es war der Graveur, der dieses Anwesen entdeckt und die Bäume entfernt hatte, damit das Wasser zu dem Becken geleitet werden konnte. Er hatte auch den Einbau der Heizung überwacht und eine Grotte angelegt. Manceau hat seine letzten Monate hier verbracht, geschwächt vom Husten und vom Fieber. George kommt immer seltener in das Haus. Sie wird es nicht vermieten. Sie wird es verkaufen, wenn ihr jemand einen guten Preis bietet, oder sie wird von Zeit zu Zeit hierher pilgern.

Nohant-Paris, Paris-Nohant. Sie fährt wieder hin und her. Rascher als früher, seit man zuerst bis Orléans, dann bis Châteauroux die Eisenbahn benutzen konnte. »Ich verweile nirgends und arbeite überall. Seit das grausame Schicksal mich unabhängig gemacht hat, nutze ich zumindest den einzigen Ausgleich, den es mir schenkt, nämlich zu gehen, wohin ich will... Solange es meine Gesundheit zuläßt, werde ich unterwegs sein.«

Die Jahre von Gargilesse liegen weit zurück. Weit zurück auch die Zeit, in der sie monatelang in Nohant festgehalten wurde. Mit Manceau war sie selten gereist: 1859 in die Auvergne, nach ihrer Typhus-Erkrankung, die sie beinahe das Leben gekostet hätte; 1860 ein Erholungsaufenthalt an der Küste des Var. Ein aufkeimender Familienzwist hatte sie nach Paris reisen lassen. Seit Manceaus Tod lebte sie ungebunden. Palaiseau war im Winter zu kalt, und wie sollte sie nach den fünfzehn Monaten, die sie mit dem Graveur hier verbracht hatte, in dem Haus allein leben? George führt ein Nomadendasein. Auch in ihren Wohnungen in Paris, zuerst Rue Racine, dann Rue des Feuillantines, eine Art Studentenbehausung, »ein in drei Räume unterteilter Eisenbahnwaggon«, hatte sie beim Einzug an Maurice geschrieben. In der Bretagne, wo sie nach Landschaften für ihren Roman *Cadio* sucht. Im vergangenen Monat hat sie sich zwei Abstecher an die Küste der Normandie geleistet. Nach Dieppe, nach Fécamp, nach Étretat und nach Saint-Valéry-en-Caux. Als faszinierte die Umgebung von Rouen oder Croisset sie immer mehr. In Croisset hat sie letztes Jahr drei Tage verbracht. In Flauberts Haus.

Freitag, 4. Oktober 1867. George geht durch die verlassenen Zimmer. Sie stellt vergessene Gegenstände zusammen, rückt gestapelte Papiere zurecht, freut sich, als sie am Grund einer Schublade die winzigen Heftchen ihres geliebten Zigarettenpapiers entdeckt, »Job«, »dickes«, »gelbes«, »kaum nach Pfeffer und Kerze riechendes«, »Moka Abadie« ... Sie hat sich neben das Bett gesetzt, dessen Kissen sie automatisch hochhebt... Manceau... Der mit seinen häuslichen Problemen beschäftigte stille Manceau, den die Schwindsucht aufzehrte, während Georges Ruhm wuchs.

Denn die sechzigjährige Schriftstellerin ist ein »Meister«. So mancher Schöngeist spottet über ihre nicht nachlassende Fruchtbarkeit, die sie Jahr um Jahr Romane und Theaterstücke hervorbringen läßt. Die Wohlmeinenden, die aufgehört haben, ihr ihr skandalöses freies Leben vorzuwerfen, greifen sie jetzt wegen ihres Antiklerikalismus an. Politisch hat sie sich nicht viele Freunde gemacht. Man hält sie für zu lau, nachdem sie den Exilierten zugeredet hat, um Gnade zu bitten. Aber da sie im Herzen Republikanerin ist, hat sie das Zweite Kaiserreich nie anerkannt, selbst als sie um die Gunst des Prinzen für ihre Freunde nachsuchte.

Trotz alledem ist George Sand »populär«. Sie ist es bereits im Berry gewesen. Als Maurice Manceau nicht mehr in Nohant dulden wollte, beschloß sie, mit dem Graveur fortzuziehen. Daraufhin sandten Kaufleute, Arbeiter und Handwerker aus La Châtre ihrer »teuren und berühmten Landsmännin« einen Abschiedsbrief: »Sie haben es verstanden, den Fremden unsere liebe Gegend näherzubringen und sie zu lieben ... Niemand hat die Arbeit und Würde des armen Mannes auf den Feldern und in der Stadt so zu ehren gewußt wie Sie, Madame ... Daß wir Geduld haben und Hoffnung, verdanken wir Ihnen.« George antwortete auf diese Sympathiebeweise mit einem Lächeln: »Sie entschädigen mich reichlich für die kleinen Verfolgungen, denen ich zu anderen Zeiten ausgesetzt war.« In der Hauptstadt selbst löst George Begeisterung aus. Die Premiere des *Marquis de Villemer* 1864 im Odéon war ein rauschender Erfolg. Entgegen den Wünschen Octave Feuillets und zum Ärger der klerikalen Partei hat George kürzlich den Roman *Mademoiselle La Quintinie* veröffentlicht. Das Odéon hatte nicht genügend Karten für die Studenten, die die Schriftstellerin feiern wollten. Sie sangen Choräle vor den katholischen Lehranstalten gegenüber dem Theater, standen nach der Vorstellung für George Sand Spalier und ließen sie hochleben. In diesen Jahren ist ihre Agenda, sind ihre Briefe voller Anekdoten, in denen sie ihre Verwunderung ausdrückt, in Paris von Passanten, einfachen Leuten, erkannt zu werden. Junge Schriftsteller schließen sich ihr an. Alexandre Dumas Sohn, Théophile Gautier. »Teurer Meister« ... oder »Teure Meisterin«, nennt Flaubert sie in seinen Briefen.

Freitag, 4. Oktober 1867 ... Auch Rollinat ist dahingegangen. Es war am 13. August. Sie befand sich in Nohant. George wußte nicht, daß er krank war. »Keulenschlag«, notiert sie in ihrer Agenda. In der Menge ihrer Freunde, der Legion derer, die sie liebten, ist er das Kleinod gewesen. Daß er Aurore-George geliebt hat, ist unumstritten. Jahrelang – sie hatten sich 1831 kennengelernt – wird er auf eine Antwort warten. In den Sternennächten des Berry haben sie sich einander geöffnet. Damals erlebte Aurore ihre aufregenden, jedoch mit Leiden verbundenen Liebesbeziehungen. Sie brauchte jemanden, mit dem sie sprechen konnte, der ihr geduldig zuhörte. Diese Rolle übernahm Rollinat. Damals hatte die junge Frau keinen Platz frei in ihrem Herzen, denn da waren nacheinander Sandeau, Musset, Pagello und Michel von Bourges. Rollinat war wohl zu brüderlich, zu freundschaftlich, zu gleichgeartet, um in die Reihe der Geliebten aufgenommen zu werden. Eine zu kostbare Beziehung, um in den Stürmen der Leidenschaft verloren zu gehen. Trotzdem hörte er nicht auf, ihr zu schreiben, daß sie die einzige Frau sei, die er liebte.

Mai 1834. »Sind Sie gestorben oder leben Sie? Seit sechs Monaten habe ich kein Lebenszeichen von Ihnen erhalten. Dennoch habe ich ununterbrochen an Sie gedacht. Sie sind nach wie vor ... mein Idol, meine einzige Hoffnung auf dieser Welt und in der anderen.«

Oktober 1834. »Ich merke, daß es auf dieser Welt kein anderes Glück für mich geben kann, als in Deiner Nähe zu leben, damit wir unsere Freuden und Leiden mehr oder weniger teilen können ... Du irrst nicht, wenn Du im Leben wie im Tode auf mich zählst. Du weißt, daß ich Dein bin, Dein ganz allein, ich bin Dein Eigentum, Deine Sache, Du kannst über mich nach Belieben verfügen.« Und mit der Arglosigkeit der Ungeliebten, die denken, dem Menschen, der anderweitig liebt, helfen zu können, setzt er hinzu: »Was würde ich nicht tun, um Dir das Leben weniger bitter zu machen!« George ist zu diesem Zeitpunkt hin und her gerissen zwischen Pagello und Musset. Braver, zu braver Rollinat.

Im Februar 1835 hat sich Sand mit Musset wieder versöhnt. Sie lebt in Paris. »Mir scheint, daß uns ein Teil von uns selbst fehlt, seit wir Dich nicht mehr sehen, und ich selbst kann nicht irgendwo leben, wo Du nicht bist.«

Im März bricht sie mit Musset. Der Trennungsprozeß zwischen ihr und Casimir hat begonnen. Sie bittet den Rechtsanwalt Rollinat, sie zu verteidigen. Aber leider läuft ihr genau zu diesem Zeitpunkt Michel von Bourges über den Weg... Der neue Liebhaber löst François vor Gericht ab. Schüchtern legt er im darauffolgenden Jahr eine letzte Angel aus: Soll er heiraten oder nicht, wie seine Familie es von ihm verlangt? George rät ihm zu warten. Rollinat gehorcht. Sie beglückwünscht ihn. Als er jedoch 1842 seine Heirat mit der unscheinbaren jungen Isaure Didion bekanntgibt, sehen sie sich weiterhin und schreiben sich auch dann und wann, wobei sie ihre politischen Ansichten austauschen. »Der vollkommene Freund, der Mann ohne Fehl, die Seele ohne Schatten«, schreibt sie am Tag nach seinem Tod in ihre Agenda.

Als sie einander kurz nach den Ereignissen von 1830 begegneten, waren sie beide überzeugte Republikaner. Rollinat wird 1848 Volksvertreter, dann in die Legislative im Jahr 1849 gewählt werden. George hatte ihm den *Winter auf Mallorca*, einen Teil des vierten und des fünften *Briefes eines Reisenden* gewidmet. Der ganz und gar in seinen Pflichten aufgehende Mann war die verkörperte Redlichkeit und Ausgeglichenheit. Die einzige Verrücktheit, die er sich leistete, war George. Am 14. August 1867 beweint sie den klugen Freund: »Ich sehe sein Gesicht vor mir, höre seine Stimme. Ich habe das Gefühl, daß er in den nächsten Tagen mit seinen Akten unter dem Arm bei uns auftauchen wird.« Ihr letzter Wunsch an ihn ist, immer mit ihm sprechen zu können: »Wir werden stets miteinander reden, wie eh und je, verstehst du?« Armer, beherrschter Rollinat. Glückliche George, die solcherart geliebt wurde. Zufall der Augenblicke der Begegnung... Manceau hingegen sollte das Glück haben, in einer friedlichen Zeit mit ihr zusammen zu sein. Nach dem Typhus, in dessen Verlauf George fast eine Woche lang ohne Besinnung war, ist es Rollinat, dem sie in den Ohren liegt, ihr das Phänomen des Deliriums, der

Alpträume, der Träume ganz allgemein zu erklären, zweifellos der Versuch, mit ihm das einst begonnene Gespräch über die Ideen, Phantasiebilder, Gefühle, die wir und nicht wir sind, die tief in unserem Innern entstehen und uns leiten, wieder aufzunehmen. Dankbar für alle Pflege, die man ihr hat angedeihen lassen, vertraut sie ihm an: »Ich habe das Glück gehabt, sehr geliebt zu werden.« Ausführlich schreibt sie über ihren neuen Gemütszustand: »Es ist jedoch kein getrösteter Reisender, der Dir schreibt. Trotz seines Alters hat er noch immer nichts für die Dinge übrig, die den Ehrgeiz befriedigen und die Phantasie abstumpfen und einengen.« Rollinat ist nicht mehr. Wird sie, wie nach Manceaus Tod, auch diesmal notieren: »Nun wirklich allein?«

Sie schreibt und schreibt. Literatur, die sie »am laufenden Meter« nennt und für die sie sich gegenüber dem so schwierigen Schriftsteller, der ihr anderer Vertrauter geworden ist, entschuldigt. »Ich habe *Cadio* beendet« . . . »Ich habe eine weitere Maschine gemacht« . . . Die Maschine wird *Mademoiselle Merquem* sein. Vor allem schreibt sie unzählige Briefe an ihre engen Freunde. An Armand Barbès: »Je weiter man auf dieser Reise vorankommt, desto mehr hat man das Bedürfnis, sich bei den vertrauten Weggefährten anzulehnen . . . Der Fortschritt, aufgrund dessen wir über ein besseres Urteilsvermögen verfügen als unsere Väter, hat er uns auch geduldiger gemacht? . . . Wir haben den Wunsch, glücklich zu sein.«

Sie korrespondiert vor allem mit Gustave Flaubert. Sie teilt ihm Rollinats Tod mit und setzt hinzu: »Wenn Du hier wärest, würdest Du mir Mut zusprechen.« Flaubert antwortet etwas Ähnliches, wie sie an Barbès geschrieben hat: »Je weniger unsere Lieben werden, desto enger muß man sich den noch vorhandenen anschließen . . .« Sie erwartet ihn in Nohant, er erwartet sie in Croisset.

Flaubert war siebzehn Jahre jünger als George. Als sie anfangen, Briefe zu wechseln, hat er bereits *Madame Bovary* und *Salammbô* veröffentlicht. Als er bei Erscheinen des zweiten Buchs ein Exemplar an »Madame Sand, Huldigung eines Unbekannten«

schicken läßt, schrieb George ihm zum erstenmal. Sie hat in der *Presse* einen lobenden Artikel veröffentlicht, um den von der Kritik angegriffenen Roman zu verteidigen. In Manceaus Agenda steht eine Notiz: »Flobert (sic) sendet seinen Karthago-Roman an Madame« und einen Monat später: »Das Buch gefällt Madame«. George Sand ist eine gute Kollegin. Ihr ganzes Leben lang hatte sie die Fähigkeit, andere zu bewundern. Jetzt an der Schwelle zum Alter ist sie so zuvorkommend, ihre Bewunderung auch in Worte zu kleiden. Sie genießt einen solchen Ruf, daß ihre Urteile Gewicht haben. An *Salammbô* hatte sie besonders die Fülle von Informationen und die Beschreibungen geschätzt. Besonders als die Zensur der Frömmler und die Kritik sich gegen die Bücher verbünden – vor allem gegen die verstümmelten Ausgaben der *Madame Bovary* –, eilt George Sand dem Verfolgten zu Hilfe. »Ich hätte Schweigen als Feigheit oder als Faulheit angesehen, zwei Dinge, die sich sehr gleichen. Es macht mir nichts aus, Ihre Gegner zu den meinen hinzufügen zu müssen – ein paar mehr oder weniger ...« Der Brief enthält eine Einladung nach Nohant: »Ich bin noch immer da, aber ich bin alt, erwarten Sie nicht, daß ich noch ein Kind bin.« Es folgt eine sonderbare Bemerkung. Sie hat »in einem Briefumschlag ohne Absender eine interessante, getrocknete Pflanze« erhalten. Sie fragt: »Wie mir heute scheint, ist es Ihre Schrift. Aber es ist unwahrscheinlich, woher sollten Sie wissen, daß ich mich ziemlich eingehend mit Botanik befasse?« Er antwortet, ebenfalls verwundert: »Ich war es nicht, der ... Ihnen in einem Umschlag ein Blümchen gesandt hat. Eigenartigerweise habe ich zur selben Zeit auf dieselbe Weise ein Baumblatt erhalten.«

1864 hatte Flaubert mit vielen anderen der Premiere des *Marquis de Villemer* beigewohnt, die, wie wir gesehen haben, für George ein großer Triumph gewesen war. Sie sitzen in der Loge des Prinzen Jérôme Napoleon (Sohn von Napoleons Bruder Jérôme, der immer fortschrittliche Ideen hat und oft zwischen den Republikanern wie George Sand und der Regierung des Zweiten Kaiserreichs vermittelt), dem Freund der beiden Schriftsteller.

Flaubert weint »wie eine Frau«, erzählt George. Und sie dankt ihm: »Sie waren so gut und so nett zu mir bei der ersten Vorstellung des *Villemer*, daß ich nicht mehr nur Ihr hervorragendes Talent bewundere, sondern Sie von ganzem Herzen liebe.« Wir haben keine weiteren Briefe aus dieser Periode. Erst 1866 beginnt eine so wunderbare, so wortgewaltige Brieffreundschaft, daß jedes Stück ein Genuß ist. Wer wissen möchte, was eine verliebte Freundschaft, eine Brieffreundschaft, eine unmögliche Liebe zwischen einer über sechzigjährigen Frau und einem Mann in den Vierzigern ist, oder wer einfach Schriftsteller und Literatur liebt, der sollte diese Briefe lesen.

George hat in ihrem Notizbuch am 12. Februar 1866 ihre Eindrücke am Ende eines »Magny-Diners« festgehalten. Sainte-Beuve war auf die Idee gekommen, einmal im Monat bei dem Gastronom verschiedene Persönlichkeiten aus der Welt der Literatur und der Wissenschaft zu versammeln. George kam zum erstenmal. Sie vermerkt die Namen der Anwesenden, präzisiert ihre Eindrücke: »Diner bei Magny mit meinen kleinen Genossen. Sie haben mich höchst liebenswürdig begrüßt. Sie sind sehr brillant gewesen bis auf den großen Gelehrten Berthelot; Gautier noch immer betörend und widersprüchlich; Saint-Victor reizend und distinguiert...« Sie kommt zu Flaubert: »Er ist leidenschaftlich und mir sympathischer als die anderen. Warum? Ich weiß es noch nicht.« Über die Goncourts schreibt sie nebenbei: »Zuviel Selbstsicherheit, vor allem beim jungen, der sehr geistreich ist, aber seinen Großonkeln zu oft widerspricht. Der wortgewaltigste und gleichzeitig geistvollste von allen ist noch immer Onkel Beuve, wie man ihn nennt.« In ihrem *Tagebuch* weisen die Goncourts auf das geheime Einverständnis zwischen Sand und Flaubert hin. Von George halten sie vor allem körperliche Merkmale fest. »Sie sitzt da, neben mir, mit ihrem schönen und charmanten Antlitz, in dem mit dem Alter immer mehr die Mulattin zum Vorschein kommt. Sie blickt verschüchtert in die Runde, flüstert dann Flaubert zu: ›Sie sind der einzige hier, der mich nicht verlegen macht.‹ Sie hört zu, schweigt, vergießt an einer besonders rührseligen Stelle in einem Versdrama von Hugo eine Träne. Sie hat kleine, wunderbar feine Hände, die fast verdeckt sind von den Spitzenbündchen.«

»Er ist mir sympathischer als die anderen. Warum? Ich weiß es noch nicht.« Im Mai diniert sie mit Flaubert und Taine bei Sainte-Beuve. »Wir plaudern mit Genuß und Nutzen bis Mitternacht«, notiert sie. Am 15. Mai beendet sie im leeren Haus in Palaiseau die Überarbeitung von *Dernier Amour*. Ein paar Zeilen an Flaubert: »Ich habe meinen Roman fertiggestellt. Und Sie?« Gedankenaustausch über die Arbeit. George schlägt vor, sich gegenseitig zu helfen. Sie hat Flaubert das zuletzt erschienene Buch *Monsieur Sylvestre* geschickt: »Bringen Sie das Exemplar mit. Schreiben Sie alles an Kritik hinein, was Ihnen einfällt. Es wird mir nützlich sein, wir sollten das einer für den anderen tun, wie einst Balzac und ich. Nicht etwa, daß einer den anderen dadurch beeinflußte, im Gegenteil, denn meist verteidigt man sich dabei um so mehr. Aber damit vervollkommnet man es, erklärt man es besser, entwickelt man es ganz und gar, und darum ist Freundschaft etwas Gutes, selbst in der Literatur.«

Flaubert reagiert nicht sofort auf Georges Vorschlag, der so viel guten Willen verrät. Er leistet dem Eroberer Widerstand. Einem Eroberer, der selbst so verschüchtert und so scheu ist, daß daraus zwischen den beiden ein kompliziertes Spiel von »ich gebe – ich behalte« entsteht. Das Jahr 1866 ist das Jahr der nicht zustandegekommenen Treffen. George lädt sich schließlich selbst nach Croisset ein, allerdings nachdem Flaubert sie mehrfach dazu aufgefordert hatte. Und in Croisset schwinden die Vorbehalte.

Das große Haus lehnt an einem Hang über der Seine. Flauberts Eltern hatten es gekauft, als jener infolge eines ersten Nervenanfalls im Jahr 1844 sein Studium der Rechte aufgab. Seit dem Tod seines Vaters und seiner Schwester Caroline im Jahr 1846 lebte der Schriftsteller darin mit seiner Mutter und seiner verwaisten Nichte. Einige Male war er aus gesundheitlichen Gründen in »warme Länder« gereist, nach Ägypten, Palästina, Syrien, Rhodos, Konstantinopel, Athen, Italien, wohin seine Mutter ihm nachfuhr. Seit 1851 führt Flaubert mit den beiden Carolinen in dem Haus ein sehr zurückgezogenes Leben, die alte Dame mit großer Zuvorkommenheit behandelnd und mit der Erziehung des kleinen Mädchens beschäftigt. Die meiste Zeit verbringt er jedoch hinter der geschlossenen Tür seines mit geschwungenen Louis XIII-Möbeln eingerichteten Arbeitszimmers, dem »Brüllraum«, wo er seine Sätze laut vor sich hin sagt, um den Rhythmus zu kontrollieren. An jedem Buch arbeitet er vier bis fünf Jahre. 1864 braucht er fünf Monate für vierzig bis fünfzig Seiten der *Education sentimentale*... vierzig bis fünfzig Seiten... George Sand für die gleiche Menge eine oder zwei Nächte.

Der Verfasser von *Salammbô* hat vor der Einladung nach Croisset an alles gedacht. Man hat die Zimmer umgestaltet und die Nichte Caroline eingeladen, die verärgert gewesen wäre, wenn sie die große Madame Sand nicht gesehen hätte. In ihrer Agenda schreibt George sehr positiv über ihren Empfang: »Flauberts Mutter ist eine charmante Alte. Es ist ein stiller Ort, das Haus ist bequem und hübsch eingerichtet. Und gut geführt, sauber, Wasser, Vorräte, alles, was man sich wünschen kann. Ich werde von vorn und hinten verwöhnt.« ... »Es wird sehr gut zu Abend gespeist« ... »Ausgezeichnetes Bett, man schläft gut darin«, notiert die Sechzigjährige. Aber die Nächte sind kurz, denn die beiden Schriftsteller verbringen sie mit Reden. Am Dienstag, den 28. August, bis zwei Uhr morgens. Bis zwei Uhr morgens auch am darauffolgenden Tag. Und am Schluß der Eintragungen über diese Tage der von Herzen kommende Ausruf: »Ich bin von Flaubert hingerissen.«

Der Romanschriftsteller seinerseits freut sich einfach. Er schreibt an Prinzessin Mathilde: »George Sand war wie immer sehr unkompliziert und überhaupt kein Blaustrumpf.« Georges Dankesbrief ist ein Beispiel dafür, jemandem eine zärtliche Freundschaft zu erklären. Die ersten – würdevollen – Worte gelten Flauberts Mutter und Nichte. Und dann vermischt sie fröhlich das Du und das Sie: »Na und Du, Du bist ein anständiger Junge, magst Du auch ein noch so erwachsener Mann sein, und ich liebe Dich von ganzem Herzen.« Muß man das interpretieren? Soll man sagen, Madame Sand, Sie haben sich wieder verliebt? Mit dem Gefühl, daß eine alte Frau wie Sie (Sie haben sich schon mit dreißig eine alte Frau genannt!) nicht mehr das Recht hat zu lieben. Daß sie natürlich fühlte wie eine Zwanzigjährige, aber nicht so lächerlich sein sollte, es auch zu glauben.

Nach und nach erliegt Flaubert ihrem Zauber. Er antwortet ihr: »Wie lieb und gut Ihr Brief von heute morgen ist, teurer Meister. Er setzt für mich den Abschiedsblick fort, den Sie mir gestern geschenkt haben ... man hält der unwiderstehlichen und ungewollten Anziehungskraft Ihrer Person nicht stand.« Sand schickt Bücher, er bedankt sich. »Man bewunderte Sie und man liebte Sie, wollen Sie denn, daß man Sie anbetet? Wo sind Sie jetzt gerade? Ich bin allein, mein Feuer brennt, es regnet in Strömen, ich arbeite wie ein Mann, ich denke an Sie.« Sie neckt ihn wegen seiner Zurückgezogenheit: »Und Du, mein Benediktiner, Du bist ganz allein in Deiner entzückenden Klause, arbeitest und gehst nie aus? Das kommt vom zu vielen Ausgehen.« Sie selbst, schreibt sie, fahre mit den Kindern in die Bretagne, und den Satz über die Einsamkeit des Schriftstellers geschickt aufnehmend, versucht sie, ihn aus der Reserve zu locken. Ihr gefällt das Geheimnisvolle an ihm: »Sie sind ein sehr eigenartiger, sehr geheimnisvoller Mensch, und dabei sanft wie ein Schaf«, und sie fügt hinzu: »Ich hatte große Lust, Sie auszufragen.« Sainte-Beuve verbreitet zu jener Zeit Gerüchte über Flauberts Abartigkeiten ... »Aber vielleicht sind seine Augen nicht ganz sauber wie bei jenem Botanikgelehrten, der behauptet, der Gamander sei schmutziggelb. Die Beobachtung war so falsch, daß ich nicht umhin konnte, an den Rand des Buchtextes zu schreiben: ›Sie waren es, der schmutzige Augen hatte.‹« Dennoch, sie möchte gern das Gespräch mit ihm fortsetzen. Schließlich »ist Croisset ja so nahe bei Palaiseau! Und ich befinde mich in einer Phase ruhiger Aktivität, in der ich gern in Ihrem Obstgarten vor mich hin träumen würde«. Flaubert hat die Aufforderung so gut verstanden, daß er antwortet: »Wenn Sie meine Beichte wollen, dann will ich sie vollständig ablegen.« Die

Einladung wird angenommen. Sie verspricht, ihn ein zweites Mal in Croisset zu besuchen: »Bei schönem Wetter werde ich Sie zum Laufen bringen. Wenn es die ganze Zeit regnet, kochen wir uns Haxen und erzählen uns dabei unsere Herzenskümmernisse. Der große Fluß wird schwarz oder grau unter dem Fenster vorüberfließen und ständig sagen: rasch! rasch! und unsere Gedanken, unsere Tage und Nächte mit sich nehmen, ohne sich damit aufzuhalten, etwas so Geringes wie uns zu betrachten.« Die Zeit ... das Alter ... soll man sich also beim Alter aufhalten? »Ich träume so viel vor mich hin und lebe so wenig, daß ich manchmal nur drei Jahre alt bin. Aber am nächsten Tag bin ich dreihundert, wenn meine Träumereien unerfreulich waren.« Flaubert stimmt zu: »Wir werden allein sein und wir werden Zeit haben, uns gründlich zu unterhalten«, und er geht in Sachen Alter sogar noch weiter: »Ich habe nicht, wie Sie, das Gefühl eines beginnenden Lebens, den verblüffenden Eindruck eines Neuanfangs. Ich glaube vielmehr, daß ich schon immer existiert habe.« Wie kann ein jüngerer Mann einer alten Frau schöner sagen, daß er noch älter ist als sie?

Und für George glänzt Flaubert. Und sei es nur, um ihr zu beweisen, daß seine Stilversuche, in denen er sich zu verlieren scheint, seinen Einfallsreichtum nicht beeinträchtigen:

»Finden Sie nicht, daß seit 89 eigentlich nur dummes Zeug geredet wird? Statt die große Straße weiterzugehen, die breit und schön war wie ein Triumphweg, hat man sich auf schmale Pfade geflüchtet und watet in Schlammlöchern umher. Vielleicht wäre es im Augenblick klüger, auf Holbach zurückzukommen. Sich mit Turgot zu beschäftigen, bevor man Proudhon bewundert.« Dann geht der künftige Verfasser von *Bouvard und Pécuchet* daran, das Wort »schick« zu definieren: »Doch was wird aus dem Schick, dieser modernen Religion? Schicke Ansichten: *für* den Katholizismus sein (ohne ein Wort zu glauben), für die Sklaverei sein, für das Haus Österreich sein, um die Königin Amélie trauern, Orpheus in der Unterwelt bewundern, sich mit den Landwirtschaftlichen Verbänden beschäftigen, über Sport reden, sich kalt geben, blöd sein, ja sogar den Verträgen von 1815 nachtrauern – das alles ist der letzte Schrei.«

Für sie, die auf den Inhalt mehr Wert legt als auf die Form, setzt er hinzu: »Ah, Sie glauben, weil ich mein Leben zubringe, harmonische Sätze zu bilden und Assonanzen zu vermeiden, daß nicht auch ich meine unmaßgeblichen Meinungen über die Dinge auf dieser Welt habe. Leider habe ich sie, und ich werde sogar vor Zorn krepieren, wenn ich sie nicht sage.«

Auch er, Monsieur Flaubert, hat Lust, sich »auszutauschen«.

Nun folgen sehr lange Briefe. Der von Sand, datiert auf den 1. Oktober 1866, rügt ihren Freund ob seiner vorgetäuschten elitären Einstellung.

»Ich habe Sie sagen hören: Ich schreibe lediglich für zehn oder zwölf Menschen. Man redet in der Unterhaltung so manche Dinge daher, die das Ergebnis des momentanen Eindrucks sind. Aber Sie sind nicht der Einzige, der das sagt. Das war auch die Meinung am *Montag* (die literarischen Diners bei Magny fanden immer montags statt) oder die These dieses Tages. Ich habe innerlich protestiert ... Man schreibt für jedermann, für alle, die das Bedürfnis haben, mehr zu erfahren. Wenn man nicht verstanden wird, resigniert man und beginnt von neuem. Wenn man es wird, freut man sich und macht weiter. Das ist das ganze Geheimnis unserer beharrlichen Arbeit und unserer Liebe zur Kunst. Was ist denn schon die Kunst ohne die Herzen und Hirne, in die man sie hineinschüttet? Eine Sonne, die nicht strahlte und kein Leben hervorbrächte ... Hundertmal im Leben scheint das Gute, das man tut, zu nichts nütze zu sein und ist auch im Augenblick zu nichts nütze, aber damit wird dennoch die Tradition, das Gute zu wollen und Gutes zu tun, aufrechterhalten, ohne die alles aufhören würde.«

Flaubert will diejenige, die das gesagt hat, wiedersehen. Von Croisset schreibt er am 21. Oktober 1866: »Wir werden alle beide Ende nächster Woche hierherkommen ... Dann können wir in aller Ruhe lange und ausführlich miteinander reden.«

George: »... an dem Tag, an dem Sie möchten. Mein großes

Gespräch mit Ihnen bedeutet, daß ich Ihnen zuhöre und Sie von ganzem Herzen liebe. Ich bringe Ihnen mit, woran ich gerade sitze (George Sand schreibt an *Cadio*). Wenn ich Ihnen doch die Sonne von Nohant mitbringen könnte! Sie ist herrlich!«

Der zweite Besuch in Croisset wäre Stoff für ein ganzes Buch. Er dauert vom 3. bis 10. November. George und Flaubert sprechen so oft davon, daß man sich am besten darauf beschränkt, nur die Fakten wiederzugeben. In Georges Notizbuch finden sich zahlreiche Bemerkungen, aus denen hervorgeht, in welchem Zustand der Verzückung sie sich befand: Das Wort »Unterhaltung« taucht in jedem Tagesbericht drei- oder viermal auf.

Am Sonntag, dem 4. November, zum Beispiel steht da für den Abend: »Wir haben zu Abend gegessen, dann Patiencen gelegt. Gustave liest mir danach aus dem Feenmärchen (*Le Château des cœurs*) vor. Es ist voll von wunderbaren und reizenden Dingen, zu lang, zu reichhaltig, zu voll. Wir unterhalten uns noch. Um halb drei Uhr bekomme ich Hunger. Wir gehen in die Küche hinunter und holen uns kaltes Brathuhn. Dann treten wir kurz auf den Hof, um an der Pumpe Wasser zu holen. Es ist mild wie im Frühling. Wir essen, wir gehen wieder hinauf, wir rauchen, wir unterhalten uns weiter. Erst um vier Uhr morgens trennen wir uns.«

Am 5. November: »Nach dem Abendessen Unterhaltung mit Gustave. Ich lese ihm aus *Cadio* vor. Wir setzen unsere Unterhaltung fort und essen später noch eine Weintraube und ein Marmeladenbrot.«

Am 6. dauern ihre Gespräche bis zwei Uhr, am 7. bis vier Uhr...

Flaubert blieb offenbar weiterhin reserviert und schrieb nach Georges Abreise an eine Freundin: »Sie arbeitete den ganzen Tag, und abends schwatzten wir wie die Elstern bis drei Uhr morgens. Obgleich sie ein wenig zu wohlwollend und dankbar ist, zeigt sie manchmal einen sehr scharfen praktischen Verstand, solange sie nicht ihr sozialistisches Steckenpferd reitet. Sehr zurückhaltend, was sie selbst angeht, spricht sie bereitwillig von den 48er Männern, wobei sie mehr Nachdruck auf ihren guten Willen als auf ihre Intelligenz legt.«

In Paris hat Sand vom Tod Charles Duveyriers erfahren: »Ich schenke Ihnen den Teil meines Herzens, den er besaß, was zusammen mit dem, den Sie bereits besitzen, einen gehörigen Teil ausmacht, und ich werde ganz zerschlagen schlafen ...«

Da scheint Flaubert der Zärtlichkeit nicht mehr widerstehen zu können: »Ich bin seit Ihrer Abreise völlig durcheinander ... Unter welchem Sternzeichen sind Sie denn geboren, um in Ihrer Person so zahlreiche erstaunliche Eigenschaften zu vereinen! Ich weiß nicht, welche Art Gefühle ich Ihnen entgegenbringe, aber ich empfinde für Sie eine besondere Zärtlichkeit (er unterstreicht das Adjektiv), die ich bis jetzt noch für niemanden verspürt habe ... Sie waren sehr hübsch, unsere nächtlichen Unterhaltungen. Es gab Augenblicke, da mußte ich mich zurückhalten, um Sie nicht abzuküssen wie ein großes Kind.«

Flaubert ist jedoch vorsichtig: »Es war sogar so gut, daß ich nicht möchte, daß auch andere etwas davon haben. Wenn Sie in einem Ihrer Bücher Croisset einbauen, dann tun Sie es getarnt, damit man es nicht wiedererkennt. Dafür wäre ich Ihnen dankbar. Die Erinnerung an Ihr Hiersein gehört uns beiden, gehört mir. So egoistisch bin ich.«

Wie ist das zu verstehen? Was sich da so einfach anhört? Fürchtete Flaubert die Fertigkeit seiner Freundin, aus allem Honig zu machen, und das Lächerliche einer Beziehung, über die man nicht schwätzen sollte? Oder aber ... Wenn man Angst hat, sich über eine zärtliche Beziehung zu äußern, dann oft deshalb, weil sie zu tief geht, manchmal aber auch, weil sie nicht genügend tief geht; dann zieht man es vor, mehr zu träumen. Jedenfalls ist das Ende des Briefs lesenswert:

»Sie mehr zu ›lieben‹ fällt mir schwer ... Wir haben uns in dem Augenblick getrennt, als uns so vieles über die Lippen kommen wollte! Noch sind nicht alle Türen zwischen uns geöffnet. Sie flößen mir große Achtung ein, und ich wage nicht, Ihnen Fragen zu stellen.«

Da nun er es ist, der ihr Vertrauen erbittet, antwortet sie ohne Umschweife: »Man ist glücklich, nicht wahr, jemandem sein ganzes Leben erzählen zu können. Es ist bei weitem nicht so kompliziert, wie viele glauben.«

Sie rührt wie zufällig an die schreckliche Altersfrage, jedoch nur, um den Unterschied zu beleuchten: »... Ihr schönes, ehrliches Gesicht ... hat etwas Väterliches. Das hat nichts mit dem Alter zu tun, man spürt bei Ihnen, daß Sie mit unendlicher Güte Schutz gewähren können, und eines Abends, als Sie Ihre Mutter *meine Tochter* nannten, sind mir die Tränen in die Augen gestiegen.«

Daß sie ihn gern wiedersehen möchte, wird in dem Brief an ihn deutlich, in dem sie über ihre Einsamkeit in Palaiseau und den Rahmen schreibt, in dem sie nachts arbeitet:

»Ich bin in meinem Häuschen *ganz allein*. Der Gärtner wohnt mit seiner Familie im Gartenpavillon, und wir sind das letzte Haus am unteren Ortsende. Das Haus liegt völlig einsam in einer entzückenden Landschaft wie in einer Oase. Es gibt Wiesen, Wälder und Apfelbäume wie in der Normandie, aber keinen großen Fluß und so auch nicht das Pfeifen und schauerliche Kettenrasseln der Dampfschiffe. Ein Bächlein fließt unter den Weidenbäumen dahin, ach, welche Stille! Ich komme mir vor wie mitten in einem Urwald, kein Laut, nur die kleine Quelle, die unermüdlich ihren diamantenen Wasserstrahl im Mondlicht hochwirft. Die Fliegen, die in den Zimmerecken eingeschlafen waren, erwachen von der Wärme meines Feuers. Sie hatten sich dort schon zum Sterben eingerichtet, nun kommen sie zu meiner Lampe und führen sich auf wie närrisch. Das ist ein Summen, Tanzen und lustiges Treiben, sogar amouröse Anwandlungen haben sie. Aber sie müssen sterben, und paff, mitten im Tanz stürzen sie jäh herab. Schluß, der Ball ist aus!«

Sie beschwört für Flaubert die Gegenwart des dahingegangenen Manceau: »Trotzdem bin ich traurig hier. Diese absolute Einsamkeit, die für mich immer Ferien und Erholung bedeutet hat, teile ich nun mit einem Toten, der hier starb, wie eine Lampe, die verlöscht.«

Die nächtliche Beichte endet mit Sätzen, in denen sie zwischen

»Du« und »Sie« hin und her springt: »Und wie geht es Ihnen, mein Freund? Was machst Du um diese Stunde? Du arbeitest sicher fleißig, bist auch allein ... Du sollst Dich nicht verpflichtet fühlen, mir zu schreiben, wenn es Dir gerade nicht von der Hand geht ...«

Und wovon sprechen die »Troubadoure«, wie sie sich gegenseitig gern nennen? Unter anderem ... von der Keuschheit! George sorgte sich damals um einen ihrer Schützlinge, einen Studenten an der Hochschule für Bergbau in Sainte-Étienne. Der junge Mann wollte heiraten. George hatte ihn ernsthaft gescholten:

»Du Dummchen, Du erlaubst Dir also, Dich kurz vor Deinen Examina zu verlieben? Na sowas! Das ist ein Fehler, ein schwerer Fehler. Man muß den Sinnen und der Vorstellungskraft widerstehen, man muß das Unmögliche tun, denn nicht das ist die Liebe, das Herz hat damit nichts zu tun. Weißt Du, was Liebe ist? Es ist die vollständige, glühende Freundschaft. Alles, was nicht auf einer enormen Zuneigung beruht, ist nur Bedürfnis ... Komm wieder zur Vernunft und sei willensstark.«

Der Schützling hatte versprochen, so lange verlobt zu bleiben, wie es nötig wäre. Diese keusche Liebe wurde zum Gegenstand mehrerer Diskussionen zwischen den beiden Schriftstellern. Mit George in der Rolle des Verteidigers der Reinheit und Flaubert als Befürworter der Fleischeslust.

George: »Sie sind nicht für die Keuschheit, Monsignore, das ist Ihre Sache. Ich sage, sie hat ihr Gutes.«

Flaubert: »Schön ist das Bemühen um Enthaltsamkeit und nicht diese an sich. Anderenfalls müßte man das Fleisch verdammen, so wie die Katholiken es tun. Gott weiß, wohin das führt. Also auf die Gefahr hin, immer wieder dasselbe zu sagen und ein wenig Prud'homme-haft zu erscheinen, wiederhole ich, daß Ihr junger Mann nicht recht tut. Wenn er mit zwanzig Jahren enthaltsam ist, wird er mit fünfzig ein widerlicher Wüstling sein. Alles hat seinen Preis. Die großen Naturen – die auch die guten sind – sind vor allem verschwenderisch und achten nicht so genau darauf, sich zu verausgaben! Man muß lachen und weinen, lieben, arbeiten, genießen und leiden, in jeder Beziehung so lebendig wie möglich sein. Das, glaube ich, macht den wahren Menschen aus.«

George: »Sich in allen Bereichen weiterentwickeln, sagen Sie? Aber doch nicht gleichzeitig, ohne Ruhepause! Die sich dessen rühmen, scherzen ein wenig, oder wenn sie alles zugleich machen, geht alles daneben. Wenn für sie die Liebe ein kleiner Pot-au-feu ist und die Kunst ein minderer Broterwerb, dann bravo! Aber wenn für sie der Genuß riesig, fast grenzenlos und die Arbeit ein Vergnügen, fast eine Leidenschaft wird, geben sie sich ihnen nicht abwechselnd hin wie dem Schlafen und dem Wachsein. Ich glaube nicht an diese Don Juans, die gleichzeitig Byrons sind. Don Juan verstand sich nicht aufs Dichten, und Byron, so heißt es, nicht aufs Lieben.«

So verlief die Diskussion. Und wenn es nicht ihr junger Ingenieur war, dem George Keuschheit predigte? Wer kennt die Andeutungen, das Nichtausgesprochene über ihre eigene Beziehung, die nur sie zwischen den Zeilen lesen, schreiben und verstehen konnten? Sie beharrt darauf, daß Sinnlichkeit nicht vereinbar sei mit »Künstlerleben«: »Und Sie sind es, mein Bruder, an den sich dieser Diskurs richtet ...«

Und schon sind wir wieder bei der Literatur. In dieser wichtigen Angelegenheit werden sie nicht aufhören, ihre Verschiedenartigkeit festzustellen.

Von Flaubert an George Sand über ihr müheloses Schreiben:

»Ich kann Sie nur mit einem großen Strom Amerikas vergleichen: ein ruhiges Dahinfließen gewaltiger Massen.«

Von George Sand an Flaubert über seine Schwierigkeiten:

»Sie haben Ängste und Geburten. Das ist schön und das ist jung, das hat nicht jedermann.«

Doch Achtung, George wehrt sich, sie arbeitet!

»Ihr alter Troubadour ist heute abend zufrieden. Er hat die Nacht damit verbracht, den zweiten Akt umzuschreiben, der nicht gut ausgefallen war und nun richtig sitzt. ... Wenn man die Geduld eines Ochsen hat und das Handgelenk ramponiert vom – guten oder schlechten – Steineklopfen, kann man über Neues und über Gefühlsregungen kaum etwas erzählen. Mein armer Manceau nannte mich einen Streckenwärter, und gibt es etwas Unpoetischeres als diese Menschen?«

Flaubert versucht zu erklären, was sie als mühselige Niederkünfte bezeichnet:

»Es wundert mich überhaupt nicht, daß Sie meine Schreibängste nicht verstehen. Ich verstehe sie selbst nicht. Aber sie sind vorhanden und zwar heftig. Ich weiß nicht mehr, wie man es anstellen muß zu schreiben, und ich vermag nur den hundertsten Teil meiner Ideen auszudrücken, wobei ich endlos herumprobiere. Es gibt Tage«, fügt er hinzu, »an denen ich mich unter der Grenze zur Idiotie fühle ...«

Er stellt sich jedoch in seinen Büchern nicht zur Schau. »Ich habe eine unüberwindliche Abneigung, etwas von meinem Herzen zu Papier zu bringen. Ja, ich finde sogar, daß ein Romanschriftsteller nicht das Recht hat, zu irgendeiner Sache seine Meinung zu äußern. Hat der liebe Gott jemals seine Meinung geäußert? Das ist der Grund, warum mir nicht wenige Dinge die Luft abschnüren, die ich ausspucken oder hinunterschlucken möchte.«

George reagiert hitzig: »Nichts von seinem Herzen in das hineinlegen, was man schreibt? Das begreife ich nicht, oh, ganz und gar nicht. Mir scheint vielmehr, daß man nichts anderes hineinlegen kann.«

Der Verfasser von *Madame Bovary* erklärt hierauf: »Ich wollte sagen: nicht seine Person in Szene setzen. Ich glaube, die große Kunst ist wissenschaftlich und unpersönlich. Man muß, mit Hilfe einer Geistesanstrengung, sich in die Personen hineinversetzen und darf sie nicht an sich ziehen.«

Sand deutete das Hintanstellen der eigenen Person anders. Sie nannte dieses Hintanstellen »Inspiration«:

»Der Wind spielt auf meiner alten Harfe, wie er will. Er hat seine Höhen und Tiefen, seine starken Noten und seine Schwächen, im Grunde ist mir das gleichgültig, Hauptsache ist, das Gefühl wird angesprochen, aber ich kann nichts in mir finden. Es ist der *andere*, der singt, wie er mag, schlecht oder gut, und wenn ich daran zu denken versuche, erschrecke ich und sage mir, daß ich nichts bin, überhaupt nichts.«

Man diskutiert ... vergleicht ... steht einander gegenüber ... Und in allen diesen Briefen tritt wie ein Kontrapunkt zu den »ernsten« Themen das verborgene kleine Gespräch der unmöglichen Liebe, der wunderbaren Freundschaft zutage. Im Dezember 1866 war George krank. Sie denkt an den Tod. »Ich leite diesen Fingerzeig aus der großen Ruhe ab; immer mehr Ruhe«, unterstreicht sie, Goethe zitierend, »kehrt ein in meine einst unruhige Seele.« Und von einem weiteren Leben sprechend: »Mir scheint, daß mir etwas weniger Kompliziertes, weniger Gesittetes, von vornherein Luxuriöseres und leicht Besseres zusteht als dieser leidenschaftliche Aufenthalt ...« Am Schluß des Briefs schimmert etwas Neugierde oder eifersüchtige Sorge durch. »Macht Dir das Alleinsein nicht zu schaffen? Ich könnte mir denken, daß es da irgendwo eine schöne Freundin gibt, die kommt und geht oder dableibt.«

Flaubert: »Sie werden alt, sehr alt werden, so alt wie die Giganten, da Sie ja diesem Geschlecht angehören.« Und beruhigend: »Obwohl Sie es vermuteten, keine ›schöne Dame‹ kommt mich besuchen. Die schönen Damen haben meinen Geist beschäftigt, mich aber wenig Zeit gekostet.«

Sand schreibt daraufhin diesen Brief über das Alter und die Liebe:

»... wenn man die Kraft des *Ich* schwinden fühlt, liebt man die Menschen und die Dinge um ihrer selbst willen ... und nicht dessentwegen, was sie zum eigenen Schicksal zusätzlich beitragen. Es ist das Gemälde oder die Statue, die man für sich haben möchte, wenn man gleichzeitig von einem schönen Heim träumt, wo man diesen Gegenstand unterbringen kann. Aber man hat das grüne Böhmen durchstreift, ohne etwas zusammenzutragen, man ist ein Vagabund, gefühlsbetont und ein Troubadour geblieben. Man weiß sehr gut, daß das stets so sein wird und daß man ohne Haus und Herd sterben wird. Dann denkt man an die Statue, an das Gemälde, die man, besäße man sie, nicht würdig unterzubringen wüßte. Man freut sich, sie in irgendeinem nicht von der kalten Analyse entweihten Tempel zu wissen, ein wenig abseits der Blicke, und dann liebt man sie um so mehr. Man sagt sich: Ich werde wieder in das Land kommen, wo sie sind. Ich werde das, was mich sie lieben und verstehen läßt, wiedersehen und immer lieben. Die Berührung mit meiner Person wird sie nicht verändert haben, nicht ich werde es sein, die ich in ihnen liebe. Und es ist wirklich so, daß das Ideal, das man nicht festhalten möchte, sich in einem festsetzt, weil es es *selbst* bleibt. Das ist das Geheimnis des Schönen, Guten, *allein Wahren*, der Liebe, der Freundschaft, der Kunst, der Begeisterung und des Glaubens. Denk daran, Du wirst schon sehen.«

Flaubert hatte sich kürzlich als »hysterisch« bezeichnet, sie antwortet ihm:

»Was heißt denn schon hysterisch sein? . . . Ist es nicht ein Unbehagen, eine Bangigkeit, verursacht durch das Verlangen nach irgend etwas Unmöglichem? In diesem Fall sind wir alle von diesem seltsamen Übel befallen, wenn wir Vorstellungskraft besitzen; und warum sollte eine solche Krankheit einem Geschlecht vorbehalten sein? Und zudem, für die Leute, die stark sind in Anatomie: *es gibt nur ein Geschlecht*. Mann und Frau sind so sehr das gleiche, daß man die zahlreichen Unterscheidungen und spitzfindigen Beweisführungen der Gesellschaft zu diesem Punkt nicht begreift.«

Flaubert kommt auf diese Unterschiede der Geschlechter und Altersstufen zurück:

»Als die Flut einsetzte und das Eis auf der Seine und das gefrorene Wasser auf den Bächen barst, war das tatsächlich prächtig. Da dachte ich an Sie und bedauerte, daß Sie nicht da waren. Ich esse ungern allein. Ich muß bei Dingen, die mir Freude bereiten, jemanden bei mir haben oder dazudenken. Aber einen solchen Jemand gibt es selten. Auch ich frage mich, warum ich Sie liebe. Etwa weil Sie ein großer Mann oder ein *charmantes Wesen* sind? Ich weiß es nicht. Fest steht, daß ich für Sie ein besonderes Gefühl verspüre, das ich nicht definieren kann. Und in diesem Zusammenhang, glauben Sie (Sie als Meister der Psychologie), daß man zwei Personen auf dieselbe Weise lieben kann? Ich glaube es nicht, da sich unser Wesen in jedem Augenblick unseres Lebens ändert. ... Ich glaube, daß das Herz nicht altert. Es gibt sogar Menschen, bei denen es mit den Jahren größer wird, ich war vor zwanzig Jahren gefühlloser und strenger als heute. Durch die Abnutzung bin ich weiblicher und weicher geworden, so wie sich andere verhärten. Und das ärgert mich. Ich spüre, daß ich zur *Memme* werde. Schon ein Nichts kann mich rühren. Alles beunruhigt und erregt mich. Alles ist mir Nordwind wie dem Schilfrohr.«

Fröhlicher, da sich der Frühling ankündigt, schmettert George an Gustaves Adresse: »Dein Herzensfreund, der alte Troubadour, fühlt sich wie zehntausend Menschen, denen es gutgeht, und er ist kreuzfidel, weil wieder die Sonne scheint und das Manuskript voranschreitet.«

Kokett setzt sie hinzu: »Sag mir die Zeiten, da Du nicht das schöne Geschlecht empfängst und die sechzigjährigen Troubadoure Dich nicht stören.«

Flaubert erwidert: »Meine kleinen Herzens- oder Gefühlsangelegenheiten verlassen nicht das Hinterzimmer.«

Sie lädt ihn nach Nohant ein, doch jedesmal durchkreuzt irgendein Hindernis den versprochenen Besuch. Sie beklagt sich, »in Honig- und Rosenschwermut« dahinzudämmern. Und er antwortet ihr: »Wie traurig ist es, nicht zusammenzuleben, lieber Meister.«

Doch auch diesmal rettet die Arbeit George. Am 30. Mai ist *Cadio* fertiggestellt, und sie schreibt an Flaubert:

»Ich bin mit *Cadio* fertig, uff!!! Ich muß ihn nur noch ein wenig überarbeiten. Es ist eine Krankheit, eine solche Maschine so lange in seiner Trompete herumzuschleppen ... Gegenwärtig bin ich nicht älter als fünfzehn!«

Wenn eine ganz einfache Geschichte aufregend wird, weil sich da ein Ungeheuer an Leben und ein Ungeheuer an Intellekt gefunden haben ... wo innehalten? Aus dem Gang der Ereignisse ist zu entnehmen, daß zwischen Sand und Flaubert nichts geschah. Aber welch eine Fülle an nichts! Das starke Gefühl, das sie wohl empfanden, daß sich zwei gegensätzliche Menschen noch nie so gut verstanden, so sehr voneinander gefesselt waren, daß sie einander zu spät gefunden hatten, daß sie nicht mehr genügend Zeit hatten, daß sie nie aufhören würden, behutsam ihre Fühler nacheinander auszustrecken, wobei sie auf verbotene Liebkosungen verzichteten, da ihnen die Lust an der Fremdartigkeit des anderen wichtiger war.

Der Tod wird immer präsenter in Georges Leben, selbst wenn ihr Bemerkungen entschlüpfen wie jenes »ich bin nicht älter als fünfzehn«. Im Juli 1863 wird ein kleiner Junge geboren, Marc-Antoine Sand. Er wird im nächsten Sommer sterben. Seit so vielen Jahren schon träumt George davon, in ihren Kindeskindern fortzuleben!

Maurice hat sich bis zu seinem neununddreißigsten Lebensjahr als Junggeselle sehr wohl gefühlt. Bei diesem großen, liebenswürdigen und zweifellos ein wenig trägen Sohn schwankte George stets zwischen Zuneigung und Verärgerung. Würde es ihr gelingen, ihn zu verheiraten? Mehrere Versuche schlugen fehl, dann kam Lina, Marcelline Calamatta, die Tochter des italienischstämmigen Luigi Calamatta, den George seit langem kannte. Lina war dunkelhaarig, lebhaft, intelligent. Sie war musikalisch und konnte wunderbar singen. Praktisch veranlagt, wie sie war, wird sie Maurice dazu bringen, mit ihr zusammen Nohant zu bewirtschaften. Wie Georges familiäre Beziehungen zu jener Zeit aussahen, geht aus einem Brief hervor, den sie 1867 an Flaubert schrieb: »Meine Tochter Lina ist noch immer meine echte Tochter. Der *anderen* (sie unterstreicht das Wort) geht es gut, und sie ist schön, mehr kann ich nicht von ihr verlangen.« Lina ihrerseits würde eines Tages erklären: »Oh, ich habe viel mehr George Sand geheiratet als Maurice Sand, und ich habe ihn geehelicht, weil ich sie anbetete.«

Nach dem Tod des kleinen Marc-Antoine wartet George auf weitere »Hoffnungen«. Im Januar 1866 kommt Aurore zur Welt.

Ihre Großmutter wird bei der geringsten Erkältung in helle Aufregung geraten, ihre Schwiegertochter rügen, daß sie das Baby in einem Nordzimmer untergebracht hat, in ihren Briefen Ratschläge für die Pflege und Ernährung erteilen. Zwischen einem erregten Streitgespräch mit Flaubert über die Verdienste des Subjektivismus und des Realismus, einem ernsten Brief an Armand Barbès über die Chancen der Demokratie und die Risiken eines Krieges, zwischen einem Disput mit dem Verleger Buloz, einem Abstecher in die Normandie, um in der Szenerie von *Mademoiselle Merquem* »nicht einen falschen Sonnenstrahl zu beschreiben«, zwischen einer Probe der *Beaux Messieurs de Bois-Doré* und einem Abendessen bei Magny, denkt George an Aurore und schreibt an Lina: »Ich küsse Lolo. Was kann man ihr als Überraschung mitbringen?«

An dem Tag vor diesem in Palaiseau verbrachten ist George nach Marly zu den Dumas gefahren. Der Sohn Alexandre Dumas ist ihr ein guter Freund geworden, seit er George ihre Briefe an Chopin zurückgebracht hat, die ihm an der russisch-polnischen Grenze zufällig in die Hände gefallen waren. Sie nennt ihn »mein Sohn«, er schreibt an sie »liebe Mama«. Er hat ihr bei der Dramatisierung ihres *Marquis de Villemer* geholfen und arbeitet jetzt mit ihr an der von *Mont-Revêche*. Da er anscheinend etwas gekränkt war, weil man bei dem großen Erfolg von *Villemer* seine Verdienste nicht anerkannte – eines seiner eigenen Stücke, *L'Ami des Femmes*, war damals gerade durchgefallen – schlägt George ihm vor, für die Adaption allein zu zeichnen oder zumindest mit ihr vertraglich zu vereinbaren, daß er am Gewinn beteiligt wird.

1861 war Alexandre in Begleitung in Nohant erschienen und hatte sich dafür entschuldigt, daß er ungefragt einen weiteren Gast mitbrachte. Es war ein Maler elsässischer Herkunft. »Er ähnelt ziemlich stark Ihren Neufundländern, wird ›Marchal der Gigantische‹ genannt, wiegt 182 Pfund und ist schlau für vier. Er schläft, wo auch immer, in einem Hühnerstall, unter einem Baum, unter dem Brunnen. Kann ich ihn mitbringen?« Man gewöhnte sich so sehr an diesen neuen Gast, daß er nach Dumas' Abreise in Nohant blieb.

George ergötzte sich an Marchals Fröhlichkeit, seiner Lebensfreude. Er porträtierte George, Manceau und Maurice und war bald der Liebling von Nohant. »Marchal ist mein ganzes Glück«, sagt sie im Spaß zu Dumas. »Uns verbinden die zärtlichsten Gefühle, gegenwärtig bin ich ›seine Base‹, weiß Gott, warum. Ich nenne ihn ›meinen Liebling‹, im Notizbuch wird Marchal zu ›meinem großen Baby‹.« Damals ist Manceau Georges Lebensgefährte, und nach Aussage der Biographen ist die Beziehung zwischen der Schriftstellerin und dem »Mastodon« eine liebevolle Freundschaft. Im September 1864 macht sie jedoch mit Marchal einen kleinen »Seitensprung«. Manceau baute gerade eine Heizung in Palaiseau ein und ärgerte sich über die Anwesenheit seiner Freundin. Daraufhin fährt George für acht Tage mit dem Maler nach Gargilesse. Über den Aufenthalt dort schreibt George in einem Brief an Maurice und Lina ironisch: »Marchal sendet Euch viele herzliche Grüße. Es geht ihm nicht schlecht. Er ißt gut und schläft viel. Seine kleine Gesundheit hat die Reise gut vertragen. Er ist von Gargilesse begeistert.«

Nach Manceaus Tod belagert sie Marchal geradezu. Kurze Billette (der Maler selbst schrieb wenig), in denen sie mit ängstlich-genauen Angaben Treffen mit ihm vereinbart. Vorschläge, miteinander zu dinieren, ins Theater zu gehen, einfach zusammen zu sein, ganz andere Botschaften als die geistreichen Briefe an Flaubert, in denen George ihr Bestes gab. »Liebesbriefchen«, wie der andere Freund, Théophile Gautier, gesagt haben soll, in denen sie dem Maler ulkige oder boshafte Kosenamen gab wie »mein dicker Hanswurst«, »mein blauer Hase«, »mein rosa Hase«, »mein dicker Frühling«, »mein großer Spinner« ... Doch ganz abgesehen davon hatte die Liaison mit Marchal zweifellos auf George eine beruhigende Wirkung. Vor dem Besuch einer Vorstellung, für den sie seine Begleitung wünscht, sagt sie: »Du bist genauso ungesittet wie ich, du hörst zu und kritisierst nicht während der Aufführung. Ertrage mich eben so, wie ich bin.« Im April

1866 schreibt sie ihm von Palaiseau: »Komm, wenn Du kannst. Du wirst mir sehr guttun. Du weißt ja, ich bitte nicht oft darum, daß man mir wieder auf die Beine hilft. Aber hier blase ich Trübsal.« Und als er ihre Briefe zu beantworten vergißt: »Es verdrießt mich, mein Dicker, nichts von Dir zu hören. Was treibst Du, wie geht es Dir?« Im übrigen, schreibt sie an Dumas, sei nur Marchal in der Lage, sie zu »entschüchtern«. Und zwischen den Besuchen bei Flaubert und den literarischen Abendessen stärkt sie sich an seiner Einfachheit:

»Solange ich mit Dir zusammen bin und meinen Weg gehe, bin ich ganz zufrieden.... Mir scheint, als beginne ich ein neues Leben und sehe alles zum erstenmal. Wieso? Ich habe keine Ahnung. Warum mit dreiundsechzig jünger werden, um plötzlich ins Kindesalter zu fallen, vielleicht bald? Ach, was soll's? Warum regnet es Sternschnuppen? Man weiß es nicht, dabei ist das viel großartiger und interessanter als ich.«

Bis an ihr Lebensende wird George sich zeitweise ganz jung fühlen.

Einige Tage vor dem Besuch in Palaiseau badete sie in dem unter dem Laubwerk beinahe schwarzen Indre in der Nähe der Mühle: »Ich bin noch hier und stelle mich jeden Tag bis zum Kinn in den Fluß. Alle meine Kräfte kehren wieder in diesem kalten schattigen Gewässer, das ich so liebe, und wo ich in meinem Leben so viele Stunden zugebracht habe, mich zu erholen nach den langen Sitzungen im traulichen Beisammensein mit dem Tintenfaß.«

Sie hätte damals, wie einige Monate früher, schreiben können: »Ich bin heute wiedergeboren worden.«

8

Sonntag, 1. Dezember 1872

Die Menschheit ist in mir und mit
mir entrüstet.
Diese Entrüstung, die eine der
leidenschaftlichsten Formen der
Liebe ist,
darf man weder verbergen noch zu
vergessen suchen.

Zeichnung von Pauline Viardot.
Sammlung G. Lubin.

Der 1. Dezember, das war vorgestern; ich habe wahrhaftig gelebt, ohne an mein Alter und an meine Holzschuhe zu denken.«

Sie ist achtundsechzig. Der Herbst ist unwirtlich, es gießt. Mitten in der Sintflut jedoch einige »frühlingshafte« Aufhellungen. Der 1. Dezember ist einer dieser freundlichen Tage. George und Maurice nutzen ihn zum Botanisieren. Heute, Sonntag, kommen die beiden kleinen Mädchen mit. Aurore (Lolo) ist fast sieben, Gabrielle (Titite) wird im nächsten Monat fünf Jahre alt. Zu Mittag ist der Wagen bereit. In ihrem Zimmer hört George, wie die Kinder fröhlich-aufgeregt um den Wagen hüpfen, und die ungeduldige Stimme ihres Sohns, der nach ihr ruft. Sie werden bis zu dem »überfließenden Teich« fahren, wie Aurore ihn nennt. Eine Fahrt von zwei Stunden, bei der man die Kalkböden rund um Nohant verläßt, um auf dem Granit Raupen und Pflanzen zu suchen.

Maurice ist hinaufgegangen, sie zu holen. George faltet behutsam das Exemplar des *Temps* zusammen, in dem sie gerade gelesen hat, nimmt ihre Brille ab und schlüpft in einen weiten Kapuzenmantel. Mit vorsichtigen Schritten geht sie, auf den Arm ihres Sohns gestützt, die Treppe hinunter. Aurore und Gabrielle stürzen auf sie zu, Sylvain steht respektvoll vor dem Trittbrett, um Madame beim Einsteigen zu helfen. Der Wagenkasten ist voller Botanisiertrommeln. Auf dem Dach ein großer Waschkorb für seltene Pflanzen, die auf den mageren Böden des Berry wachsen, und der »*troubleau*«, ein Sack aus starkem Leinen, befestigt an einem Eisenreif und mit einem Griff versehen. Geschäftig zählt

Gabrielle das Gepäck, das sie mitnimmt: einen vollständigen Satz »Leinwandpuppen« mit ihren Mänteln, Muffs und Sonnenschirmen. Aurore hält ihren flachen Spankorb umklammert, in dem sie »Rose« schlafen gelegt hat, eine maurische Gliederpuppe, deren schwarzes Haar und Porzellanwangen sie streichelt. Sie wird von diesem Ausflug verschiedene »naturgeschichtliche Gegenstände zu ihrem Gebrauch« mit nach Hause bringen. Spielzeug-Entdekkungen, »rundgeschliffene rosa Kiesel, winzige Moospolster, um daraus auf einem Teller Gärten und Wälder zu machen, Fruchtbecher von getrockneten Eicheln« und – da George nie dem Vergnügen widerstehen kann, die so geheimnisvoll klingenden präzisen Namen zu nennen – »Eichenblätter mit Galläpfeln, wo sie vergeblich nach den kleinen Gallwespen sucht, die sie im Frühling verursacht haben«. Die Mädchen tragen zwischen sich einen Korb, der stärker gebaucht ist als die anderen: die »Botanisiertrommel mit dem Imbiß«.

Der Wagen flitzt dahin. Im flach einfallenden Winterlicht wirkt das »junge Korn« wie ein Samtteppich. Es hat in dieser Woche so stark geregnet, daß auf dem Weg jede Vertiefung mit Wasser gefüllt ist, das die Sonnenstrahlen zurückwirft.

»Jede Furche ist ein brennender Spiegel.« Auf den nassen Äkkern glänzendschwarze Krähen und Elstern, die schwatzen und »einander wegen eines Strohhalms bissig unanständige Dinge sagen«, vermerkt George und fährt rasch fort: »Jeder für sich, das Motto der Parteien.«

Denn George hat für die Ruhepausen den Sitzungsbericht der Kammer mitgenommen. In der Politik dasselbe schlechte Wetter wie auf dem flachen Land... (Die botanisierende Großmutter denkt an die kurze Mitteilung, die sie morgen an den *Temps* schicken wird...) Schon seit mehr als einem Jahr arbeitet sie für dieses Blatt. Sie sendet, was sie will und über jegliches Thema. Sie dachte daran, etwas über Botanik und Insektenkunde zu schreiben. Die Elstern, die beharrlich in den Erdschollen herumpicken, bringen sie auf einen Vergleich, der sie belustigt. Die Parteien, die Politiker... geschwätzige Vögel, machthungrig... Und dieses spätherbstliche Wetter, Aufheiterung »zwischen zwei Wolken« (»Zwischen zwei Wolken« wird der Titel des Beitrags vom 3. Dezember für den *Temps* sein, später aufgenommen in *Impressions et Souvenirs*).

Sylvain hat den Wagen am Rand des Teichs zum Stehen gebracht. Im Sommer war das Gewässer nicht mehr als ein bescheidener Tümpel inmitten der Felder. »Von den Regenfällen angeschwollen«, ergießt er sich heute »gleich einem Wildbach« in die tiefer gelegenen Fluren. Die Mädchen springen vom Trittbrett und klatschen in die Hände. Das abfließende Wasser rinnt um die Granitblöcke, die aus dem Grün aufragen. Aurore läuft zu dem eisigen Bächlein, um die Hände hineinzustecken, Gabrielle versucht, ihre Schwester am Umhang zurückzuzerren. Dann beschließen sie, den Wagen stehenzulassen und zu Fuß weiterzugehen. George hat ihr Gartenmesser und ihre persönliche Botanisiertrommel mitgenommen. Sie wird sich der beiden Gegenstände kaum bedienen, da sich die beiden Mädchen an ihre Arme gehängt haben.

Maurice hingegen sammelt. Mit Bewegungen wie ein Mäher streift er den Stoffsack über den Heidekrautteppich, schiebt ihn unter rostrote Farnbüschel. Kokons fallen in den Sack, und winzige Tiere krallen sich am Leinen fest. Während George den plappernden Kindern antwortet, verfolgt sie mit Verschwörerblick das Tun ihres Sohns. Raupen, viele Raupen. Sie ist voll des Lobes für diese in den Augen der meisten Leute schädlichen Wesen; sie sind »im geheimnisvollen Leben des Insekts das wahre Wesen, das die Art bestimmt... Es kennt die Liebe nicht, es bereitet es für eine andere Existenz vor«. Sie weiß alles über die Metamorphosen und wird es nicht unter ihrer Würde finden, ihre Kenntnisse an die Leser des *Temps* weiterzugeben. Die unendliche Vielfalt der Insektenwelt hat Georges Überlegungen oft eine kosmologische Dimension gegeben:

»Sie sind überall, in allen Baumwurzeln, in den eingerollten Blättern und in den Stielen aller Pflanzen, in den Blattrippen, innerhalb der Zweige, in den Kapseln der Getreidekörner, im

Staub abgestorbener Bäume, in den Hüllspelzen der Gräser, im Schlamm der Teiche, im Mark des Schilfrohrs, kurzum in allem Pflanzlichen sorgen Tiere für eine Nachkommenschaft, die wartet, bis ihre Stunde kommt.«

Eine weitere eventuelle Brücke für politische Überlegungen. Thiers' Regierung hat nichts von einem Frühling an sich. Sie gleicht so wenig jenen Träumen von einer Republik, die Aurore 1830 so erregend gefunden hatte, die George bewogen, sich an dem Kampf von 1848 zu beteiligen. Eine Übergangszeit? Was könnte »auf seine Stunde« warten in diesem gemäßigten Regime, das nach der Niederlage und nach der Kommune ein Gleichgewicht zu finden hofft? Wird es aufgrund der Erbsünde seiner Versailler Geburt zur extremen Rechten abdriften? Wird es durch die Suche nach nationaler Kohärenz sich nach links orientieren? George ist nur noch Beobachterin. Weit liegt die Zeit zurück, da sie bei den »Tuscheleien« mitmachte, weit zurück auch die Zeit der leidenschaftlichen Epistel und offiziellen Bulletins. George bringt in die Lektüre über die chaotischen geschichtlichen Ereignisse die Geduld des Insektenforschers und resignierte Ansichten ein.

George träumt, gleitet von einer Ebene in die andere. In der Welt der Insekten sieht sie Ordnungsprinzipien, Eigenarten, Bewegungen, die auch diejenigen der menschlichen Gesellschaft sein könnten. Für die *Contes d'une grand-mère* hat sie eine seltsame Geschichte geschrieben, »La Fée aux gros yeux«, in deren Verlauf sich zeigt, daß das »Märchenhafte« nichts anderes ist als eine Umsetzung des »Natürlichen«. »Die Natur arbeitet besser als die Feen«, schrieb sie. Die Fee dieses Märchens ist eine Lehrerin mit einem außergewöhnlichen Sehvermögen. Sie kann auch im Dunkeln sehen und erblickt jeden Gegenstand riesengroß. Für sie ist der Anblick einer Sommernacht ein großartiges Fest: Rund um eine Lampe veranstaltet sie einen Ball, dessen Gäste Falter und Insekten sind, deren Namen die Schriftstellerin liebevoll nennt, deren Roben sie beschreibt, deren Tänze sie festhält. Die Natur ist die fruchtbare Mutter. Sie arbeitet in verschiedenen

Bereichen häufig nach dem, wie uns scheint, gleichen Muster. Irgendein pedantischer Philosoph wird George beschuldigen, die Fauna zu vermenschlichen und menschliche Reaktionen da zu sehen, wo sie gar keinen Raum haben. Richtig ist vielmehr, daß sie ihr ganzes Leben lang eine hervorragende Beobachterin war und Vergleiche zu ziehen verstand. Hier an diesem Ort hat sie ihre Freude daran, das unter den Blättern und im Moos verborgen vorhandene vielfältige Leben aufzuspüren. Und wenn die Natur in ihrer bewegungslosen Erscheinung vorankommt, warum sollte die Geschichte der Menschen nicht durch eine verborgene Entwicklung des Denkens ihren Weg fortsetzen können?

Vielleicht muß man sich auch in der Politik mit dem Winter bescheiden. Der Artikel des *Temps*, in dem sie über den Ausflug vom 1. Dezember berichtet, würdigt den kühlen Mut Monsieur Thiers'. Er hat nach wie vor nicht ihre Sympathie, aber er ist überlegen genug – denkt sie –, dem geteilten Land Lösungen vorzuschlagen. Die Rechte ist mit der III. Republik nicht einverstanden; sie hofft auf eine Restauration. Die Linke möchte gern, daß möglichst schnell bestimmte Freiheiten wiedererlangt und Ungerechtigkeiten ausgemerzt werden. George macht kein Hehl daraus, daß ihr Herz mehr zu dieser Seite hinneigt. Sie ist gegen das Autoritätsprinzip der Monarchie in Verbindung mit dem ihr so verhaßten Klerikalismus. »Gott hat in seinem Schöpfungsplan nicht die persönliche Laune der Repression vorgesehen ... Er hat keines dieser mikroskopisch kleinen Lebewesen, die sich das Menschengeschlecht nennen, beauftagt, an seiner Stelle durchzugreifen.« Der Linken wirft sie nur eines vor: daß sie es nicht verstanden hat, das Vertrauen der Wählerschaft zu gewinnen. »Sie vertreten nicht in ausreichender Zahl den Anspruch und die Entscheidung des heutigen Frankreichs«, selbst wenn diese unverbesserliche Anhängerin des Unterschieds zwischen legalem und realem Land sogleich hinzusetzt: »Ihre geringe Mehrheit entspricht einer riesigen Mehrheit, die sich ... ein anderes Mal manifestieren wird.« Thiers ist der Mann der Mitte; er unterscheidet sich kaum von Falloux, von Monsignore Dupanloup.

Außer in einem Punkt, und dieser ist für George wesentlich: die Frage der Beziehungen zwischen Kirche und Staat. Dem in Georges Augen zu konservativen Thiers kommt also nach ihrer Meinung das Verdienst zu, die Forderungen der klerikalen Partei, Gesellschaft, Sitten und Kunst zu bevormunden, abgelehnt zu haben. Die katholische Rechte hat das religiöse Ideal dazu mißbraucht, Macht zu gewinnen: »Der Mensch, so gleichmütig oder resigniert er sein mag, wird auf Erden niemals zufrieden sein, und man versteht gut, daß er sich stets bemüht hat, in irgendeinem nach seinem Geschmack ausgestatteten Paradies Zuflucht zu finden. Es wäre logisch gewesen, zu ihm zu sagen: ›Hoffe, dann wirst du weniger leiden.‹ Doch man hat zu ihm statt dessen gesagt: ›Leide stets und erhoffe dir nichts auf dieser Welt.‹ Und der unwissende Mensch hat aufgegeben, während die geschickten Ideologen unkontrolliert herrschten und ihrer Leidenschaft, dieser verachtenswerten Welt zu befehlen, freien Lauf ließen.«

Die Frage des Klerikalismus zu Beginn der III. Republik ist nicht in erster Linie die, das Schulwesen dem kirchlichen Einfluß zu entziehen. George Sand sieht darin den Riß zwischen Anhängern einer – aus Resignation gebilligten – ungerechten Ordnung und Anhängern des Fortschritts. Die Enkelin der Madame Dupin de Francueil erinnert sich des nachsichtigen Atheismus und der voltaireschen Einstellung ihrer Großmutter. Sie selbst, die eine so gläubige Christin ist, hat sich stets mit der »Priester-Partei« angelegt. Aus Mitleid mit George ebenso wie aus Überzeugung haben Maurice und Lina ihre beiden Töchter protestantisch taufen lassen. Jetzt, Anfang Dezember, ist das nach *Mademoiselle La Quintinie* entstandene Theaterstück von der Zensur bedroht: »Die Zensoren haben erklärt, daß es ein Meisterwerk von höchstem moralischen Wert sei, sie jedoch nicht auf sich nehmen könnten, seine Aufführung zu gestatten.« Zu dem Zeitpunkt, als sie dankbar ist für Monsieur Thiers, schreibt sie an Charles Edmond, den Herausgeber des *Temps*: »Lassen Sie die Quintinie nicht den Generalen in die Hände fallen... Zur Zeit würde sie Stürme entfachen, und ich bin nicht der Meinung, daß man dem Staatschef, der, wie Monsieur Prud'homme sagt, auf einem Vulkan ›segelt‹, Knüppel zwischen die Beine werfen soll.«

George Sand ist auch nach dem Krieg von 1870 und der Kommune ihren Überzeugungen treu geblieben. Sie ist Republikanerin. Sie ist sogar nach heutigen Maßstäben eine »Linke«. Obwohl die blutige Konfrontation von 1871 sie sehr bestürzt hat. Und in diesen Tagen, da allmählich wieder Ruhe einzukehren scheint im Land, will sie nichts wissen von neuen Uneinigkeiten zwischen Politikern und sehnt sich nach einem ausgeglichenen Privat- und Familienleben. Die achtundsechzigjährige Frau, die auf ihren Sonntagsspaziergang den Sitzungsbericht der Kammer mitnimmt, interessiert sich weiterhin für die Politik. Aber sie setzt keine wirkliche Hoffnung in sie. »Man mag nicht an das allgemeine Übel zu denken, man schart sich um den häuslichen Herd...« »Man muß sich in den Egoismus der Familie stürzen, um nicht zu verzweifeln«, schrieb sie im Januar. Im März vermerkte sie erneut: »Wir sind auf unserer Insel weiterhin glücklich, traurig nur dann, wenn wir die Nase an das Fenster pressen, das sich auf die Welt öffnet.« Ihrem jungen Schützling Francis Laur, Bergbauingenieur in Saint-Étienne, dem sie während seines Studiums Geduld in der Liebe gepredigt hatte, rät sie heute, sich lieber ernsthaft seinem Beruf zu widmen, als sich auf eine unsichere politische Tätigkeit einzulassen. »Du hast also eine bessere Stelle als früher? Gottlob, denn man muß für die Familie arbeiten, solange man jung und rege ist. Die Zukunft ist für jeden sehr ungewiß, und mir graust vor der Politik, seit ich gesehen habe, daß sie gegenwärtig *in allen Parteien* ein Mittel ist, etwas zu erreichen, ohne zu arbeiten.« Sie unterstrich die Worte »in allen Parteien«... Hier liegt ihr hauptsächliches Mißtrauen.

Die Klüngelei innerhalb der einzelnen Parteien findet sie skandalös: »Man muß doch früher oder später dieses Partei- oder Sektengeistes überdrüssig werden, aufgrund dessen man weder Franzose noch Mensch noch man selbst ist. Man hat kein Vaterland, man gehört einer Glaubensgemeinschaft an; man tut, was man mißbilligt, um nicht gegen die Schuldisziplin zu verstoßen«, schreibt sie an Flaubert. Wenn das gesamte öffentliche Leben diese Entwicklung nimmt, dann ist es besser, sich von der Außenwelt zurückzuziehen. Solange gegenüber erklärt sie: »Wie soll man mit dem allgemeinen Leben fertigwerden, wenn man keinen Winkel hat, in den man sich flüchten kann? Der greifbare Winkel, das Heim genügt nicht, es ist das innere Nest, das kleine Heiligtum, die kleine intellektuelle Pagode, welche die Seele sich baut.« Paul Meurice (er war der »Neger« von Alexandre Dumas Vater und Herausgeber der Ausgabe der Werke Victor Hugos in sechsundvierzig Bänden; mit George Sand erarbeitete er drei Theaterstücke), der sagt, daß der politische Journalismus ihn reize, rät sie temperamentvoll . . . sich literarisch zu betätigen! »Mir scheint, daß es für solche, welche die Begabung und die Energie dazu haben, entscheidendere Schläge zu führen gibt als die täglichen Nadelstiche«, und sie erklärt diesen für sie erstaunlichen Standpunkt so:

». . . ich habe das vordringliche Verlangen, niemandem zu gehören, keiner Glaubensgemeinschaft und keiner Bruderschaft anzugehören, so erlesen sie sein mag. Wir befinden uns mitten in der Auflösung. Niemand sieht mehr einen Weg, der aus der Hölle führt. Der Augenblick ist gekommen, sich zu besinnen, nur seinem eigenen Gefühl zu gehorchen, dem kollektiven Taumel zu entgehen und kundzutun, was man in sich hat, indem man sich jeglichen Einflusses des Augenblicks entzieht. Wenn man allein ist, ist man mit allen, was besser ist, als nur mit einigen zu sein . . . Warum sind Sie nur eine verschwindende Zahl? Sie, die Sie nicht von Ehrgeiz und Eitelkeit getrieben sind, was machen Sie mit dem, was Gott Ihnen gegeben hat, Ihnen allein und gerade Ihnen, Ihren persönlichen Genius? Warum schreiben Sie nicht ein Theaterstück, ein Buch oder Kunstkritik unabhängig vom Parteigeist?« Dieser Brief war vom 29. März 1872.

Daher sieht George Sand einige Monate später in Thiers' Engagement für die Republik einen Lichtstrahl »zwischen zwei Wolken«. Ihre geistige Verfassung bleibt indes die gleiche und ist mit zwei Worten wiederzugeben: Geduld und Vorsicht. Der große Fehler war vielleicht, zu sehr auf die Politik zu setzen. Von den

Anfängen der neuen Staatsform zeigt George sich enttäuscht: »Wir müßten gute Staatsmänner haben und die Seele des Landes ihre Kraft und Eingebung in sich selbst suchen lassen. Ich will anstelle meiner Seele weder die von Thiers noch die von Blanqui. Fort mit den Priestern an der Macht, welche Robe sie auch tragen mögen. Die Republik wird sich selbst retten, wenn man sie dem Volk nicht aufzwingt wie ein Dogma.«

Das Wort »totalitär« wurde erst um 1930 geprägt. George hegt gegenüber den Dogmatismen in der Politik das gleiche Mißtrauen, das die Geschichte heute gegenüber totalitären Systemen zu hegen gelehrt hat. Ein Dogma zieht sein Gegenteil nach sich, und die Auseinandersetzungen zwischen den Anhängern der beiden Richtungen werden stets gewalttätig sein. »Wir steuern auf einen Klerikalismus zu, welcher der Weg des ›Petrolismus‹ (Die Versailler nannten die Frauen aus dem Volk ›Petroleusen‹, die während der Kommune angeblich Petroleum benutzten, um Brände zu legen und zu beschleunigen. Anm. d. Verf.) ist, denn es ist die gleiche Lehre von Rache, Haß und Tod.« Mehr als zu jedem anderen Zeitpunkt dieses 19. Jahrhunderts, dessen große Ereignisse sie sämtlich, und zwar engagiert, miterlebt hat, ist George von der Kommune angegriffen worden.

Für manche war George in der Behaglichkeit einer berühmten Schriftstellerin, glücklichen Großmutter und geachteten Schloßherrin einfach verbürgerlicht, und sie hätte es nicht ertragen, von den Kommunarden in Zweifel gezogen zu werden.

Tatsächlich waren die Jahre, die dem Krieg von 1870 unmittelbar vorausgingen, für sie friedliche Jahre. Arbeit, noch und noch immer, *Cadio, Mademoiselle Merquem, Malgré tout, Césarine Dietrich, Lupo Liverani,* Adaptionen für das Theater, darunter *Die kleine Fadette, L'Autre,* Artikel ... Aber wäre George glücklich ohne Arbeit? Im übrigen genießt sie zwischen den Aufenthalten in Paris in ihrer neuen Wohnung in der Rue Gay-Lussac die langen Wochen in Nohant. Voller Glück widmet sie sich dort ihren Enkelinnen. Die Erziehung der Mädchen wird die große Aufgabe ihres Lebensabends sein.

Für Aurore und Gabrielle läßt sie ihrer Phantasie freien Lauf und schreibt Geschichten, die ab 1873 in die *Contes d'une grand-mère* aufgenommen werden. Vor allem beschäftigt sie sich wieder mit allen Erziehungstheorien, für die sie sich bei Maurice und Solange interessiert hatte. Für Maurice hatte sie einen Hauslehrer nach Nohant berufen, Boucoiran, der ihr wegen seiner Methode, den Kindern das Schnell-Lesen, die Methode nach Laffore, empfohlen worden war. Da sie für Solange keine entsprechende Lehrerin oder ein gutes Internat fand, hatte sie die Erziehung des Mädchens selbst in die Hand genommen. Für Aurore schlägt sie vor, ebenso die Methode Laffore, der seine Erkenntnisse unter dem Titel *Stratégie pour apprendre à lire en quelques heures* endlich veröffentlicht hatte, anzuwenden. Und George macht sich mit Feuereifer an die Arbeit. Sie hat übrigens sogar versucht, einfachen Leuten aus der Umgebung das Lesen beizubringen. 1872 übergibt sie dem *Temps* einen Artikel mit dem Titel *Die Vorstellungen eines Schullehrers*, der auch heute noch ein Klassiker der Pädagogik ist. Neben technischen Ratschlägen über das Lernen – wobei sie voller Ehrfurcht auf den obengenannten Autor hinweist – geht sie vor allem auf die Bindung ein, die zwischen dem Erzieher und dem Kind entsteht, auf die komplizierte Geschichte der möglichen »Widerstände« zwischen ihnen, auf die Vereinbarkeit vor allem zwischen bestimmten Verhaltensweisen und die Eignung zum Erzieher: »Wenn Sie von Natur aus unruhig und leicht erregbar sind und dies nicht zu beherrschen vermögen, halten Sie das Kind von sich fern; Sie werden es schlecht erziehen und von den beiden Dingen das eine tun: es entweder aus der Fassung bringen oder es töten, was beides gleich gefährlich ist.« Sie empfiehlt vor allem, in den Kindern nicht durch eine voreilige Beurteilung die Vorstellung zu »festigen«, die sie von sich selbst haben. »Ich hege einen Widerwillen gegen die systematische Klassifizierung der Instinkte und Charaktere. Sie können niemals endgültig sein, selbst nicht bei Erwachsenen; um so weniger bei diesen bildsamen Wesen, die in Ihren Händen noch im Probezustand sind.« Freiheit der Entfaltung zweifellos, bei maximaler

Entwicklung der Möglichkeiten: »Bringen Sie ihm bei, daß nichts aus ihm werden wird, wenn es nichts weiß; daß es, wenn es etwas weiß, ein wenig näher, und wenn es viel weiß, noch weit davon entfernt sein wird, genug zu wissen. Rauben Sie ihm nicht den Stolz seines Gewissens, es ist der einzige gute, bewahren Sie ihm den Stolz auf seine Fähigkeiten.«

George spricht nur positiv über die Kinder, denn sie macht sich die Mühe, sie zu beobachten: »Ich spiele mit Aurore Komödien zu zweit, in denen wir alle möglichen Personen sind. Wenn man Kinder reden läßt, staunt man über ihr ungeheueres Improvisationstalent und darüber, was sie alles wissen, ohne daß wir es wissen. Es ist überaus wichtig, daß man sie sich offenbaren und aussprechen läßt, um zu bestätigen, was von ihnen geschätzt wird, und zu fördern, was nicht... Doch man muß diese kleine Welt lieben und gut kennen«, schreibt sie im September an Charles Edmond; und es gefällt ihr, für Juliette Adam zu notieren: »Lolo lernt lesen, sie gibt vor, es während der Ferien zu vergessen, aber da ich nie ärgerlich werde und so tue, als glaubte ich ihr, langweilt dieses Spiel sie bald und sie beginnt ganz flüssig zu lesen.«

Madame George Sand – so »glücklich«, wie Flaubert zärtlich-ironisch sagt, sie auch war – in ihrer inneren »Pagode«, die ein wenig professorale, kindernärrische Großmutter, wäre aus Egoismus unfähig gewesen, während der Kommune von Paris die praktische Anwendung der Ideen, die ihr einst teuer gewesen waren, zu verstehen und zu ertragen.

Man muß sich George während der blutigen Wochen des Kriegs und der »Kirschenzeit« anhören. Versuchen, sie sich anzuhören... denn sie hat während der Monate 1870 und 1871 außer dem *Tagebuch eines Reisenden während des Krieges* Hunderte von Briefen geschrieben; alle enthalten einige Zeilen und häufig ganze Seiten über die aktuelle Politik. »Zurückgezogen« in Nohant, verfolgte George die Ereignisse mit atemloser Spannung, litt, nahm teil und äußerte sich darüber.

Am 19. Juli 1870 bricht der Krieg aus. Die Verhandlungen mit Preußen sind am 15. nach Émile Olliviers Erklärung vor der

Kammer abgebrochen worden: »Wir übernehmen leichten Herzens die Verantwortung.« Umgehend kritisiert George die aggressive Stimmung, die sich in der Hauptstadt bemerkbar macht. Am 16. Juli schreibt sie in ihr Notizbuch: »Der Krieg ist erklärt, und das üble, bezahlte, verbrecherische Paris freut sich über das laute Geschrei.« Am selben Tag schreibt sie an Juliette Adam: »Man ist fassungslos; ... es geht da nicht um die Nationalehre, sondern um ein törichtes und hassenswertes Bedürfnis, die Gewehre auszuprobieren, ein Fürstenspiel! ... Ich sehe für das Drama, das sich da anbahnt, ein böses Ende voraus«, fügt sie hinzu. »Ich bin sehr betrübt, und diesmal erwachen mein alter Patriotismus und meine Leidenschaft fürs Trommeln nicht.« Für die Republik kämpfen, ja, aber »die Marseillaise im Kaiserreich zu singen, erscheint uns ein Sakrileg«. Ihre Briefpartner schildern ihr die Begeisterung, die Paris erfaßt hat; sie tobt: »Paris ist verrückt. Ich verstehe Chauvinismus, wenn es darum geht, ein Volk zu befreien«, aber »zwischen Frankreich und Preußen gibt es im Augenblick nur die Frage der Selbstachtung, nämlich zu wissen, wer die besseren Gewehre hat.« Und zur Meinungsmanipulation: »Es ist ... ich möchte es beschwören, die Polizei, die auf unseren Straßen die Marseillaise singt, und die Schaulustigen laufen hinterher.«

Im Juli 1870 herrscht sengende Hitze, die Trockenheit richtet auf dem Land verheerende Schäden an. Im Berry steigen die Temperaturen bis auf vierzig, fünfundvierzig Grad. »Die Wälder werden angezündet: eine weitere barbarische Torheit. Die Wölfe spazieren in unserem Hof herum, abends jagen wir sie davon, Maurice mit einem Revolver, ich mit einer Laterne!« George ist weiterhin untröstlich und zornig zugleich: »Wir werden Mangel an Trinkwasser bekommen. Die Ernten sind so gut wie vernichtet, aber wir haben Krieg, welch ein Glück! ... Die Not schwelt, und man wartet darauf, daß es dadurch zu einem Bauernaufstand kommt. Aber wir werden die Preußen schlagen, Malborough zieht in den Krieg!« Im August richten schwere Gewitter weitere Verheerungen an. George bedauert den sich fortsetzenden Konflikt nur noch mehr: »Kann man glücklich und in Ruhe leben, wenn

Grauen und Leiden allenthalben zum Himmel schreien? Ich bin Französin, und ich mag Preußen nicht«, vermerkt sie ausdrücklich, »aber reizend zu finden, daß man sich tötet, um festzustellen, wer der Stärkere ist, erscheint mir unzivilisiert und grausam.«

Die ersten Niederlagen: Froeschwiller und Forbach am 5. und 6. August. Für George besteht kein Zweifel an den Ursachen für diese Rückschläge. Die Regierung war nicht ausreichend vorbereitet gewesen: Die Truppen hatten nicht einmal Generalstabskarten! »Welch ein Durcheinander, welch eine Bestürzung in dieser Heeresverwaltung, die alles aufsaugte und alles schlucken sollte!« Vor allem kann man ein Volk nicht nur mit seiner Zustimmung zum Kämpfen bewegen, denkt George. Der Krieg, notiert sie, ist eine Folge der individuellen Machtausübung: »Welch eine Lehre wird da den Völkern erteilt, die nach absoluten Herrschern schreien!«

... Am 9. August stürzt Minister Émile Ollivier, er wird abgelöst von General Graf von Palikao. Das hat, laut George, wenig zu bedeuten. Heute wäre sie sogar mit einer Wiedereinsetzung der Familie Orléans einverstanden, wenn nur bald Friede wäre: »Ich bin besorgt um alles, was ich in Paris liebe, besorgt wegen des Argen, das auf allen lastet.« Für Henry Harisse, den in Paris lebenden Amerikaner, der, wie sie annimmt, die Reaktionen des ländlichen Frankreichs kaum kennt, beschreibt sie die Lage im Berry. Man findet in diesem Brief ihre Ansicht über die Unterschiede zwischen Paris und der Provinz, die die Schriftstellerin nach den ersten Wochen der Revolution von 1848 vorsichtig machten. Die Richtigkeit ihrer bösen Vorahnungen erscheint verblüffend: »Ich muß Ihnen etwas sagen, das Sie in Paris nicht wissen, was nämlich in unseren ländlichen Gegenden, den friedlichsten, den geduldigsten, den am wenigsten revolutionär gestimmten Frankreichs aufgrund ihrer zentralen Lage und dem verhältnismäßigen Mangel an schneller Verständigung geschieht. Nun, es ist Bestürzung, Wut und Haß auf diese Regierung. ... Es ist nicht eine Klasse, eine Partei, es sind alle, vor allem jedoch der Bauer. Es ist tiefer Schmerz und tiefes Mitleid mit diesen armen

Soldaten, die ihre Kinder sind oder ihre Brüder. Ich glaube, das Kaiserreich ist verloren, zu Ende. Dieselben Männer, die vertrauensvoll für den Volksentscheid gestimmt haben, würden heute einmütig für die Abschaffung stimmen. Diejenigen, die fortziehen, ziehen mit Wut im Herzen. Wieder zu dienen, wenn man seine Zeit absolviert hat, ist für einen Mann, der wieder hinter dem Pflug hergeht, eine schreckliche Ungerechtigkeit. Sie sagen, sie seien verraten, im voraus dem Feind ans Messer geliefert, könnten mit keiner Hilfe rechnen . . . Man ist mißtrauisch, hält nichts mehr von der Regierung und ist entschlossen, ihr in der nächsten Wahl einen Denkzettel zu verpassen. Wenn ganz Frankreich so ist, bedeutet das eine Revolution, und wenn sie nicht schrecklich ist, was Gott verhüten möge, wird sie absolut sein, radikal.«

Von diesem Augenblick an befürchtet George, daß sich eine revolutionäre Bewegung bildet, in der ein Teil des Volkes dem anderen gegenüberstehen würde. Am 15. August schreibt sie an Juliette Adam:

»Was immer auch geschieht, der Himmel will, daß die Arbeiter die Revolution nicht alleine machen! Die Voraussetzungen, daß sie kampflos zwischen Franzosen stattfindet, sind gut. Die Straßenschlachten haben Uneinigkeit und Wut zur Folge, die den Sieg fruchtlos oder kurzlebig machen. Die individuelle Macht bricht von alleine zusammen, Gott gebe, daß sie mit Unterstützung aller – Armee, Bürger, Handlanger, Mutiger, Memmen, Ehrgeizlingen und Radikalen – zu Grabe getragen werde. Das wäre eine durchführbare soziale Revolution. Sonst erwarte ich mir von morgen nichts Gutes.«

Gleichzeitig macht George sich Sorgen um ihre Großneffen an der Front, rät Solange, die sich in Cannes befindet, im Süden zu bleiben, weigert sich jedoch, Nohant zu verlassen, um zu ihr zu fahren. Sie schickt Wäsche für die Verwundeten, zögert aber, Geld zu senden: »Wird es nicht von den Verwaltungen gestohlen? Ich möchte, daß es an die Ambulanzen geht.« Juliette Adam faßt kurz zusammen: »Sie möchte nicht Badinguets (Badinguet ist ein Spitzname Napoleons III. Anm. d. Verf.) Pulver bezahlen.«

Am 18. August schildert sie den großen Wirrwarr in der Armee: »Man hat keine Angst davor zu kämpfen, man hat Angst, zu nichts nutze zu sein und zu verhungern oder in dem entsetzlichen Gewühl, dessen Zeugen wir sind, an einer Krankheit zu sterben. Bourges und Châteauroux sind seit vierzehn Tagen vollgestopft mit Truppen, die im Freien nächtigen und betteln; ohne die Brüderlichkeit der Einwohner, die ihnen helfen, wären sie schlimmer daran als im Feld. Es geht die Rede, die Mobilen einzusetzen und Nationalgarden mit festem Standort aufzustellen. Womit? Man hat ja nicht einmal Gewehre für sie.«

George ist so sehr davon überzeugt, daß ein Regimewechsel stattfinden wird – unabhängig vom Ausgang der Kämpfe –, daß sie an Prinz Napoleon Jérôme, seit langem ihr Freund und Aurores Taufpate, schreibt und ihm einschärft, »sich für Ideen, die nicht die seinen sind, nicht mehr als notwendig zu kompromittieren« und »seine Kräfte zu sparen«, um in der künftigen Republik eine Rolle zu spielen. Denn von dieser Zeit an hat George nur noch einen Gedanken: Wie kann man die Republik einführen?

»Ich selbst bin, heute wie einst, eine von den ganz Roten; aber die Konformität der Doktrinen kann mich nicht dazu bewegen, dem politischen Programm zuzustimmen. Überzeugungen darf man nicht gewaltsam durchsetzen: das ist sträflich und unsinnig; denn was aus der Gewalt heraus entsteht, ist verurteilt, gewaltsam zugrunde zu gehen; wenn diese zukünftige Republik ein gutes Selbstbewußtsein hätte, würde sie sich jeder anderen als der geistigen Aktion enthalten, denn sie ist das Hindernis für eine lauere Republik, die sich zu bilden geringere Aussichten hätte.«

Am 14., 15. und 18. August wird Bazaine, der in Lothringen den Befehl hat, nach drei unglücklichen Schlachten in Metz eingekesselt. MacMahon, der im Elsaß bereits schwer angeschlagen ist, sollte sich zurückziehen und Paris decken. Er erhält den Befehl, zu Bazaine zu stoßen. Der Gegner ist nicht mehr weit von Paris entfernt. In einem Brief an Plauchut schlägt George einen neuen Ton an. Sie, die diesen Krieg zunächst verflucht hatte, lehnt den zunehmenden Defätismus ab: »Vor allem gilt es, den Feind zurückzudrängen.« Dennoch ist sie nicht bereit, sich dem Haß der guten Franzosen gegen den Eindringling anzuschließen: »Töten wir sie, diese Preußen, aber hassen wir sie nicht. Sie seien unerbittlich, heißt es. Wer aber ist schon im Krieg nicht auf den Kammerton eingestellt, der das Instrument Seele zum Bersten bringt?« Später wird sie sich noch darüber wundern, daß »dieses deutsche Volk, das zu Hause so gut ist«, so barbarischer Handlungen fähig ist.

Wir haben sie vor allem in Sorge um die Wiedereinführung der Republik gesehen. Nun sagt sie folgendes: »Jetzt eine Revolution zu machen, wäre falsch, sie war möglich bei der Nachricht von unseren ersten Rückschlägen, als die Fehler der Regierung offenkundig waren, gegenwärtig versucht sie, sie wiedergutzumachen. Man muß ihr helfen. Frankreich wird nachher mit ihr rechnen. Die Wahlen werden eine Waffe sein, die die Maschinengewehre wert sind, aber eine Regierung in zwei Tagen aufzulösen und neu zu bilden, wenn der Feind da ist, wäre heute der Gipfel des Irrsinns.« Plauchut fragte George, ob er versuchen sollte, einige Gegenstände aus der Wohnung in der Rue Gay-Lussac in Sicherheit zu bringen. Sie antwortete mit Würde: »All mein Nippes ist mir kostbar, es sind Erinnerungen. Aber es wird so viele andere kostbarere Dinge geben, so viele eingeschlagene Köpfe, wenn die Preußen uns plündern, daß ich nicht mehr an meinen Verlust denken werde.« Sie setzt hinzu: »Was den größten Wert bei mir hat, ist meine schöne Skizze von Delacroix.« Sie möchte jedoch nicht, daß er den *Sabbat des Faust*, den der Maler ihr hinterlassen hat, nach Nohant schickt.

Am 2. September kapituliert die Armee in Sedan. »Ein einziger Trost«, vermerkt George, »der Kaiser (Napoleon III.) ist gefangen.« Sie schildert die Lage im Berry: »Nicht ein Gewehr, nicht eine Patrone, kein Brot. Die Mobilen des Arrondissements hungern in Issoudun, lehnen ihre Vorgesetzten, die unwissende Kinder sind, ab und stiften überall, wohin sie kommen, auf tausendfache Art Unruhe. Sie haben ein Städtchen hier in der Nähe geplündert. Sie sind wütend. Die Verwaltung tut nichts. Keine Gendarmen mehr. Alles ist dem Zufall überlassen. Paris weiß nicht, wie zerrüttet, entsetzt, ungehalten und von diesem gewaltigen Hinmetzeln seiner tapferen Männer, die sein bestes Blut waren, seine einzige Hoffnung, Frankreich ins Herz getroffen ist.« Für die Hauptstadt ist sie weniger scharfsichtig: »Paris wird nicht standhalten«, schreibt sie.

Am 4. September kann George nicht umhin, fröhlich zu sein. Sie schreibt in ihr Notizbuch: »Maurice weckt mich mit der Nachricht, daß ohne Blutvergießen die Republik ausgerufen wurde. Eine großartige, einmalige Sache in der Geschichte der Völker. Gott schütze Frankreich! Es ist seines Blicks wieder würdig«, und an Juliette Adam: »Ja, ja, haben wir wenigstens einen Tag des Glücks inmitten unserer Verzweiflung! Dennoch, es lebe die Republik! Ich habe vor einigen Tagen geschrieben: ›Wartet!‹ Paris hat nicht gewartet, Paris hat ohne Blutvergießen seine Freiheit zurückgewonnen. Ich hoffe, daß sie mit diesem Anfang lebensfähig ist. Im Augenblick geht es darum, das Vaterland zurückzuerobern!«

In dieser Zeit begeistert sich George nur für Paris. »Geliebte Namen«, sagt sie, tauchen in der neuen Regierung auf... Jules Favre, Gambetta, Jules Ferry... und diejenigen ihrer alten Freunde Emmanuel und Étienne Arago. Sie sucht sogar – vielleicht verfrüht? – Adolphe Crémieux, den Justizminister, auf, um einen ihrer Neffen in der Magistratur nominieren zu lassen... Sie weigert sich beharrlich, an Bismarcks Eroberungswillen zu glauben. Optimistisch verkündet sie: »Preußen kann uns nicht alles nehmen wollen, selbst die Ehre. Das wäre Haß, und das wahre Frankreich verdient das nicht.«

Ein weiteres Unglück: In Nohant und seiner Umgebung sind die Pocken ausgebrochen. George flüchtet mit Lina und den Enkelinnen vor der Krankheit in die Creuse, dann nach La Châtre. Die deutsche Armee rückt auf Paris zu, bemächtigt sich des Forts Châtillon, die Hauptstadt befindet sich in Reichweite der feindlichen Kanonen. Jules Favre trifft Bismarck in Ferrières. Dieser verlangt nur für einen Waffenstillstand die Übergabe eines die

Stadt beherrschenden Forts. Die republikanische Regierung lehnt ab und proklamiert den Krieg auf Leben und Tod. Nichts geschieht so, wie George gedacht hatte. Die deutschen Truppen marschieren in Richtung Loire. George Sand ist nach Nohant zurückgekehrt, wo sie, nach ihren Worten, bereit ist, die Ankunft des Gegners abzuwarten: »Ich werde auf der Schwelle meiner offenen Tür stehen ...« Und dann die Scharfmacherin: »Der Waffenstillstand wird abgelehnt, man bietet einen Schandfrieden an. Lieber gehen wir zugrunde.« Das Problem, das sie jedoch nach wie vor beschäftigt, ist die Frage, welche Art von Regierung Frankreich aus dieser Klemme helfen könnte. In mehreren Briefen spricht sie mit Prinz Jérôme Napoleon darüber: »Solange wir in unseren Krisen von einer Zufallsperson, gleichgültig ob Kaiser oder Advokat (damit ist Gambetta gemeint, Anm. d. Verf.) gut oder schlecht regiert werden, wird es immer die Verehrung oder der Haß für oder gegen diese Person sein, welche die Meinung formt. Andererseits sind die Versammlungen langsam und geschwätzig und spielen immer noch mit dem Senf herum, während bereits die Küche brennt ... Ich warte ungeduldig darauf, daß endlich der Versuch gemacht wird, eine ordentliche Regierung zu bilden!«

Der weitere Verlauf der Ereignisse ist bekannt: Verlegung der Regierung nach Bordeaux, Belagerung von Paris, der harte Winter, die Bombardements und der Hunger. George versucht in Nohant wie jedermann zu überleben. Mit Schwächen: Sie bemüht sich, medizinische Gründe zu finden, um Maurice vom Schlachtfeld zu holen, bittet Crémieux, daß man ihr – entgegen dem Requisitionsdekret – gestatte, ihre beiden Pferde zu behalten, um eventuell ihre Enkelinnen fortschaffen zu können. Und da diese persönlichen Demarchen sie anwidern, fügt sie hinzu: »Ich bin der Gier oder der Reaktion wenig verdächtig ...« Mehr als alles andere vermißt man die neuesten Nachrichten. In Nohant weiß man nicht einmal, was sich in Vierzon tut. George stellt die administrativen Fehler, die Verschwendung, das Unvermögen der erhofften Republik fest: »Nein, sie wird nicht bestehen«, schreibt sie am 2. Januar 1871. »Sie wissen, daß ich ihr zugejubelt habe. Ich ersehne sie noch immer aus der Tiefe meines Herzens, aber es fehlten ihr in der Provinz Männer, und im allgemeinen wird sie von unfähigen oder korrupten Leuten vertreten ... Wie viele irreparable Fehler werden gemacht und wie viele Sympathien haben die Republikaner durch ihre Unbesonnenheit verloren!« Am 17. Januar faßt sie für Boucoiran zusammen: »Wo wir auch sind, alles erscheint uns düster.«

Frankreichs Niederlage ist unausweichlich. Am 18. Januar wird der König von Preußen in Versailles zum deutschen Kaiser ausgerufen. Am 28. wird ein Waffenstillstandsabkommen geschlossen. Als George die Neuigkeit erfährt, schreibt sie an Harisse, der sich in Paris befindet: »Ich weiß nicht, ob das Frieden bedeutet, ich weiß nicht, welche Zukunft, welche inneren Auseinandersetzungen, welche neuen Katastrophen uns bevorstehen, aber man beschießt Euch nicht mehr, tötet nicht mehr die Kinder auf Euren Straßen, es wird nicht mehr verwüstet und Verzweiflung gesät, man kann die Verwundeten bergen, die Kranken versorgen ... Es ist eine Atempause im unerträglichen Leiden. Ich atme auf, meine Kinder und ich umarmen uns weinend.« Und mit aller Gehässigkeit, derer sie fähig ist, wettert sie gegen Gambetta: »Weg mit der Politik! Weg mit dem schrecklichen Heldentum der Bordeaux-Partei, die uns in Verzweiflung stürzen will und die ihr Unvermögen hinter einer fanatischen, hohlen und herzlosen Begeisterung verbirgt. ... Seit drei Monaten lehne ich mich gegen diese abscheuliche Theorie auf, daß man Frankreich quälen müsse, damit es erwache.«

Gambetta, der »Diktator«, hat ihrer Meinung nach nichts anderes getan, »als allerorten seine hochmütigen eiskalten Phrasen zu dreschen«. Aber Gambetta vertrat die demokratische Staatsordnung. »Ah! Dieser unselige Prahlhans hat die Republik getötet! Er hat bewirkt, daß man sie in Frankreich haßt und verachtet, und Sie können mir glauben, mir, die ich zwar die ehrgeizigen und unfähigen Männer meiner Partei verdamme, aber dennoch weiterhin daran glaube, daß die republikanische Form, selbst die egalitärste, der einzige Weg ist, den die Menschheit ehrenhaft und nutzbringend beschreiten kann.« George wünscht sich damals, daß so bald wie möglich wieder Frieden herrsche. Es sei, sagt sie, »ein kluger und menschlicher Mann« vonnöten, und sie denkt dabei an Jules Favre. »Ich bin keine Kriegshetzerin«, wiederholt sie, »mir ist Feigheit lieber als Mord.«

Dies ist George Sands geistige Verfassung, als die ersten Nachrichten von der Kommune eintreffen. Die Parlamentswahlen finden am 8. Februar statt. Konservative Listen gegen republikanische Listen. Das Land entscheidet sich für die ersteren, denn es sieht in ihnen »Friedenslisten«. Am 12. Februar ernennt die Versammlung in Bordeaux Thiers »zum Oberhaupt der Exekutivgewalt der französischen Republik«. Er nimmt Verhandlungen mit Bismarck auf. Am 26. Februar wird das Friedensabkommen unterzeichnet und am 1. März in Bordeaux ratifiziert: Frankreich verliert Elsaß und Lothringen, verpflichtet sich, an Deutschland fünf Milliarden Francs Kriegsentschädigung zu zahlen, die Preußen dürfen auf den Champs-Élysées eine Parade abhalten. In Paris weigert sich die Nationalgarde, sich zu unterwerfen. Die reguläre Truppe versucht, ihr die Kanonen wegzunehmen, am 18. März werden die Generäle Lecomte und Thomas ermordet. Thiers befiehlt der Armee und den Verwaltungsbehörden, Paris zu verlassen und sich nach Versailles zu begeben. Der Zentralausschuß der Nationalgarde setzt in der Hauptstadt eine Revolutionsregierung ein. Am 28. März wird vor den »Versaillern« die »Kommune von Paris« ausgerufen.

George ist, was die Zukunft der Kommune angeht, sofort pessimistisch. »Armes Volk! Es wird Ausschreitungen, Verbrechen begehen, und die Vergeltungsmaßnahmen werden es vernichten!« Denn die Schriftstellerin sieht Paris von ihrer Provinz aus und kann den Schnitt zwischen den beiden Frankreichs ermessen: »Paris ist groß, heroisch, aber es ist verrückt. Es berücksichtigt nicht die ihm zahlenmäßig weit überlegene Provinz, die eine kompakte reaktionäre Masse darstellt. Ihr habt ja keine Ahnung von der Provinz! Sie bemüht sich gewaltig, Thiers, Favre, Picard, Jules Simon u. a. zu akzeptieren, obwohl sie nach ihrer Auffassung alle zu fortschrittlich sind. Sie kann die Republik nur mit ihnen zulassen, Monsieur Thiers hat das sehr gut begriffen, er, der eine bürgerliche Republik möchte und – leider! – recht hat, wenn er glaubt, sie sei die einzig mögliche. Bedenkt, Ihr anderen, daß die fortschrittlichen Republikaner im gesamten Land nur ein Prozent ausmachen und daß Ihr die Republik nur retten werdet, wenn Ihr sehr viel Geduld aufbringt und versucht, die Unmäßigen zur Vernunft zu bringen.«

Ab diesem 24. März mahnt sie immer wieder zur Geduld und zu vernünftigen Lösungen. Sie schreibt an den Bürger Eudes im Rathaus. Eudes war einer von Blanquis Freunden, Mitglied der Kommune und des öffentlichen Wohlfahrtsausschusses. Ohne große Hoffnung. »Sie sind berauscht«, sagt sie, und sehr bald charakterisiert sie die Bewegung in Paris folgendermaßen: es ist ein »Bürgerkrieg«. Sie bittet ihren Freund Plauchut inständig, nach Nohant zurückzukehren. Paris droht verwüstet zu werden, und schließlich ist es die republikanische Sache, die im Rückgang begriffen ist: »Ohne den Bürgerkrieg konnte man Frankreich zu einer Sinnesänderung bewegen: und mit zieht es sich noch mehr in die Zukunftsangst und die törichte Liebe zur Vergangenheit zurück; daran wird der Ausschuß schuld sein und auch die Versammlung und ein wenig auch die Fortschrittlichen unserer Partei, L. Blanc & Co., die sich in Bordeaux zu heftig gezeigt haben und die zu sehr an das Volk von Paris appelliert haben. Sie haben geglaubt, ihm befehlen zu können, heute müssen sie es akzeptieren.«

In einem Brief an Boucoiran, den ehemaligen Hauslehrer ihres Sohns Maurice, benutzt sie ungewohnte Formulierungen, um auszudrücken, wie sehr sie den Machtmißbrauch in Paris mißbilligt: »Es ist sehr schmerzlich für mich, die ich herkömmlicherweise den Proletarier liebe und an nichts anderes als an seine Zukunft gedacht habe. In welch eine widersinnige und dunkle Vergangenheit fällt er zurück.«

Am 5. April wird General Flourens, Mitglied der Kommune, von den Versaillern getötet. George entrüstet sich jedoch über die

Kommunarden: »Es herrscht jetzt im Rathaus das wütendste Regime. Hoffen wir«, fügt sie hinzu, »daß es zu einem Kompromiß kommt.« Flaubert gegenüber versucht sie am 26. April etwas hoffnungsvoller zu klingen. Sie weiß, daß der Schriftsteller in Hinblick auf die Kommune sehr viel strenger urteilt als sie. Sie mäßigt seine Ansichten:

»Ich bin traurig, traurig, das heißt, ich lenke mich ab, ich beobachte den Frühling, ich beschäftige mich und laufe umher, als ob nichts wäre ... Für mich ist das schändliche Experiment, das Paris ausprobiert oder erdulden muß, kein Gegenbeweis für die Gesetze der ständigen Fortentwicklung der Menschen und der Dinge ...

Wenn ein Baum abgestorben ist, muß man zwei neue pflanzen.«

Sie freut sich, als sie von Victor Borie einige Bemerkungen zu den Geschehnissen erhält, und sieht sich in ihrem Mißtrauen gegenüber den Parteien bestätigt. »Man besitzt eine Anzahl Überzeugungen und Gefühle, die sich in uns und in allen redlichen Leuten mit Prinzipien gebildet haben, aber an die *bestallten* und *etikettierten* Vertreter dieser Prinzipien glauben, das können wir nicht mehr. In der Provinz ist die Masse dumm und ängstlich. Die Furcht läßt sie in Zorn geraten, nachdem sie schwankte, wird sie erneut reaktionär ... Daher wird die Repression grausam sein, und nach den Grausamkeiten hat man mehr Feinde als vorher.«

Die Grausamkeit steigerte sich sogar noch: Man sprach von der »blutigen Woche« des 21. bis 28. Mai. Die Kommunarden richteten zweiundfünfzig Geiseln hin, darunter den Erzbischof von Paris, Monsignore Darboy, und legten Feuer an die wichtigsten Pariser Gebäude. Die Versailler richteten immer mehr Menschen ohne Gerichtsverfahren hin. Am 27. Mai metzelten sie die Verbündeten zwischen den Gräbern des Père-Lachaise-Friedhofs nieder. Die »Ordnungskräfte« verloren im April und Mai achthundertsiebenundsiebzig Mann, wird berichtet. Gewöhnlich wird die Zahl von dreißigtausend Opfern auf seiten der Kommune genannt. Auf die Säuberungsaktionen folgten die Verbannungen.

Wußte man in der Provinz um das Ausmaß dieser Repression? George empfand Mitleid mit den Geiseln, »armen Priestern, die ich nicht mag, wie Sie wissen, aber deren Leben und Freiheit man meiner Meinung nach zu achten hat«; sie hatte gegen die Brände protestiert: »Wozu Paris niederbrennen?« Nach dem 30. Mai schreibt sie an Madame Martine, die auf die Wohnung in der Rue Gay-Lussac aufgepaßt hatte: »Gottlob sind das Luxembourg, das Odéon und das Panthéon nicht verbrannt, und dank Ihnen ist meine kleine Einrichtung unversehrt«; sie verurteilt heftig den Brief, in dem Victor Hugo den verfolgten Kommunarden Asyl anbietet: »Das ist eine unsinnige und kindische Regung. Dieses große Talent scheint ein Armer im Geist zu sein und die Nerven verloren zu haben wie ein Schwächling.« Hingegen beglückwünscht sie Alexandre Dumas Sohn, Unschuldige gerettet zu haben, die den Versaillern in die Hände gefallen waren. Für sie steht nun die Entscheidung fest. Die Republikaner müssen die »Greueltaten« der Kommune verurteilen, damit man sie nicht bei jedem Versuch, eine demokratische Staatsform einzuführen, mit ihnen gleichsetzt. Die neue Regierung wird »nüchtern, kühl und engstirnig sein«, aber man wird sie »akzeptieren müssen oder im Schlamm und Blut der Internationale zugrunde gehen.«

»Weinen wir blutige Tränen über unsere Illusionen und Fehler! Wir haben geglaubt, das Volk in den Städten sei gut und anständig. Es ist böse, wenn es anständig ist, feige, wenn es gut ist; das Kaiserreich hat es gefährlich gemacht. Die mögliche Republik wird es nur harmlos machen können, und die ideale Republik liegt in ferner, ferner Zukunft.

Unsere Prinzipien können und müssen dieselben bleiben. Aber ihre Anwendung rückt in die Ferne, und wir sind verurteilt, das zu wollen, was wir nicht möchten.«

Statt durch die Katastrophen weicher gestimmt zu werden, trauert eine gealterte George um ihre verlorenen politischen Illusionen:

»Ich, die ich so geduldig mit meiner Art bin und so lange alles schön gesehen habe, ich sehe nur noch Dunkelheit. Ich beurteilte die anderen nach mir selbst. Ich hatte meinen Charakter gut in den Griff bekommen, unnütze und gefährliche Aufwallungen zum Erlöschen gebracht, ich habe auf meine Vulkane Gras und Blumen gesät, die gut gediehen, und ich stellte mir vor, daß jedermann sich beobachten, korrigieren oder zurückhalten kann; daß die Jahre, die an mir und meinesgleichen vorübergezogen sind, für Vernunft und Erfahrung nicht verloren sein konnten: und nun erwache ich aus einem Traum und finde mich in einer Generation, die zwischen Idiotie und *Delirium tremens* schwankt«, schreibt sie an Flaubert. Schon denkt sie daran, wie sie sich ihren Freunden gegenüber, die sie für zu lau halten, verteidigen wird. An Plauchut schreibt sie am 16. Juni eine schöne Unabhängigkeitserklärung:

»Rechtfertige mich nicht, wenn man mir vorwirft, nicht *genügend republikanisch* zu sein: sage ihnen im Gegenteil, daß ich es nicht auf ihre Art bin. Sie haben die Republik verloren und werden sie immer wieder verlieren, ganz und gar, so wie die Priester das Christentum verloren haben. Was macht es mir schon aus, wenn mein Urteil der kleinen Gemeinde mißfällt, die ihn (Gambetta) wie ich einschätzt, die sich aber die Losung heuchlerischer Politik gegeben hat und ihn verteidigt, um nicht einzugestehen, daß dieser Unfähige der am wenigsten Unfähige ihrer *Partei* ist? Ich habe die Nase voll von den Parteien, ich mag keine mehr. Ich halte alle jene für Idioten oder Verrückte, die sich Persönlichkeiten hingeben. Wie nach dem Juni '48 treibt mich der Ekel in die Isolation gegenüber meinem empörten und freien Gewissen, gottlob!«

Als jedoch Flaubert sich in sarkastischen Äußerungen über die Gleichheit, das Volk, das allgemeine Wahlrecht ergeht und sich eine Regierung von »Mandarinen« wünscht, als er ihr schreibt: »Ah, mein lieber guter Meister, wenn Sie nur hassen könnten! Eben das hat Ihnen gefehlt: der Haß. Trotz Ihrer großen Sphinxaugen haben Sie die Welt durch eine Goldfarbe gesehen«, kann George nicht umhin, lautstark zu beteuern, daß sie an dem, was sie seit jeher verteidigt, festhalten wird. Der Antwortbrief an Flaubert wird ein Manifest, und sie sendet ihn unter dem Titel

»Brief an einen Freund« an den *Temps*. »So, Du willst also, daß ich aufhöre zu lieben ...« Man sollte zumindest einige Sätze aus diesem leidenschaftlichen Text lesen, in dem George, verletzt und noch immer »gläubig«, ganz aus sich herausgeht:

»Das Volk, sagst du! – Das Volk, das sind wir, Du und ich, dagegen würden wir uns vergeblich wehren ... Ich weiß nicht, ob Deine unmittelbaren Vorfahren aus dem Bürgertum stammen; meine Wurzeln gehen mütterlicherseits direkt ins Volk zurück, und ich spüre in meinem Innern, daß sie noch immer lebendig sind. *Das stets schreckliche Volk*, sagst Du; ich indes sage: der stets barbarische Adel!

Der Verstand und das Gefühl sind sich in mir stets einig, mich alles zurückdrängen zu lassen, was uns in die Kindheit zurückführen will; in der Politik, in der Religion, in der Philosophie, in der Kunst. Mein Gefühl und mein Verstand kämpfen mehr denn je gegen die Idee fiktiver Unterschiede und die Ungleichheit der Lebensbedingungen, die den einen als wohlerworbenes Recht, den anderen als verdienter Niedergang aufgezwungen wird ... So lange, bis mein Herz ermattet, wird es dem Mitleid offen sein, Partei für die Schwachen ergreifen, die Verleumdung entkräften ... Und Du, Freund, Du willst, daß ich diese Dinge mit stoischem Gleichmut sehe! Du willst, daß ich sage: Der Mensch ist eben so; das Verbrechen ist seine Ausdrucksweise, die Niedertracht seine Natur.

Nein, hundertmal nein. Die Menschheit ist in mir und mit mir entrüstet. Diese Entrüstung, die eine der leidenschaftlichsten Formen der Liebe ist, darf man weder verbergen, noch zu vergessen suchen.«

Außerdem: »Wir werden bei lebendigem, warmem Leib sterben.«

Das Leben nimmt seinen Lauf. George macht sich wieder auf den Weg in die Hauptstadt, mit zwei Theaterstücken in der Tasche, die sie im Odéon vorlesen wird. Flaubert hat seine Mutter verloren. Sein Humor wird immer schwärzer; er wendet sich seiner Freundin zu: »Mehr denn je möchte ich Sie jetzt bei mir haben in meinem armseligen Croisset, und Sie in meiner Nähe schlafen wissen, im Zimmer meiner Mutter.« George kehrt nach Nohant zurück, ohne die Normandie zu besuchen.

An ihrem achtundsechzigsten Geburtstag schreibt sie wieder einmal an ihren »alten Troubadour«. Vor einem Monat hat Aurore sie mit Keuchhusten angesteckt! »Gesundheit ausgezeichnet«, vermerkt sie indes; entgegen dem Rat der Ärzte geht sie immer an den Fluß und taucht, obwohl krank, »in einen kleinen reißenden Bach mit eiskaltem Wasser. Das Wasser sprudelt zwischen den Steinen, den Blumen und dem hohen Gras unter einem köstlichen Schatten, das ist ein idealer Badeplatz«.

George lebt ... Während Flaubert sich zum Hypochonder entwickelt, arbeitet sie friedlich vor sich hin. Sie gibt ihm sogar einige geschäftliche Ratschläge, da er mit den Verlegern so schlecht zu Rande kommt. »Wir sind Don Quijotes, mein alter Troubadour, wir müssen uns damit abfinden, von den Wirten hereingelegt zu werden ...« Er lehnt alle Kontakte ab, annulliert die Verabredungen: »Man lebt nicht, wenn man sich alles Schlechten auf dieser schnöden Welt enthält«, schreibt sie an ihn. »Man muß das Bittere und das Süße schlucken.«

In einem Monat verfaßt sie einen Artikel für *L'Opinion nationale*, ein Feuilleton für den *Temps* über Victor Hugo, Bouilhet, Leconte de Lisle und Pauline Viardot, ein Märchen »Le Nuage rose« für die *Revue des Deux Mondes* und ... etwa hundert Briefe ... Weiterhin schreibend, reist sie mit ihren Enkelinnen nach Cabourg, um einen Monat lang »Meerbäder« zu nehmen. Zurück zur eisigen Indre ... »Niemand will mitkommen, sie ist zu kalt. Wer würde schon glauben, daß ich mit meiner Abgeklärtheit und meinem Alter noch Exzesse liebe?« Und als sie ihre Leidenschaft für die kleine Aurore eingesteht, fügt sie kokett an Flauberts Adresse hinzu: »Ah, wie wenig literarisch ich bin! Verachte mich, aber liebe mich stets!«

In dieser Zeit hat Flaubert »das große Werk« begonnen; er arbeitet am Entwurf zu *Bouvard und Pécuchet*. Wie seine Anti-Helden versucht er, das zeitgenössische Wissen durchzugehen. So als müsse er sich einen unmöglichen Auftrag erteilen, setzt er sich für dieses Buch einen sehr weiten Termin ... Er benötige, sagt er, zwei Jahre ... spricht dann von drei Jahren und von vielleicht fünf! George schilt ihn: »Mir scheint, Du betrachtest das Glück zu sehr als ein mögliches Ding und Glücklosigkeit, die unser Dauerzustand ist, regt Dich zu sehr auf und versetzt Dich in Erstaunen.«

George lebt ... Am 21. November 1872 war so schönes Wetter ... Sie ist mit Maurice, Aurore und Gabrielle ausgefahren ... Sie haben den überfließenden Teich entdeckt, zu dem sie am 1. Dezember noch einmal hinfuhren ... »Wir haben zwei Stunden von hier völlig einsame Wälder, wo es nach einem Regen genauso trocken ist wie in einem Zimmer und wo es außerdem für mich Blumen und für Maurice Insekten gibt. Die kleinen Mädchen springen im Heidekraut, das höher ist als sie, umher wie die Hasen. Mein Gott, wie ist das Leben schön, wenn alles, was man liebt, lebendig ist und sich bewegt.«

Flaubert hat das Exemplar von *Nanon* erhalten, das sie ihm gesandt hatte. Er hat bis vier Uhr morgens gelesen. Als Huldigung für dieses nach seiner Auffassung »ausgezeichnete Buch« zitiert er folgenden Satz seines »lieben Meisters«:

»Von jenem Tag an spürte ich in allem Glück und so etwas wie Freude, auf der Welt zu sein.« Er, der sich so oft über Georges »ewiges Glücklichsein« aufregt, kann nicht umhin auszurufen: »Welch ein Mensch sind Sie!!! Welch eine Kraft!« Flaubert verkrampft, Flaubert mißgestimmt, Flaubert wütend auf alle und alles, schließt mit den Worten: »Ich danke Ihnen aus tiefstem Herzen für diese zweifache Lektüre. Sie hat mich entspannt. Es ist also nicht alles tot! Da gibt es noch das Schöne und Gute auf der Welt. Sie erbauen und entzücken mich! Ja, das ist es.«

George lebt ... Sie hatte vielleicht diesen Brief achtlos in eine ihrer Taschen gesteckt, als sie, die Zeitung unter dem Arm, an diesem 1. Dezember 1872 durch die berrichonnische Landschaft spazierte, um Raupen und Kokons einzusammeln. Aurore und Gabrielle würden wieder etwas dazugelernt und eine gesunde Gesichtsfarbe bekommen haben. Kaum zurück wird George sich an ihren Schreibtisch aus hellem Holz setzen, den Artikel für den *Temps* im Kopf, da wo der Spaziergang gespeichert war. »Zwischen zwei Wolken« schreibt sie als Titel mit ihrer runden, im Lauf der Jahre breiter gewordenen Schrift ... Die kleinen Mädchen, die Natur, die Politik, das Glück eines sonnigen Tages, eines Frühlingstages zu Beginn des Winters ...

»Wir werden bei lebendigem, warmem Leib sterben.«

George starb am 8. Juni 1876. Ihre letzten Worte waren: »Laßt Grün ...« Solange spielte ihr einen letzten bösen Steich: ein kirchliches Begräbnis.

Kalt ihr Grab im Garten. Kalt auch einige ihrer Bücher, die der Vergessenheit anheimfielen. Aber Touristenbusse überschwemmen Nohant. Georges Freunde sind Legion.

Manche ihrer Werke werden in der Schule gelesen, manche würden es verdienen, die Wärme und Freundschaft nicht-schulischer Leser zu erfahren.

Ihre Briefe berühren noch immer, sind schön, lebendig. »Aus mir wird nie ein Weiser noch ein Gelehrter werden«, hatte sie gesagt. »Ich bin Frau, ich kann zärtlich, mitleidig und zornig sein.«

Zeittafel

Diese Aufstellung erhebt keinen Anspruch auf Vollständigkeit. Sie enthält nicht die in diesem Buch abgehandelten Ereignisse.

1. Juli 1804: Amantine Aurore Lucile Dupin wird in Paris geboren.
1808: Aurores Eltern kehren vom Spanienfeldzug nach Nohant zurück.
September 1808: Tod von Aurores Vater, Tod des kleinen Bruders.
1809: Aurore wird ihrer Großmutter anvertraut; sie lebt in Nohant.
1818–1820: Kloster der Englischen Augustinerinnen in Paris.
April 1820: Rückkehr nach Nohant.

Das erste Kapitel spielt am Montag, 17. September 1821.

26. Dezember 1821: Tod der Großmutter. Aurore lebt wieder bei ihrer Mutter.
April 1822: Aufenthalt bei den Roettiers du Plessis. Lernt Casimir Dudevant kennen.
17. September 1822: Aurore heiratet Casimir Dudevant.
30. Juni 1823: Maurice Dudevant wird geboren.
Sommer 1825: Reise in die Pyrenäen. Begegnung mit Aurélien de Sèze.

Das zweite Kapitel spielt am Dienstag, 22. Januar 1828.

13. September 1828: Solange Dudevant wird geboren.
1829: Niederschrift von *Le Voyage de M. Blaise, Le Voyage en Auvergne, Le Voyage en Espagne, Les Confréries, La Marraine.*
30. Juli 1830: Begegnung mit Jules Sandeau.
4. Januar 1831: Erster Parisaufenthalt als unabhängige Frau.
1831: Zusammenarbeit mit dem *Figaro*. Zusammenarbeit mit Jules Sandeau: *Rose et Blanche.*
1833: Bruch mit Jules Sandeau. Kurze Liaison mit Mérimée. Begegnung mit Marie Dorval. Begegnung mit Musset.
12. Dezember 1833: Reise nach Italien mit Musset.
1. Januar – 24. Juli 1834: Aufenthalt George Sands in Venedig.
August 1834: Rückkehr nach Paris mit Pagello. (Er verläßt Paris im Oktober 1834.)
Oktober 1834: Rückkehr zu Musset.
Veröffentlichungen: *Indiana, Valentine, Lélia, Aldo le Rimeur, Métella, Le Secrétaire intime, Leone Leoni,* erster bis vierter *Brief eines Reisenden, Jacques.*

Das dritte Kapitel spielt am Mittwoch, 15. April 1835.

1836: Prozeß zwischen den Ehegatten Dudevant, der mit der Tennung von Tisch und Bett endet. George behält Nohant.
September–Oktober 1836: George, Maurice und Solange treffen Liszt und Marie d'Agoult in der Schweiz.
Juni 1837: Bruch mit Michel von Bourges.
19. August 1837: Tod der Mutter George Sands. Entführung Solanges durch ihren Vater. George holt sie in die Pyrenäen zurück.
Winter 1837/38: Balzac verbringt eine Woche in Nohant.
Juni 1838: Beginn der Liebesbeziehung zwischen Chopin und George Sand.
November 1838 – Februar 1839: Reise nach Mallorca.
1840: Begegnung mit Agricol Perdiguier und Pauline Viardot.

November 1841: Nr. 1 der *Revue indépendante*, gegründet von Pierre Leroux, Louis Viardot und George Sand.

Veröffentlichungen: *André*, sechster und siebter *Brief einer Reisenden, Mattea, Simon, Brief an M. Nisard*, achter bis zehnter *Brief eines Reisenden, Briefe an Maurice* (in *Le Monde*, die Zeitung von Lamennais), *Mauprat, Composition des maîtres mosaistes, Lélia* (neue Fassung), *Spiridon, Les Sept Cordes de la lyre, Gabriel, Cosima* (aufgeführt im Théâtre Français, Mißerfolg), *Le Compagnon du Tour de France*.

Das vierte Kapitel spielt am Montag, 6. Juni 1842.

1843: George Sand übernimmt die Verteidigung einer jungen Schwachsinnigen gegen die Behörden. Es ist die Affäre Fanchette.

19. Mai 1847: Solange heiratet den Bildhauer Clésinger.

Juli 1847: Szenen zwischen George Sand und dem Ehepaar Clésinger. Bruch zwischen George Sand und Chopin. George beginnt, an der »Geschichte meines Lebens« zu arbeiten.

Veröffentlichungen: *Ein Winter auf Mallorca, Horace, Consuelo, La Comtesse de Rudolstadt, Jeanne, Le Meunier d'Angibault, Le péché de M. Antoine, Das Teufelsmoor, Isadora, Teverino, Lucrezia Floriani, François le Champi*.

Das fünfte Kapitel spielt am Mittwoch, 23. August 1848.

1848: *Le roi attend* im Théâtre de la République.

1849: Großer Erfolg von *Champi* im Théâtre de l'Odéon.

1851: *Claudie* im Theater an der Porte-Saint-Martin. Aufführungen (nicht erfolgreich) von *Molière, Le Mariage de Victorine, Maître Favilla* (mäßiger Erfolg), *Lucie, Françoise, Comme il vous plaira* (Adaption des Shakespeare-Stücks) sind Mißerfolge.

28. November 1853: *Mauprat* wird im Odéon aufgeführt.

13. Januar 1855: Tod Jeanne Clésingers. Reise nach Italien.

1856: Erste Aufenthalte in Gargilesse.

In dieser Zeit setzt sich George bei Napoleon III. für die Exilierten ein.

Veröffentlichungen: *Die kleine Fadette, Mont-Revêche, Les Maîtres sonneurs, La Filleule, Geschichte meines Lebens* (in Fortsetzungen in der Presse 1854/55), *La Daniella, Les Beaux Messieurs de Bois-Doré.*

Mit Illustrationen von Maurice: *Mœurs et Coutumes du Berry, les visions de la nuit dans les campagnes.*

Volksausgabe ihrer Werke bei Hetzel.

Das sechste Kapitel spielt am Dienstag, 1. Juni 1858.

1860: George Sand erkrankt an Typhus. Danach Aufenthalt in Tamaris in der Provence.

17. Mai 1862: Maurice heiratet Lina Calamatta.

29. Februar 1864: Großer Erfolg des *Marquis de Villemer* im Odéon.

Juni 1864: Tod von Marc-Antoine, Maurice' und Linas Sohn.

21. August 1865: Tod Manceaus.

10. Januar 1866: Geburt Aurores.

1866: Beginn der Beziehung zu Flaubert.

Veröffentlichungen: *Promenades autour d'un village, Narcisse, Les Dames Vertes, L'Homme de neige, Sie und Er, Jean de La Roche, Constance Verrier, Tamaris, La Ville noire, Le Marquis de Villemer, La Famille de Germandre, Valvèdre, Mademoiselle La Quintinie, Laura, Le Dernier Amour.*

Im Theater: *Marguerite de Sainte-Gemme.*

Das siebte Kapitel spielt am Freitag, 4. Oktober 1867.

14. März 1868: Geburt Gabrielles.
Veröffentlichungen: *Cadio, Mademoiselle Merquem, Malgré tout, Nanon.*
Für den *Temps* einunddreißig Artikel unter dem Titel *Rêveries et Souvenirs, Impressions et Souvenirs* und acht Märchen. Im Theater: *Le Don Juan de Village, Cadio.*

Das achte Kapitel spielt am Sonntag, 1. Dezember 1872.

Veröffentlichungen: *Ma sœur Jeanne, Marianne Chevreuse, Flamarande, Les Deux Frères, La Tour de Percemont.* Arbeitet an einem weiteren Roman *Albine Fiori.*
8. Juni 1876: Tod George Sands.